Michael Hesemann

Henri Schnyder

Die kommende Weltkrise

Wie überlebt man den dritten Weltkrieg?

G. Reichel Verlag

G. Reichel Verlag
Reifenberg 85
91365 Weilersbach
Germany
Tel: 09194-8900 Fax 09194-4262
e-mail: G.Reichel.Verlag@t-online.de

Umschlaggestaltung:
Thomas Kolb CGS- Creative Graphics Solutions GmbH., Kelkheim

ISBN 3-926388-46-3

Inhaltsverzeichnis

Abbildungen

Einleitung: Wendezeit

Wochenlang war er am Himmel zu sehen, bedrohlich, unheilverkündend, wie ein mahnender Zeigefinger Gottes. Hale Bopp, der Komet, der im Frühling 1997 am Abendhimmel stand, war vielleicht der grösste Schweifstern, der in historischer Zeit beobachtet wurde. Seit Menschengedenken gelten Kometen als Vorboten schrecklicher Ereignisse, als „Mahnzeichen" und „Zuchtruten Gottes". Und was für ein Komet war dieser Hale-Bopp! Als er im Juli 1995 entdeckt wurde, nachdem in englischen Kornfeldern Piktogramme seine exakte Position im Sonnensytem angegeben hatten, befand er sich genau 666 Millionen Meilen von der Erde entfernt. 666 ist in der Offenbarung des Johannes die Zahl des Antichristen. Nach dem jüdischen Talmud ist es ein besonders bedrohliches Omen, wenn ein Komet die Konstellation des Orion passiert - exakt das aber tat Hale Bopp. Das letzte Mal besuchte er das innere Sonnensystem kurz vor dem Exodus, zur Zeit des Moses, vor etwa 3500 Jahren. Und erstaunlicherweise war der Zeitpunkt seiner grössten Annäherung an die Erde, der 23. März 1997, das jüdische Purim-Fest und zudem Zeitpunkt einer Mondfinsternis. Ihm vorausgegangen war ein anderer Komet, Hyakutake, der im April 1996 die Erde passierte. Wenn man die Bahn des Hyakutake über die Bahn Hale Bopps projiziert, dann ergibt sich ein nahezu vollkommenes Kreuz - die Kometenbahnen kreuzen sich im Winkel von 90 Grad. Zudem ist der Kreuzungspunkt derselbe Tag, der 11. April - am 11. April 1996 befand sich Hyakutake an derselben Position wie am 11. April 1997 Hale Bopp! Der Kreuzungspunkt befand sich in der Konstellation des Perseus, der das abgeschlagene Gorgonenhaupt der Medusa in den Händen hält, und zwar im „Auge der Medusa", bei dem Stern Algol. In der Astrologie gilt Algol als der negativste Stern am Himmel. Die Juden bezeichneten ihn als „Kopf des Satans". Und so bedeutete das vollkommene Kreuz im „Auge der Medusa" für viele Prophetiekundige als Ankündigung schrecklicher Ereignisse. Hatten nicht diverse Mystiker vorausgesagt, dass ein Komet die Ankunft des Antichristen anzeigen würde? Heisst es nicht in alten Schriften, dass vor dem Grossen Strafgericht ein Komet am Himmel erscheint?

Für viele Christen hat der Antichrist bereits einen Namen. Er soll jener „Weltenlehrer Maitreya" sein, der, wie der schottische Theosoph Benjamin Creme seit 20 Jahren behauptet, in London darauf wartet, dass die Menschheit nach seiner Anwesenheit verlangt. Maitreya, so Creme, sei der von allen grossen Religionen erwartete kommende Lehrer: der wiedergekehrte Christus der Christen, der Messias der Juden, der kommende Buddha Maitreya der Buddhisten, der Kalki Avatara der Hindus, der Iman Mahdi der Moslems. „Studenten der esoterischen Traditionen wissen, dass all dies Namen für ein und dasselbe Wesen sind - den Herrn Maitreya, den Weltenlehrer, das Oberhaupt der Spirituellen Hierarchie der Meister, dessen Wiederkunft unmittelbar bevorsteht", behauptet der Schotte. Im Juli 1977 hätte er sich „von seinem Zentrum im Himalaya" aufgemacht, um „wie ein Dieb in der Nacht" in die britische Hauptstadt zu fliegen, wo er als „Sprecher der pakistanisch-indischen Bevölkerung“ lebt und sein öffentliches Erscheinen abwartet.

Bild 1: Zeichen am Himmel: Der Komet Hale Bopp aus dem Jahre 1997

Eine weltweite Reihe von Wundern und diverse mysteriöse Auftritte Maitreyas sollen die Menschheit darauf vorbereitet haben. „Die Zeit ist gekommen“, behauptete Creme im Dezember 1997 in seiner Zeitschrift „Share“ („Teilen“), „die Welt muss nicht länger warten“: Der „Christus des Wassermannzeitalters“ würde „innerhalb der nächsten Wochen oder Monate“ sein erstes öffentliches Interview geben. Dem würde der offizielle „Tag der Verkündigung“ folgen, an dem Maitreyas Bild auf den Fernseh-Bildschirmen der Welt erscheinen und er eine „Botschaft der Hoffnung und Inspiration“ an die Menschen senden würde. Dabei würde jeder Erdenbewohner den neuen Messias in seiner Muttersprache hören. Als erste Geschenke würde Maitreya der Welt „ein Serum gegen AIDS“, eine „Technologie des Lichtes“ und eine neue Medizin überbringen. Andere Stimmen warnen vor Maitreya. Auffallend ist, dass der „Weltenlehrer“ tatsächlich eine eher diesseitige „neue Weltordnung“ propagiert, statt sich auf eine jenseitige Erlösung im Sinne des Christentums zu beziehen. „Maitreya plant nicht, eine neue Religion um sich selbst herum aufzubauen, er will auch keine Anhänger, sondern die Menschheit die 'Kunst der Selbstverwirklichung' lehren“, behauptet Creme, „seine soziale Botschaft kann in wenigen Worten zusammengefasst werden: 'Teile und rette die Welt'. Maitreya weiss, dass wir seinen Rat annehmen werden und an der Schwelle einer Zeit des Friedens und guten Willens stehen.“ Tatsächlich hatte Maitreya laut Creme, der als sein Sprecher fungiert, schon 1988 angekündigt, dass seinem Kommen ein Börsencrash „beginnend an der Börse von Tokio“ vorausginge. Diese Voraussage ist nachweisbar vor einem Jahrzehnt publiziert worden. Die Ereignisse in Japan seit November 1997 scheinen diese Prophezeiung zu erfüllen.

Der Börsencrash, die Weltkrise ist bereits Wirklichkeit, und sie zieht immer mehr Länder mit sich in den Abgrund. Standen noch im Sommer des letzten Jahres alle Zeichen auf unbegrenztes Wachstum, so zeigen sie jetzt in umgekehrte Richtung, seit Billionen-Vermögen in wenigen Wochen verlustig gingen: Zuerst in Ostasien, dann in Russland, kurz darauf in Brasilien und ganz Lateinamerika... und es ist nur noch eine Frage der Zeit, bis auch Nordamerika und Europa in den Strudel mit hineingerissen werden. *„Ein Jahrhundertsturm saust derzeit über die Weltmärkte und verwüstet eine Region nach der anderen“*, schrieb der SPIEGEL (42/98), *„Sein Kurs ist so schwer vorauszusagen wie der Weg eines Hurrikans. Wohin er zieht, wie lange er noch wütet, getrauen sich heute nicht einmal die besten Ökonomen zu prophezeien. Fest steht nur, dass der Schaden schon heute verheerend ist. Mehr als zwei Billionen Dollar Aktienkapital sind allein in Amerika vernichtet. Tausende Unternehmen wurden zerstört, Millionen Menschen in Asien und Lateinamerika verloren die Arbeit. Rund 100 Millionen Menschen sind bereits wieder unter die Armutsgrenze gefallen, seit die Krise vergangenen Sommer in Thailand losbrach. Fast die Hälfte der Weltwirtschaft rutschte in den vergangenen 24 Monaten in die Rezession, darunter Musterländer wie Südkorea und Brasilien, für den Rest werden die Aussichten mit jedem Tag düsterer. Wachstum scheint vielerorts für längere Zeit* *abgestellt. Eine grosse Depression, die mancherorts das Elend der frühen dreissiger Jahre zurückbringt, ist jetzt nicht mehr ausgeschlossen.*"

Ist es ein Zufall, dass uns diese globale Krise termingerecht zum Jahre 2000 erreicht? Was werden ihre Folgen sein? Werden die neuen Armen der Welt tatenlos zusehen, wie ihre Länder verelenden, ihre Nachbarn und sie selber verhungern? Oder wird es in der ganzen Welt Aufstände, Revolutionen und schliesslich neue Kriege geben? Eines steht fest: Die Dekade der relativen Sicherheit, die mit der Öffnung Osteuropas begann, geht nicht einmal zehn Jahre nach dem Mauerfall zuende.

Das Jahrtausend nähert sich dem Ende, überall breitet sich Endzeitstimmung aus. Und tatsächlich stehen die Zeichen auf Sturm. In der ganzen Welt dämmert eine Weltwirtschaftskrise heran, so global und tiefgreifend, wie es sie noch nie in der Geschichte der Finanzmärkte gegeben hat. Das Ozonloch hat im September 1998 die grösste Ausdehnung seit Beginn der Messungen erreicht. Fast wöchentlich wird ein Teil der Erde von schrecklichen Naturkatastrophen heimgesucht: Wirbelstürmen und Fluten, Erdbeben und Vulkanausbrüchen. Auf dem Balkan ist noch immer kein Friede eingekehrt, rüstet die NATO zu einem neuen Eingriff. Die Friedensbemühungen in Israel drohen zu scheitern. Und Russland, scheinbar nur noch die verwesende Leiche eines Riesenreiches, erlebt einen Zusammenbruch seiner Volkswirtschaft, der Millionen von Menschen in tiefste Armut stürzt.

Wer glaubt, dass ich übertreibe, schaue in die Presse. Zum Beispiel in den „Spiegel" vom 12. Oktober 1998, Titel: „Krise Global". Einige der Schlagzeilen aus dem Inhalt: „Weltwirtschaft auf der Kippe"; „Indonesiens Sturz in die Krise"; „Iranische Attacke auf die Taliban"; „Italien: Kommunisten stürzen Prodi"; Türkei: Aufmarsch gegen Syrien"; „Kriegshysterie der Serben"... die Apokalypse findet jetzt statt!

Ich behaupte: Dass sich diese Weltkrise gerade jetzt ereignet, ist kein Zufall. Sie ist seit Jahrhunderten prophezeit worden. Doch sie bedeutet nicht das „Ende der Welt" an sich - höchstens der Weltordnung, wie wir sie kennen. Denn danach, so sind sich die grossen Seher, Propheten und Visionäre einig, dämmert eine neue Hoffnung für die Menschheit heran: Ein neues Zeitalter, in dem auf der ganzen Welt Frieden herrschen wird.

Dass die „alte Welt" zusammenfällt, ist nur ein Symptom. Die Ursache liegt darin, dass wir, die Menschheit, es nicht fertiggebracht haben, selbst eine Zivilisation zu schaffen, die im Einklang mit den Gesetzen der Schöpfung lebt und in der Frieden und Gerechtigkeit herrschen. Offensichtlich müssen wir es „auf die harte Weise" lernen.

Das Ende der Welt sei gekommen, so heisst es in uralten Indianerprophezeiungen, wenn die Bäume sterben. Dann sei die Zeit des Handelns gekommen. Es sei Aufgabe der Indianer, die Menschen von ihrem materialistischen Weg abzubringen, weil sonst der Tag der Reinigung" drohe: Ein Krieg, der die Erde und ihre Bewohner im Feuer vernichtet. Und sie handeln. Allen voran die Hopi aus den kahlen Südwesten Nordamerikas. Ihr Name bedeutet „Frieden". Sie haben noch nie einen Krieg geführt.

Und ihr grosses, uraltes prophetische Wissen liess sie zu spirituellen Führern der traditionsbewussten Indianer werden.

Für sie begann die Endzeit als 1945 ein „Kürbis voll Asche“ auf die japanischen Städte Hiroshima und Nagasaki geworfen wurde. Damit war der Zeitpunkt gekommen, der Welt ihre Botschaft des Friedens zu bringen. Denn dieser „Kürbis voll Asche“ ist so mächtig, dass er alles zu Asche verbrennen kann, wenn er noch einmal auf die Erde fällt. Viele Krankheiten würden dann auftreten, viele Dinge für Jahre nicht mehr wachsen, viele Lebewesen an Hitze sterben. Das zu verhindern war die Aufgabe, die der grosse Geist ihren Vorfahren gegeben hatte.

Ihre Petitionen an die Vereinten Nationen und das Weisse Haus fanden kein Gehör. So kamen sie im November 1983 nach Deutschland, 15 Männer und Frauen, die sich selbst als „Friedensdelegation“ bezeichneten, bereisten 15 Grossstädte, sprachen mit Anhängern der Friedensbewegung, Umweltschützern, Rathäusern und Kirchengemeinden. Der Zeitpunkt für ihr Kommen war gut gewählt. Die Debatte um die NATO-Nachrüstung hatte mit dem vielzitierten „heissen Herbst“ ihren Höhepunkt erreicht; elf Tage nach ihrer Ankunft stimmte der deutsche Bundestag für die Aufstellung atomarer Mittelstreckenraketen auf dem Territorium der Bundesrepublik.

Sie sprachen davon, dass es Zeit zur Rückbesinnung sei; weg vom Materialismus sollten auch die Weissen in Eintracht mit „Mutter Erde“ leben, wie sie den spirituellen Pfad beschreiten. Die Ausbeutung der Erde sollte ihr Ende haben, der Rüstungswettlauf gestoppt werden; denn sonst steure die Menschheit unweigerlich in die Katastrophe. Bisher hätte sich ein Grossteil jener Ereignisse erfüllt, die in den Hopi-Prophezeiungen als Vorzeichen für den „Tag der Reinigung“ genannt wurden. Der Mensch ist auf dem Mond gelandet, es gab verheerende Klimakatastrophen, Tiere, die vor Jahren das Hopi-Land verlassen haben, kehren schutzsuchend in das Reservat zurück. Wir graben die Schätze der Erde aus, quer über den Himmel spannen sich die „Spinnweben“ unserer Flugzeuge; und bald darauf würde man „die Erfindung eines grossen Hauses machen, das irgendwo und irgendwann in den Himmel fliegen und viele Menschen sowie viele Dinge da hinauftragen wird... Sollte die Menschheit das jemals erfinden, würden auf Erden viele Probleme auftreten“, heisst es bei den Hopis, „denn von diesem Zeitpunkt an würde alles für zerstörerische Zwecke gebraucht werden“.

Nur eines, so besagten ihre uralten Prophezeiungen, könnte die Zerstörung aufhalten: Sie, die Hopis, müssten zum „Grossen Haus aus Glas, das an der weitentfernten östlichen Küste erbaut würde, und in dem die Führer der Nationen der Erde zusammenkämen“, reisen und ihre Warnung an die Völker verlesen. Erst als im Jahre 1945 die Vereinten Nationen gegründet wurden, wussten die Ältesten der Hopi, was mit dem „Haus aus Glas“ gemeint war: Das UNO-Headquarter in New York. 1948 kamen sie zusammen, bestimmten vier „Prophezeiungshüter“ zu ihren Sprechern. Doch in New York verweigerte man ihnen den Zutritt. Vor der UNO, so hiess es in den Statuten, darf nur ein Staatsoberhaupt oder der Repräsentant eines anerkannten Staates sprechen. Und die Hopi-Nation war kein solcher, vielmehr ein Reservat auf dem Territorium der USA, die sich hüteten, den unterdrückten Indianern irgendeinen offiziellen Status zu verschaffen. „*Werdet ihr zurückgewiesen, klopft erneut an die Tür des Hauses, insgesamt vier Mal. Wenn ihr auch beim vierten Mal zurückgewiesen werdet, ist alles verloren*“, hiess es in den Instruktionen. In den letzten 50 Jahren kam es zu zwei weiteren Versuchen, die Prophezeiung zu erfüllen, starben drei der vier gewählten Hopi-Sprecher. Nur einer überlebte bis auf den heutigen Tag: Thomas Banyacya, dessen radikale Positionen ihn offiziell zur persona non grata an der UNO machten. Für die Hopi erschien die Lage hoffnungslos. Doch dann geschah ein Wunder: Die Vereinten Nationen bestimmten 1993 zum „Jahr der eingeborenen Völker“, und plötzlich war die Stimme der Stämme gefragt.

Die Hopi klopften zum vierten und letzten Mal an die Tür des „Grossen Hauses aus Glas“, und diesmal wurden sie eingelassen. Am 10. Dezember 1992 sprach Banyacya kurz, zusammen mit neun anderen Sprechern eingeborener Völker, vor der von nur einer Handvoll Repräsentanten besetzten UNO-Vollversammlung. Und da es ihm nicht möglich war, die Prophezeiung zu verlesen, wurde zu diesem Zweck ein neuer Termin festgesetzt. Am 22. November 1993 fand am UN-Headquarter die Konferenz „Der Ruf der Erde“ unter Vorsitz von Madame Butros-Ghali, der Gattin des Generalsekretärs, statt. Endlich konnte Banyacya an dieser Stelle die Hopi-Prophezeiung verlesen:

„Uns wurde gesagt, dass eine andere Rasse in dieses Land kommen und es für sich beanspruchen würde. Wir sollten alles ablehnen, was diese Menschen uns anbieten würden, auch wenn es uns verlockend erscheine. Sie wären sehr intelligent und würden viele Dinge erfinden... Uns wurde gesagt, dass etwas kommen würde, das von Tieren gezogen würde, der Pferdewagen. Und dann käme etwas, das sehr schnell wäre, das Automobil. Uns wurde gesagt, das Land würde durch lange Strassen und Zäune zerschnitten werden und es würden sogar Wege in den Himmel gebaut. Und dass Frauen Männerkleidung tragen würden und dass das Geheimnis der Frauen, das immer von Kleidung bedeckt würde, nicht mehr geheim wäre, dass es überall enthüllt und gezeigt werden würde.

Wenn all dies geschähe, würden die Führer der Welt und alle Menschen korrupt sein und nicht nach Wegen suchen, um diese Korruption zu verändern. Wenn all dies geschähe, würde das bedeuten, dass wir uns dem Ende nähern. Dann würde es Kriege geben wie mächtige Winde, die von Land zu Land ziehen und Reinigung und Zerstörung über diese Welt bringen. Je weiter wir uns von den Anweisungen des Grossen Geistes, Massau´u, abwenden, je mehr Zeichen würden wir in Form von Erdbeben, Fluten, Dürren, Feuern und Tornados sehen, denn die Natur würde zum Gegenschlag ausholen. All dies würde zeitgleich mit den Kriegen und der Korruption geschehen. Wir sehen all dies heute, wenn Kinder so zornig werden, dass sie sich gegenseitig und ihre Eltern töten. Sie zeigen keinen Respekt mehr. Wir sind alle korrupt.“ Doch der Ruf verhallte. Nirgendwo las man in der Presse von dem Auftritt des Propheten, seiner Rede zu den Völkern der Erde.

Nach Jahren der Verzögerung, Änderungen in der Planung, Finanzierungsnöten und internationalem Ringen wurde am 20. November 1998 das erste Modul der Internationalen Raumstation ISS in das Erdorbit gebracht. Damit beginnt eine neue Phase in der Geschichte der Menschheit, in der hunderte Menschen aus zahlreichen Nationen zwischen der Station hin- und herpendeln, eine ständige menschliche Präsenz im Weltraum schaffen und das Tor zu neuen Entwicklungen in der Wissenschaft und Technologie öffnen werden. Kurzum: Sie ist der erste Schritt zur Besiedelung des Weltraums.

Das erste Modul, das in Russland gebaut wurde und den Namen „Zarya" - Sonnenaufgang- trägt, startete auf dem Weltraum-Bahnhof Baikonur in Kazakstan. In den nächsten fünf Jahren sollen, wenn alles plangemäss verläuft, 43 Module in den Weltraum gebracht werden, die von Astronauten zusammengefügt werden, und schliesslich eine 120 x 95 Meter grosse Station bilden, die in ca. 400 km Höhe über der Erde schwebt. Das Projekt kostet 70 Milliarden DM. Die Station soll 5 Jahre im Erdorbit bleiben, bevor sie in die Erdatmosphäre eintritt und zerstört wird.

Am 4. Dezember 1998 folgte die amerikanische Raumfähre Endeavour mit sechs Astronauten an Bord, die in drei Weltraumgängen von je sechs Stunden Länge den US-Verbindungsknoten Unity an das russische Modul koppelten. Kritiker der Mission bemerkten die Symbolik der dreifachen sechs, die an die „Zahl des Tieres", die 666 der Apokalypse, erinnert. Ein böses Omen für ein Projekt, das von den Hopi als „das letzte Zeichen" vorausgesehen wurde, mit dem die Menschheit vor der Wahl stünde, „... entweder alles zu zerstören, oder jetzt noch Korrekturen durchzuführen, und die ganze Menschheit zu wirklichem Frieden und zu wirklicher Harmonie zurückzuführen".

Solche Prophezeiungen sollen, müssen ernst genommen werden; nicht nur als gesellschaftliches Phänomen, als kollektive Todessehnsucht oder „Chiliasmus", der Weltverdruss, pünktlich zum „Fin de siecle". Denn echte Prophetie ist eine Mahnung, die sich zumindest „auf Potentielles beziehen kann, was sich (aber) nicht notwendig verwirklicht", wie es der Freiburger PSI-Professor Hans Bender formulierte. Im Klartext: Echte Prophetie soll verdeutlichen, worauf Entwicklungen hinauslaufen, um damit dem Menschen die Möglichkeit zu geben, selbstverschuldete Katastrophen zu verhindern. Nicht umsonst liess Hitler prophetische Literatur einstampfen, Astrologen und andere „Schwarzseher" in Konzentrationslager sperren; sie hätten seine „Endsieg"-Propaganda gefährden können. Hörner erwähnt die Seherin Kassandra, die das Volk von Troja vor dem Holzpferd warnte, das vor seinen Toren stand. Man verlachte sie, brachte es in die Stadt; in seinem Innern waren feindliche Soldaten verborgen. Auch heute ruft Kassandra noch, die alte Unglücksprophetin. Es ist unsere Sache, ob wir sie noch hören wollen; oder den Kopf in den Sand stecken, komme was wolle.

Propheten hat es immer gegeben. „Kein Volk gibt es", schrieb Cicero 'Von der Weissagung', „mag es noch so fein und gebildet noch so roh und unwissend sein, das nicht der Ansicht wäre, die Zukunft könne von gewissen Leuten erkannt und vorhergesagt werden". Jede Gesellschaft hatte ihre Priester, Auguren und Schamanen, die mit der Gabe der Weissagung bedacht waren. Man pilgerte in die Höhlen der Sybillen, zu den heiligen Männern auf die Berge oder in die Klöster. Prophetie wird als göttliche oder dämonische Offenbarung verstanden. Oft ist eine Vision ein religiöses Erlebnis, in Ekstase nimmt der Seher Engel, Götter, Heilige oder die Gottesmutter wahr. Die Propheten sind meist physisch und psychisch labile Menschen, die sich durch Meditation, asketische Übungen und Fasten auf ihre Aufgabe vorbereiten; die in Trance fallen, rasen, krampfhaft zu zucken beginnen, wenn sie vor sich Bilderreihen oder ganze Geschehnisse wahrnehmen. Einige Propheten müssen sich erst in Ekstase versetzen, um Bilder der Zukunft wahrzunehmen, andere werden buchstäblich von ihren Visionen überfallen, dritte träumen von künftigen Ereignissen. Fast in allen Kulturen geniessen sie grösste Achtung, prophetische Bücher gibt es in jeder Religion. Ihr Selbstverständnis formuliert am treffendsten der biblische Prophet Amos: „Gott, der Herr, wirkt nichts. ohne zuvor seinen Plan seinen Dienern, den Propheten, zu offenbaren" (Amos 3, 6). Die Wissenschaft der Parapsychologie experimentierte mit der Präkognition mit überwiegend positiven Resultaten; und auch heute noch glaubt der grösste Teil der Bevölkerung an das „zweite Gesicht'. Repäsentativen Umfragen des Allensbacher Demoskopischen Instituts ergaben, dass 53% der Befragten ein „Wissen um Ereignisse, die sich ohne Übermittlung einer Nachricht in der Ferne oder Zukunft abspielen" für wirklich oder möglich hielten. 36% meinten, so etwas gebe es nicht 11% waren unsicher. Ganze 20% behaupteten, selbst solche Erfahrungen schon einmal oder mehrere Male gemacht zu haben. Dabei werden meistens im Traum zukünftige Ereignisse vorausgesehen. Wissenschaftler haben dafür eine Erklärung gefunden: In der REM-Phase des Schlafes ist der Mensch am empfänglichsten für Ubersinnliches.

Den Fall einer Dame, die im Traum Eindrücke aus der Zukunft übermittelt bekam, konnte ich selbst verfolgen. Frau Erna Brandt (75) aus Rottenburg am Neckar hatte mich auf einen Bericht über die Endzeiterwartungen der Indianer in der Wochenzeitschrift „Das Neue Zeitalter" hin angeschrieben, mir ihre Vorahnungen mitgeteilt; und sie hatte bereits eine ganze Reihe erstaunlicher Erfahrungen mit der Präkognition vorzuweisen.

Bereits im März 1939 sah sie im Traum die Bombardierung ihrer Heimatstadt Hormburg in allen Einzelheiten voraus; genau so, wie sie sich am 14. Februar 1945 tatsächlich ereignete. Von diesem Augenblick an erlebte sie im Traum Morde, Unfälle und politische Ereignisse. Im Januar 1981 sah sie den Madrider Militärputsch vom 23. Februar; eines Nachts im Ferienhotel auf Mallorca hatte sie einen Traum von einer Seeschlacht, den sie mir am 13. Oktober 1980 in allen Einzelheiten schilderte. Sie beschrieb dabei Bilder, wie sie zwei Jahre später auf den Fernsehschirmen erschienen, als die Argentinier am 6. Mai 1982 eine Rakete vom Typ Exocet auf den britischen Zerstörer Sheffield abfeuerten; Höhepunkt des

Falkland-Konfliktes. Damit aber war zumindest für mich der Nachweis für die Möglichkeit der Präkognition erbracht.

Tatsächlich gibt es genug Fälle eingetroffener Prophetie. Nostradamus, dessen Weissagungen sich bisher zu fast zwei Drittel erfüllt haben ist das bekannteste, aber längst nicht das einzige Beispiel. Das aber ist kein Beweis dafür, dass sich Prophezeiungen für die Zukunft ebenfalls bewahrheiten müssen. Und so schrieb auch der grosse Nostradamus: "*Man muss in Betracht ziehen, dass die Zukunft des Menschengeschlechtes schliesslich ungewiss ist, weil alles gelenkt und geleitet wird durch Gottes unbegreifliche Allmacht*". Prophezeiungen sind Warnungen über die Auswirkungen von Ursachen. Ändern wir die Ursachen, bleiben die Auswirkungen aus. *„Ehe einer Stadt grosses Unheil widerfährt, wird es, wie Beispiele aus alter und neuer Zeit beweisen, durch Vorzeichen den gottgesandten Menschen vorausverkündet"*. Dieser Satz ist kein Bibelwort, ganz und gar nicht: Er stammt aus der „Discorsi" Macchiavellis, eines kalten und nüchternen Betrachters politischer Abläufe. Das beste Beispiel dafür finden wir in der Bibel, in der Geschichte vom Propheten Jonas. *„Es erging das Wort des Herrn an Jonas... 'Auf, geh nach Niniveh, der grossen Stadt, und verkünde ihr die Botschaft, die ich ihr mitteile: ...Noch vierzig Tage und Niniveh wird untergehen.*" (1, 1-2 und 3,4) Niniveh war die Hauptstadt des Weltreiches Assyrien, das Rom, London oder Washington seiner Zeit. Als die Niniviten die Botschaft des Propheten hörten, gingen sie in sich. Sie erkannten, dass sie einen falschen Weg eingeschlagen hatten, und entschlossen sich, diesen zu korrigieren. Sie *„riefen ein Fasten ein. Gross und Klein unter ihnen legten sich Bussgewänder an. Die Kunde drang bis zum König. Da erhob er sich von seinem Thron, legte sein Obergewand ab, hüllte sich in ein Busskleid und setzte sich in den Staub. Auf Befehl des Königs und seiner Grossen liess man in Niniveh verkünden: 'Menschen und Vieh, Rinder und Schafe, sollen nichts geniessen; sie sollen weder auf die Weide gehen noch Wasser trinken! Vielmehr soll man sich in Bussgewänder hüllen -Menschen und Vieh- und mit Ausdauer zu Gott rufen! Jeder bekehre sich von seinem bösen Wandel und von dem Unrecht, das an seinen Händen klebt. Wer weiss, vielleicht reut es Gott wieder, und er lässt ab von seinem glühenden Zorn, dass wir nicht umkommen.' Als nun Gott ihr Tun sah, dass sie sich nämlich von ihrem bösen Wandel bekehrten, da liess er sich des Unheils gereuen, das er ihnen angedroht hatte, und führte es nicht aus..." (3,5-10)*

Die Stadt blieb von der prophezeiten Katastrophe verschont. Das aber heisst: Wenn eine Prophezeiung erkannt wird, wenn eine Reaktion auf sie folgt, müssen die vorhergesagten Ereignisse eben nicht eintreffen. Nichts liegt uns ferner, als die Geschichte unter einen „Erfüllungszwang" zu stellen. Die echten Propheten sind keine Fatalisten. Es liegt an uns, die prophezeiten Schrecken abzuwenden ... frühzeitig, ehe es zu spät ist.

Zu einer ähnlichen Situation wie bei Jonas kam es im Jahre 1996 im Land der Bibel, in Israel. Der jüngste Tag, das „Ende der Zeiten", fand bereits statt, am 25. Juli 1996.

Die Katastrophe, der nukleare Holocaust, blieb aus, weil wir rechtzeitig gewarnt wurden. Das jedenfalls behauptet der amerikanische Journalist Michael Drosnin in seinem Weltbestseller „Der Bibel-Code". Laut Drosnin haben israelische Wissenschaftler in der Thora, den fünf Büchern Mose, einen Code entdeckt, aus dem sich die jüngste Geschichte und die nähere Zukunft der Erde ablesen lassen. Die Codierung erfolgte auf eine Art und Weise, die sicherstellte, dass erst in „letzter Sekunde", im Computerzeitalter, der Code geknackt, die Botschaft entschlüsselt werden konnte.

Die Thora, der Überlieferung nach von Moses selbst unter göttlicher Inspiration niedergeschrieben, wird seit fast 3500 Jahren vom Judentum gehütet wie ein Schatz. Nichts ist dem gläubigen Juden heiliger als die Thora. Sie wird in der Synagoge an einer besonderen Stelle in einem „Thora-Schrein" verwahrt, in kostbar bestickten Samt gehüllt, oft mit silbernen Kronen als Aufsatz für die hölzernen Griffe der Schriftrolle, nicht selten von einer silbernen Umhüllung geschützt. Die Ur-Thora ist in Hebräischer Schrift verfasst, ohne dass es Abstände zwischen den einzelnen Worten gibt. 304.805 Zeichen sind es insgesamt. Sie mussten mit grösster Genauigkeit kopiert werden - war auch nur ein Zeichen falsch geschrieben, ausgelassen oder vertauscht, war die Thorarolle wertlos. Gott selbst, so glauben die Juden, gab ihnen den Auftrag, die Thora so sorgfältig zu hüten und bis „ans Ende aller Zeiten" zu bewahren. Weil sie das „Wort Gottes" ist - oder weil ihr eine verborgene Botschaft zugrunde liegt? Schon Sir Issac Newton soll nach einem Bibel-Code gesucht haben.

Das Herzstück der Thora ist die „Mezuzah", eine aus 170 Zeichen bestehende Schrift, die, um eine eigene Rolle gewunden, am Eingang jedes Hauses bewahrt werden soll. Die Mezuzah enthält fünfzehn Verse und beginnt mit den Worten: *„Höre, oh Israel, der Herr ist unser Gott, der Herr allein"* und enthält genaue Anweisungen über ihre Aufbewahrung: *„Und diese Worte, die ich dir heute gebiete, sollst du dir zu Herzen nehmen und sollst sie deinen Kindern einschärfen und davon reden, wenn du in deinem Hause sitzt oder unterwegs bist, wenn du dich niederlegst oder aufstehst. Und du sollst sie binden zum Zeichen auf Deine Hand und sie sollen dir ein Merkzeichen zwischen deinem Auge sein, und du sollst sie schreiben auf die Pfosten deines Hauses und an die Tore."*

Schon vor einigen Jahrzehnten stiess der renommierte Thora-Gelehrte Rabbi Weissmandel darauf, dass den fünf Mosesbücher (auf griechisch: Pentateuch) ein Muster zugrundeliegt, das, in bestimmten Abständen, neue Worte ergibt. 1994 veröffentlichen Prof. Elijahu Rips von der Universität Jerusalem sowie Doron Witztum und Yoav Rosenberg von der Technischen Hochschule Jerusalem einen Beitrag in der Fachzeitschrift „Statistical Science" (9/1994), in der sie die Existenz einer „konstanten Buchstabenfolge im Buch Genesis" postulierten. Die Buchstabenfolgen können gleichmässige Abstände voneinander haben, von oben nach unten, unten nach oben, rechts nach links, links nach rechts oder diagonal gelesen werden. Nur mit dem Computer liessen sie sich finden. Die Arbeit der drei jerusalemer Wissenschaftler bezog sich ausschliesslich auf die Vergangenheit. So fanden sie die Worte „Hasmonäer“ und „Chanukka“ in unmittelbarer Nähe: Das Chanukka-Fest erinnert an die Priesterfamilie der Hasmonäer im 2. Jahrhundert v. Chr., die eine Revolte gegen die Syrer anführten. Auch die Namen der Hauptanführer Zedekia und Mattanja liessen sich finden, ebenso jene von 32 wichtigen Persönlichkeiten der jüdischen Geschichte. „Der Bibelcode ist ein Computerprogramm der jüdischen Geschichte“, war Rips bald überzeugt.

Als Drosnin das Verfahren an modernen Persönlichkeiten ausprobieren wollte, nahm er als Beispiel den damaligen israelischen Ministerpräsidenten Jitzhak Rabin. Tatsächlich fand er Rabins Namen in dem Text - gekreuzt durch die Worte „Mörder, der morden wird“. Er warnte den Politiker vor der Gefahr eines Attentates, doch der schlug die Warnung in den Wind. Am 4. November 1995 wurde Jitzhak Rabin von einem religiösen Fanatiker namens Amir in Tel Aviv erschossen. Drosnin fand den Ort des Attentats, „Tel Aviv“, den Namen des Attentäters, „Amir“, und das Jahr 5756 -1995/96- in unmittelbarer Nähe des Namens „Jitzhak Rabin“ in dem Bibeltext.

Weitere Computerstudien ergaben, dass auch der Ausbruch des Golfkriegs korrekt mit dem richtigen Datum („Feuer am 3. Shebat“ - 18. Januar-), dem Namen „Saddam Hussein“ und den Begriffen „Feind, Krieg, Rakete“ angegeben wurde. Zum Ende der Sowjetunion heisst es: „Zusammenbruch“, „Kommunismus“, „Russland“, „China als nächstes“, zum Hitlerfaschismus „Hitler“, „Verbrecher“, „Nazi und Feind“ und „Blutbad“ und zur Atombombe von Hiroshima „Atomarer Holocaust“, „Japan“ und „5705“ (1945). Zufall? Tatsache ist, dass die Wahrscheinlichkeit, zufällig auf solche Buchstabenkombinationen im selben Umfeld zu kommen, mathematisch betrachtet extrem gering ist. Zum Vergleich wandten die Forscher die „Bibelcode“-Methode auf literarische Texte an, so auf Tolstois „Krieg und Frieden“. Das Ergebnis: Es gab keinen derartigen Code - in keinem einzigen Werk der Weltliteratur ausser in der Bibel.

Wenn aber der Bibel-Code ein Ereignis der Zukunft, nämlich die Ermordung Rabins, vorausgesagt hat, war es dann nicht möglich, mit seiner Hilfe zumindest die nähere Zukunft vorauszusagen? Als Drosnin vor den israelischen Parlamentswahlen nach den beiden Kandidaten Netanjahu und Perez Ausschau hielt, fand er tatsächlich an einer Stelle die Worte „Ministerpräsident Netanjahu“, „gewiss wird er getötet“, „seine Seele wurde abgeschnitten“, „ermordet“. Dann gewann Netanjahu, mit einem äusserst knappen Wahlergebnis, die Wahl. Sollte auch er einem Attentat zum Opfer fallen? Und was geschieht dann? „Der nächste Krieg“, „es wird nach dem Tod des Ministerpräsidenten geschehen“, „ein weiterer wird sterben“ wusste der Code. Sogar von dem Jahr 5756 (1995/96) als „Ende der Tage“, kombiniert mit dem Wort „atomarer Holocaust“ war die Rede, als Datum wurde „29. Elul“ (13. September) genannt. Das Ziel des „atomaren Holocaustes“ war ebenfalls zu identifizieren: „Atomwaffe“, „Jerusalem“ fand sich in der Bibel. Doch auch die Worte: „Schriftrolle - er öffnete sie“ - war damit der Bibel-Code gemeint? Über den Vater des Ministerpräsidenten, Ben-Zion Netanjahu, kontaktierte Drosnin den neuen israelischen Staatschef, warnte, dass Israel sich in grösster Gefahr befinden könnte - durch ein Attentat, das zu einer Eskalation der ohnehin schon heiklen Nahost-Situation führen würde und durch lybische Terroristen, die vom jordanischen Grenzgebirge aus eine Atombombe auf Jerusalem schiessen könnten. Auch dem israelischen Geheimdienst teilte Drosnan seine Erkenntnisse mit.

Für den 25. Juli 1996 plante Netanjahu eine Reise nach Amman, die präzise mit den Worten „Ministerpräsident Netanjahu" „im Juli nach Amman" und „9. Ab" (Datum: 25. Juli) im Bibelcode angekündigt worden war, im Umfeld der Worte „Tod", „seine Seele wird abgeschnitten", „sie töteten", aber auch dreimal dem Wort „verspätet". Der 25. Juli, der „9. Ab", ist ein Schicksalstag der Juden. Am 9. Ab 586 v. Chr. wurde Jerusalem von den Babyloniern zerstört, am 9. Ab 70 n. Chr. von den Römern, am 9. Ab 1942 begann der Holocaust.

„Atomarer Holocaust" „5756", „Werdet Ihr es ändern?" lautete die Botschaft aus der Vergangenheit. Konnte die Katastrophe abgewendet werden? Sie konnte. Netanjahus Besuch in Amman, bei dem er, dem Bibelcode zufolge, ermordet werden würde, wurde verschoben. Der nach dem Tod des Ministerpräsidenten ausbrechende Krieg blieb aus - und mit ihm die atomare Katastrophe. Doch der Bibel-Code warnt: Die Apokalypse ist „aufgeschoben" aber nicht aufgehoben - noch zweimal, im Jahre 2000 und im Jahre 2006, droht die Vernichtung Jerusalems, auf die der Dritte Weltkrieg folgt. Der Countdown zum Jüngsten Tag läuft. Tatsache ist: Die Lage im Heiligen Land ist so gespannt wie nie zuvor in diesem Jahrzehnt. Der Tunnel von Jerusalem, Hebron, neue jüdische Siedlungen im Osten Jerusalems und Netanjahus Politik der Konfrontation liessen Israel zum Pulverfass werden, das jederzeit explodieren kann. An drei Stellen nennt der Bibel-Code die Ursache für den „Holocaust in Israel": „Tunnel", „Ramallah" und „annektierte (Gebiete)". Und eben in dieser „letzten Zeit" erfüllt plötzlich eine seit 3000 Jahren versiegelte Botschaft ihren Zweck, uns zu warnen. „Atomarer Holocaust", „Ende der Tage" heisst es an einer Stelle, und daneben: „Der Code wird retten".

Selbst die „Mezuzah", das oben erwähnte Herzstück der Torah, enthält, mit den Jahresangaben 5760 (2000) und 5766 (2006) die Warnung: „Euer Land wird bombardiert, Terror, Zerstörung, atomarer Holocaust, Weltkrieg, er wird ausbrechen". Die neue Gefahr droht von Syrien. „Assad, Holocaust", „Schüsse aus der Festung", „Armageddon" warnt der Code. Armageddon ist auch in der Offenbarung des Johannes der Schauplatz der Endzeitschlacht zwischen „Gog und Magog" und den Gerechten von Israel: *„Es sind die dämonischen Geister, die Zeichen vollbringen; sie ziehen aus zu den Königen des ganzen Erdkreises, um sie zu sammeln für den Kampf am grossen Tag Gottes, des Allherrschers ... und sie versammelten sich an dem Ort, der auf hebräisch 'Harmageddon' heisst." (Offb. 16, 14-16)*

Bild 2: Heinrich Berann: Provokation atomarer Gewalten - der Mensch gegen die Natur

„Wenn die tausend Jahre vollendet sind, wird der Satan losgelassen werden aus seinem Kerker, und er wird ausziehen, um die Völker an den vier Enden der Welt zu verführen, den Gog und den Magog, um sie zusammenzuholen zum Kampf. Ihre Zahl ist wie der Sand am Meere. Und sie zogen herauf über die breite Fläche der Erde und umzingelten das Lager der Heiligen und die geliebte Stadt. Da fiel Feuer herab von Gott aus dem Himmel und verzehrte sie." (Offb. 20, 7-9)

Armageddon ist eine griechische Verballhornisierung des hebräischen „Har Megiddo", „Berg von Megiddo". Megiddo ist ein Ort im Norden Israels, südlich von Nazareth, am Nordende der Ebene Jezreel. Dort befindet sich heute Ramat David, eine der bedeutendsten Luftwaffenbasen des Landes. „Syrien, Phut (Iran) und Libyen" sind in der Bibel (im prophetischen Buch Ezechiel) die Verbündeten gegen Israel in der Endzeitschlacht. Wird sie im Jahre 2000 oder 2006 stattfinden?

„Man kann die Tatsache nicht leugnen, dass ein von einigen der berühmtesten Mathematiker der Welt bestätigter Computercode in der Bibel existiert, der mit äusserster Genauigkeit den Golfkrieg, einen Kometeneinschlag auf dem Jupiter, die Ermordung Rabins und anschliessend anscheinend den Beginn der Apokalypse durch einen nuklearen Weltkrieg innerhalb einer Dekade vorhersagt", schreibt Drosnin,

„aber der Bibelcode ist mehr als nur eine Warnung. Er könnte Informationen enthalten, die wir zur Vermeidung der Katastrophe benötigen.“ Das aber bedeutet:

Ein höheres Wesen hat durch Offenbarung der Ur-Bibel der Menschheit den Schlüssel gegeben, in der entscheidensten Phase seiner Geschichte das Ruder herumzuwerfen und den atomaren Holocaust abzuwenden.

Eine solche Annahme setzt drei Tatsachen voraus:

1. Die Existenz einer Intelligenz, die den Verlauf der Zukunft genau kennt.
2. Einen „Zukunftsfluss“, der aus prädestinierten (vorbestimmten) und abwendbaren Ereignissen besteht.
3. Nicht das höhere Wesen bestimmt über den „Zukunftsfluss“, sondern, zumindest von einer bestimmten Reifephase ab, der Mensch: Er hat die freie Wahl, kann aber von dieser höheren Intelligenz gewarnt werden.

Das hiesse, dass es kein unabwendbares Schicksal gibt - und dass, so Drosnin, „die Rettung der Welt in unseren eigenen Händen liege. Wir bestimmen den Verlauf der Ereignise nach unserem Willen.“

Das Universum basiert auf dem Prinzip von Ursache und Wirkung. Jede göttliche Kommunikation ist nur der Versuch einer Korrektur eines Ereignisstranges, der in eine Sackgasse zu verlaufen droht. Denn Kriege und Katastrophen sind, nach biblischer Terminologie, „Strafgerichte“ - die Folgen unseres Tuns, die Konsequenzen eines Irrweges, die abgewendet werden können, wie jede Wirkung ausbleibt, wenn die Ursachen sich ändern.

Tatsache ist: Offenbar hat „jemand“, der sich als eine Art Kontrollinstanz des Universums versteht, vor 3500 Jahren die Zukunft gekannt - einschliesslich der Ereignisse des 20. Jahrhunderts, die die Menschheit so nah an den Abgrund bringen würden. Diese Intelligenz hat gewusst, dass wir gerade in letzter Minute in der Lage sein würden, mit Hilfe moderner Computertechnologie den Code zu knacken, die Botschaft zu lesen, zu verstehen - und möglicherweise die Katastrophe abzuwenden.

Wer ist diese Intelligenz? Drosnin glaubt nicht an Gott. „Stammte der Bibelcode tatsächlich von einem allmächtigen Gott, bestünde für ihn keine Notwendigkeit, uns die Zukunft vorherzusagen. Er könnte sie nach eigenem Ermessen abändern“, ist er überzeugt. Nicht, muss man erwidern, wenn es ein Gesetz des freien Willens im Universum gibt - exakt das aber indiziert die Geschichte von Jonas, die gesamte Geschichte der Prophetie. Für Drosnin ist der Bibelcode vielmehr das Werk einer „fortgeschrittenen Technologie“, „eine interaktive Datenbank, ... ein Computerprogramm“. Er glaubt: „Wir haben vergessen, dass die Bibel unsere am weitesten verbreitete Schilderung einer Begegnung mit einem ausserirdischen Wesen beinhaltet. Der langerwartete Kontakt mit einer anderen Lebensform erfolgte vor mehreren tausend Jahren.“ Ist der Code die „Zeitkapsel“ einer ausserirdischen Intelligenz? Dann aber müssen wir fragen, wie eine ausserirdische Intelligenz das Wissen um die Zukunft der Menschheit, bis in alle Details, haben konnte. Ist die Zukunft doch vorprogrammiert, mit Ausnahme der grossen „Schnittpunkte" der Weltgeschichte? Oder steckt hinter der Offenbarung des Codes doch eine allwissende Intelligenz, für die Vergangenheit, Gegenwart und Zukunft einsehbar sind wie ein offenes Buch und die von Zeit zu Zeit, dann, wenn es kritisch wird, mit uns Kontakt aufnimmt?

Offenbar versuchte diese Intelligenz im Verlauf der Geschichte immer wieder, mit uns Kontakt aufzunehmen und uns durch inspirierte Schriften, Visionen und Erscheinungen eine Warnung vor den Folgen einer falschen Entwicklung zu übermitteln. Schon daher gleichen oder überschneiden sich alle Prophezeiungen: Sie sind Teil oder Neu-Offenbarung der einen, grossen Weissagung, die die entscheidenste Phase der Menschheit, den Scheideweg zwischen Selbstzerstörung und globaler Friedensordnung betrifft, an dem wir heute, an der Schwelle zum Dritten Jahrtausend, stehen.

Wenn die Hopi-Indianer also davor warnen, dass „ein Kürbis voll Asche" über der Erde ausgeleert werden und die Zivilisation zerstören könnte, so tun sie es nicht, um uns Angst zu machen. Ihre uralten Prophezeiungen signalisierten ihnen vielmehr, dass es jetzt an der Zeit sei, die Menschen zu warnen. Denn dazu sei *„die Botschaft der Hopi da. Ob und wie die Prophezeiungen eintreffen, das hängt ganz allein vom Verhalten der Menschen ab."*

So verwundert es auch nicht, dass es dreierlei Prophezeiungen über die bevorstehende Jahrtausendwende gibt. Die eine, und leider auch die an Beispielen zahlenmässig überlegene Gruppe, beschreibt einen kommenden Weltkrieg mit dem verheerenden atomaren Schlagabtausch, schreckliche Naturkatastrophen und kosmischen Umwälzungen. Die zweite sieht eine Reihe von Naturkatastrophen vor, die das Gesicht der Erde verändern werden; die dritte schliesslich sagt den Bewusstseinswandel der Menschheit und einen mehr oder weniger ungetrübten Übergang ins dritte Jahrtausend voraus. Eines haben alle drei Typen von Voraussagungen gemein: Das dritte Jahrtausend sieht eine - vielleicht zahlenmässig geringere - geläutert Menschheit, eine Menschheit die sich dem geistigen Pfad zugewendet hat und in ein goldenes Zeitalter geht. Offensichtlich ist es unser Problem, ob wir zu dieser Läuterung ein Schockerlebnis brauchen - oder die ersten Schritte freiwillig tun. Die Propheten fordern eine Umkehr - Beten, Busse, Hinwendung zu Gott; und das nicht nur im Christentum, sondern in allen Religionen. Wenn die Friedensdelegation der Indianer „Ehrfurcht, Harmonie und Liebe" als ihre Hauptforderung den Europäern nahelegt, so wurde damit der Kern auf den gemeinsamen Nenner gebracht.

Es ist „Wendezeit", wie Fritjof Capra postulierte, Zeit zum Umdenken, Zeit zum Handeln, Zeit zur Errichtung eines neuen Zeitalters. Die Astrologen rechnen damit, dass zeitgleich mit der Jahrtausendwende das Wassermannzeitalter beginnt, wenn der Zeiger der Weltenuhr vom Sternbild der Fische in den Wassermann vorrückt, dem Zodiak entgegen. Denn genau 25.920 Jahre dauert das „kosmische Jahr", in dem die Erde alle zwölf Tierkreiszeichen durchläuft, mit dem Wassermann angefangen, bei den Fischen aufgehört. Schon die Griechen sahen in jedem Tierkreiszeichen, das die

Erde durchläuft, ein Zeitalter charakterisiert. Als das Stier-Zeitalter vor etwa 6400 Jahren seinen Anfang nahm, begannen Ägypter, Kreter, Sumerer und Inder mit der Einführung von Stierkulten; vor 4200 Jahren sollte Abraham einen Widder opfern: das Widder-Zeitalter hatte begonnen, und Alexander der Grosse liess sich noch im 4. vorchristlichen Jahrhundert mit Widderhörnern als Sohn des Widder-Gottes Ammon darstellen. Etwa um die Zeitenwende rückte der Zeiger der Weltuhr vor in das Fischzeitalter. Christus suchte sich Fischer als Verkünder seiner Lehre aus, der Fisch war das Symbol der ersten Christen. Das in vielen Menschen tief verwurzelte Gefühl, dass geistige Umwälzungen bevorstehen, ist nicht nur als „Chiliasmus“, als Glauben an die Relevanz der tausend Jahre im endzeitlichen Geschehen, zu erklären. Die Zeichen der Veränderung sind unübersehbar: Wir stehen vor einer neuen Zeitenwende, und es wird, es muss einen Umbruch geben. Aber müssen erst furchtbarste Kriege und Katastrophen die Menschheit läutern?

Ninive konnte sein Schicksal abwenden. Das Jahr 1000 begann ohne nennenswerte Katastrophen. Und auch den letzten Weltuntergangstermin 1962 überstanden wir unbeschadet, wenn auch nur knapp. Immerhin hatte Präsident Kennedy zu Beginn der Kubakrise schon mit dem Einsatz von Atomwaffen gegen die Sowjetunion gedroht als sie ihre Raketen in der Karibik zu stationieren begann; und auch die Berlinkrise hatte 1961/62 ihren Höhepunkt seit 1948 erreicht. Aber wie schrieb doch Jules Silver: *„Der Wert der öffentlichen Bekanntgabe derartig parapsychologisch oder astrologisch ermittelter Daten liegt nicht zuletzt auch darin, dass sie einen möglichen Beitrag zur Verhinderung eines Krieges darstellen. Der öffentliche Hinweis auf den Zeitpunkt eines drohenden Kriegsausbruchs, der seherisch geschaut oder ermittelt wurde, beschwört also keine zusätzlichen Kriegesgefahren herauf, wie oftmals behauptet wird, sondern stellt logischerweise einen einzigartigen Beitrag zur Vereitelung bestehender Aggressionspläne und zur Erhaltung des Friedens dar“.*

Wir haben lange gezögert, dieses Buch neu herauszugeben. Zu gross war das Risiko, dass es zu Panik, Angst Mutlosigkeit und Zukunftsangst führen könnte. Wäre es nicht gerade in der heutigen Zeit, in der wirtschaftliche Krisen und die Aussichtslosigkeit auf dem Arbeitsmarkt schon vielen die Hoffnung genommen hat, viel eher notwendig, den Menschen eine rosige Zukunft vorzugaukeln?

Die derzeitige Weltlage, in der alle Zeichen auf Sturm stehen, lässt bald nicht mehr viel Zeit zum Träumen. „Die Zeit zum Handeln ist gekommen“, heisst es bei den Hopi-Indianern, „Die Zeit zum Handeln ist sehr kurz. Der Tag der Reinigung ist nahe. Wir wollen, dass das verstanden wird“. Das ist der Grund, weshalb dieses Buch gerade jetzt auf den Markt kommt. Wir werden einen Blick auf die wichtigsten Prophezeiungen „der ersten Art“ werfen; und wir werden versuchen, den Krieg, vor dem wir seit zwei Jahrtausenden gewarnt wurden, in seinen Grundzügen zu rekonstruieren, seine Ursachen zu ergründen. Dieses apokalyptische Szenario soll als Warnung dienen, aber auch als Leitfaden, sollte es, allen Warnungen zum Trotz, wirklich einmal dazu kommen - was Gott verhüten möge. Im dritten Teil schliesslich diskutieren wir anhand verschiedener Beispiele und Wege, Möglichkeiten, den III.

Weltkrieg zu verhindern - oder ihn wenigstens zu überleben. Denn sicher ist, dass Überleben lohnt; kosmische Umwälzungen werden die Erde von der radioaktiven Verseuchung reinigen, einen Neuanfang ermöglichen, ja sogar begünstigen. Längst versunken geglaubte Länder wie das versunkene Atlantis werden - Tenor bei vielen Prophezeiungen - wieder auftauchen, neu besiedelt werden können.

Wir haben gewusst diesen Weg gewählt - apokalyptische Szenarios an und für sich gibt es zu Genüge, eine ganze Reihe von Büchern befasst sich mit den Schrecken des begrenzten oder unbegrenzten Atomkrieges und seinen Folgen. Erst die Prophetie gibt Aufschluss darüber, wie es dazu kommt, welche Ereignisse dem vorausgehen, wann es noch möglich ist, das Inferno, die Maschinerie des Schreckens zu stoppen. Der Vergleich mit aktuellen politischen Entwicklungen und militärischen Plänen demonstriert nur zu deutlich, wie wir geradewegs auf das Inferno zusteuern. Als Ausweg verzichten wir auf die oft flachen, unrealistischen Parolen einer Friedensbewegung. Wie Capra in seinem Buch „Wendezeit" nachweist, liegen die Wurzeln für die derzeitige Weltkrise sehr viel tiefer: Die materialistische Philosophie, der Rationalismus, der unser Weltbild prägt, ist der Urgrund allen Übels; nicht die Machtpolitik Washingtons oder Moskaus.

Prophetie ist also eine Warnung an eine Menschheit auf dem Irrweg. Und daher war sie noch nie so wertvoll, so wichtig wie in dieser Zeit. Deshalb habe ich (M.Hesemann) mich entschlossen, dieses Buch, das 1984 von einem nahen Verwandten, Henri Schnyder von Wartensee, verfasst und von mir ergänzt und bearbeitet wurde, diesmal im Reichel-Verlag neu herausgeben zu lassen: Nicht, um Endzeithysterie zu schüren, sondern einfach, um das Szenario der Prophezeiungen, diese Warnung aus dem Dunkel der Zeiten, Ihnen in dieser entscheidenden Phase der Geschichte wieder zugänglich zu machen. Denn es ist mehr als erstaunlich, wie richtig Schnyder in so vielen Voraussagen lag. So sagte schon die Originalausgabe von 1984 die deutsche Wiedervereinigung (auf S.90), das Ende der Sowjetherrschaft für 1991(!) (ebenfalls auf S.90), den Golfkrieg (S.100), den Jugoslawien-Konflikt (S.125) und die ausbrechenden Unruhen zwischen der Türkei und Syrien (S.121ff.) voraus. Nur einen Fehler machte der Autor: Da er das Ende der Sowjetunion zeitlich richtig einordnete, glaubte er, dass der vorausgesagte Einmarsch der Russen in Europa vor 1991 stattfinden müsse. Bedeutet dies, dass die Gefahr heute, unter anderen Vorzeichen, gebannt ist? Lange glaubte auch ich, dass es so sei. Doch die derzeitige Mega-Krise in Russland macht es allzu wahrscheinlich, dass der schwerkranke Jelzin bald gestürzt wird, sich das hungernde, verarmende Volk erhebt. Die Frage ist, wer dann die Herrschaft im Kreml antritt. Etwa wieder die Kommunisten, die schon heute wieder 50 % der Sitze in der Duma innehaben? Oder ein „starker Mann" aus dem rechten Spektrum, der dem am Boden liegenden Riesenreich neue Grösse verspricht? Beide Szenarien sind denkbar, und beide machen es durchaus möglich, dass die Vision der Propheten doch noch wahr wird. Das Schreckensszenario dieses Buches ist also keinesfalls überholt, es kann durchaus noch wahr werden. Trotzdem möchte ich ausdrücklich daran erinnern, dass die

Zukunft in unseren Händen liegt und es kein vorbestimmtes Schicksal gibt - sondern nur eine Kausalitätskette, die wir jederzeit ändern können.

Schon zweimal in diesem Jahrhundert hätte es zum Dritten Weltkrieg kommen können: 1961/62 und 1988/89. Eine dritte Gefahr besteht, den Propheten zufolge, für 1999/2000, doch ebenso ist noch ein Kriegsausbruch in den Jahren 2005 und 2010 möglich. Erst im Jahre 2012, wenn nach einer Reihe von Voraussagen ein neues Zeitalter anbricht, scheint die Gefahr gebannt zu sein. Zweimal ist es der Menschheit gelungen, die Schrecken des Krieges abzuwenden, und jedes Mal spielte eine Prophezeiung, die dritte Botschaft von Fatima, die entscheidende Rolle: durch den Friedensappell des Papstes im Oktober 1962 und durch die Weihe Russlands an die Gottesmutter durch Johannes Paul II. im Jahre 1984, mitten im kältesten Krieg der Reagan-Ära, als plötzlich ein Stern der Hoffnung aufging und - im Jahr darauf- Michail Gorbatschow zum neuen Generalsekretär der KPdSU gewählt wurde, der eine Ära der Öffnung und Entspannung einleitete. So machten die Ereignisse von 1989/90 einen Dritten Weltkrieg, wie er prophezeit wurde, praktisch unmöglich. Das Unheil schien abgewendet - und wäre es auch nach wie vor, wenn nicht gerade in Russland die Zeichen auf Sturm stünden. Durch die Krise auf dem Balkan, die nach wie vor gespannte Situation in Nahost, die neue Macht der Kommunisten nicht nur in Russland und die Kriegshetze islamischer Fanatiker besteht erneut die Gefahr einer Weltkrise. Und vielleicht war es gerade die grosse Friedenshoffnung nach der Öffnung der Mauer(n), die von den Sehern als eines der Vorzeichen für den Ausbruch des „dritten Weltgeschehens" angekündigt wurde: „Wenn alles 'Friede, Friede' ruft, dann geht es los!" - wenn es nicht abermals gelingt, das Unheil abzuwenden.

Denn nichts, was in diesem Buch steht, muss zwangsläufig eintreffen. Es ist eine Warnung, ein prophetisches Szenario von etwas, das der Menschheit droht, wenn sie einen falschen Weg einschlägt. Beten und hoffen wir, dass sie rechtzeitig erkennt, was sie falsch macht. Die richtigen Initiativen können jede Katastrophe verhindern. Doch sollten die Ereignisse, vor denen wir gewarnt wurden, tatsächlich Wahrheit werden, so verraten die Vorhersagen uns, was wir tun können, um sie zu überleben - und mitarbeiten zu können am Aufbau einer neuen Welt, teilzuhaben an einem goldenen Zeitalter des Friedens und der Gerechtigkeit.

Michael Hesemann

Henri Schnyder (Luzern)

Bild 3: Albrecht Dürer: Die apokalyptischen Reiter

1. Kapitel: Die grossen Weissagungen über die kommende Weltkrise

Im Jahr des Krieges 1914 lag der bayerische Infanterist Andreas Rill bei Colmar in den Vogesen im Quartier und schickte wundersame Feldpost an die Lieben daheim. Einen *„prophetischen Franzosen"*, einen *„sonderbaren Heiligen"*, schrieb er, hatten sie da vernommen, und *„was der alles gesagt hat"*, damit werde er nicht fertig: *„Es ist nicht zu glauben"*.

„Wir dürfen ja nicht glauben, dass wir von der Welt was wüssten", hätte der gesagt, denn dann „würden wir heute noch die Gewehre wegwerfen". Denn der Krieg sei „für Deutschland verloren und geht ins fünfte Jahr, dann kommt Revolution, aber sie kommt nicht recht zum Ausbruch; der eine geht und der andere kommt". Und geradezu „lächerlich" sei, was der „Komplize" noch dazu bemerkt hätte: „alles wird Millionär, und soviel Geld gibts, dass man´s beim Fenster rauswirft und klaubts niemand mehr auf'.

„Zirka 32" erscheine dann „ein Mann aus der niederen Stufe, und der macht alles gleich in Deutschland, und die Leute haben nichts Rechtes zu reden, und zwar mit einer Strenge, dass es uns das Wasser bei allen Fugen raustreibt. Denn der nimmt den Leuten mehr, als es gibt, und straft die Leute entsetzlich, denn um diese Zeit verliert das Recht sein Recht, und es gibt viel Maulhelden und Betrüger. Die Leute werden wieder ärmer, ohne dass sie es merken. Jeden Tag gibt's neue Gesetze, und viele werden dadurch manches erleben oder gar sterben ... alles geht auf eines Mannes Diktat."

Dann naht „die Zeit 38; werden überfallen und zum Krieg gearbeitet". Der Krieg endet schlecht für diesen Mann und seinen Anhang. „Steht an der Jahreszahl vier und fünf, dann wird Deutschland von allen Seiten eingedrückt, und das zweite Weltgeschehen ist zu Ende. Und der Mann verschwindet, und das Volk steht da und wird noch vollständig ausgeraubt und vernichtet bis ins Unendliche. Aber die Feinde stehen auch nicht gut miteinander."

Hart werde es dann für jene, die „zu dieser Zeit' ein Amt angenommen hatten. Alles kommt an den Galgen." Und die Leute seien froh, „wenn sie sich noch in Sandsäcke kleiden können".

Solch Sonderliches verhiess, schrieb der bayerische Infanterist, der „prophetische Franzose". „Wir sagten, der hats doch nicht ganz recht, oder er spinnt. Ihr werdet darüber lachen, denn das ist doch nicht zum glauben. Der Mann sprach mehrere Sprachen; wir haben ihn ausgelacht aber der Leutnant sprach mit ihm die ganze

Nacht." Denn mit dem „zweiten Weltgeschehen" war der Mann noch nicht am Ende seiner Weissagung.

„Deutschland wird zerrissen, und ein neuer Mann tritt zutage, der das neue Deutschland leitet und aufrichtet." Aber „die Leute sinken immer tiefer in der Moral und werden immer schlechter ... und das Unheil des dritten Weltgeschehens bricht herein": „Russland überfällt den Süden Deutschlands, aber kurze Zeit, und den verfluchten Menschen wird gezeigt werden, dass ein Gott besteht, der diesem Geschehen ein Ende macht. Um diese Zeit soll es furchtbar zugehen, und es soll den Leuten nichts mehr helfen, denn die Leute sind zu weit gekommen und können nicht mehr zurück, da sie die Ermahnungen nicht gehört haben."

Andreas Rill sollte sich in den folgenden Jahrzehnten nach dem Krieg noch öfter an den „prophetischen Franzosen" erinnern. Schon vor der Nazizeit hatte er seinen Söhnen erklärt: „Jetzt kommt der strenge Herrscher, der bringt den Krieg und der Krieg ist wieder verloren". 1936 suchten ihn zwei Kriminalbeamte auf, weil er in der Dorfkneipe zu laut von den Prophezeiungen des „seltsamen Fremden" gesprochen hatte. Denn schon das Eintreffen der prophezeiten Inflation überzeugte den Schreinermeister Rill davon, dass der „seltsame Fremde" die Wahrheit gesagt haben muss. Und so wiederholte er in den kommenden Jahren immer wieder im Kreise seiner Familie die Worte: „Und genau das hat er gesagt". Noch kurz vor seinem Tod im Jahre 1958 meinte er zu seinen Söhnen in Bezug auf den dritten Krieg: „Er dauert nur ganz kurz. Ich erlebe es nimmer, aber ihr Buben denkt noch an mich."

Natürlich hatte er dann auch von seiner Frau verlangt, dass sie die beiden Feldpostbriefe, in denen er von dem Franzosen erzählte, sorgfältig wegschliesst - quasi als Beweis. 1979 überprüfte der bekannte Freiburger Parapsychologe Prof. Hans Bender die Echtheit der Briefe durch eine kriminaltechnische Analyse. Fazit: „Es seien keine Anhaltspunkte für eine Fälschung festzustellen". Auch persönliche Gespräche mit Familienangehörigen Rills, die Durchsicht militärgeschichtlicher Dokumente aus dem Kriegsarchiv in München, wo das Tagebuch der Kompanie Rills gefunden wurde, und Nachforschungen über die Identität des "prophetischen Franzosen" überzeugten den Professor: „An ihrer Authentizität ist kaum ein Zweifel möglich". Und: Zumindest bei den „politischen Aussagen bis 1945" sieht PSI-Forscher Bender sich „mit einer unbegreiflichen Tatsache konfrontiert".

Das freilich gilt auch für andere Prophezeiungen. "Im Nachbarland spricht ein Mann, dessen Wappen ein seltsames Kreuz trägt zu seinem Volk und verspricht ihm Macht und Ruhm", sah die Sybille von Prag im 17. Jahrhundert den Aufstieg Adolf Hitlers voraus. "Das Volk jubelt ihm zu, sie alle wollen kämpfen, um einen grossen Sieg feiern zu können. Er will die Welt beherrschen und verbündet sich mit dem Beilträger der ewigen Stadt", Benito Mussolini, dessen Symbol das römische Henkerbeil mit dem Rutenbündel, den Fasces war, „der ihm aber kein Glück bringen soll". „Seine Söldner mit eisernen Häusern, die auf Kufen und Ketten laufen und Tod und Verderben ausspeien, kommen auch nach Prag. Das Volk der Moldaustadt sinnt mit hassvollem Herzen auf Rache. Der Kreuzträger", Hitler, dessen Symbol das

Hakenkreuz war, „fühlt sich sicher und schaut stolz vom Hradschin über die schöne Stadt. Aber noch hat er zu wenig Macht und eilt weiter in die Welt. Er gibt den Befehl, und seine Söldner ziehen tausend Meilen nach Nord, Süd, Ost und West. Auch sie werden unter der schwarzen Sonne verschmachten", mit Rommel in der Sahara, „auch sie werden in der Schneewüste des Bärenlandes" -Russland- „erfrieren. Kein Ende will der Krieg nehmen, und furchtbar ist die Zeit. Pech und Schwefel regnet es in Strömen vom blauen Firmament. Aber dennoch lebt die Welt weiter und ersinnt neue Greueltaten und Grausamkeiten. Grosse Städte sehe ich in Rauch und Flammen aufgehen, nichts als Schutt und Asche bleibt zurück. Unter der Erde", in Bunkern und Luftschutzkellern, „wohnt die Menschheit und erlebt alle Qualen der Hölle. Aber jener Kreuzträger findet ein seltsames Ende, und tausend Jahre noch werden sie seine Leiche suchen."

Die Frau, von der diese sybillenhaften Bilder über die Jahrhunderte hinweg überliefert wurden, starb 1658 neunzigjährig in Prag. Sie war die Tochter eines verarmten böhmischen Grafen. Als ihr Verlobter in einem Kampf ums Leben kam, hatte sie das väterliche Schloss verlassen, sich einem Trupp von Zigeunern angeschlossen und war jahrelang umhergereist. Sie kam in die Länder des Balkans, durch Ägypten und Palästina nach Spanien, Frankreich und Italien. Erst in hohem Alter kehrte sie wieder in das väterliche Schloss zurück, wo sie einen grossen Ruf als Seherin genoss. Der Sohn des Schlossgärtners, ein Prager Student, zeichnete ihre Weissagungen auf, die sie in einem entrückten, tranceartigen Zustand von sich gab. Da ist die Rede von Napoleon, einem „kleinen Mann", der „Herrscher über die ganze Welt" werden will. „Heiliges ist ihm unheilig, und selbst der Vater der Menschheit", der Papst, „muss seine Knie beugen. Weiter schreitet die Habgier und kämpft in der Hitze des glühenden Sandes", in Ägypten, „ebenso wie in der Hölle starrenden Eises", vor Moskau. Und sie sah auch den Rückzug der Grande Armee aus Russland: „Jammervolle Gestalten wanken durch die Gebiete des Bärenlandes und suchen vernichtet die Heimat."

Auch von technischen Erfindungen ist bei der Sybille von Prag die Rede. Eisenbahn und Dampfschiff beschreibt sie als „grosse Kessel, die sie mit Wasser und Feuer füllen, die sie dann auf Räder und in Boote stellen. Mit ihnen werden sie sich an Land und im Wasser fortbewegen und nicht mehr die Hilfe der Muskeln oder des Windes beanspruchen müssen. In Blitzeseile werden sie von Land zu Land eilen, und ein einziger dampfender Kessel, der die Menschen selbst durch die Erde führen wird, wird hundert Postkutschen ziehen." Sie erwähnt „künstliche Flüsse", die „die Länder durchschneiden", Geräte, mit deren Hilfe „Worte auf dünnen Drähten laufen, die über alle Lande gespannt sind, von Mund zu Mund. Nicht mehr ins Angesicht siehst du deinem Freunde, wenn er zu dir spricht." Und dann sah sie „ein kleines Kistchen" voraus, „mit runden Knöpfen, das wird der Menschheit Freude und Lust bis in die kleinste Kammer bringen. Musik und frohes Lachen entquillt dem sonderbaren Ding", in dem wir unschwer das Radio erkennen, „und lauschen werden die Menschen seinen guten und bösen Worten". Wolkenkratzer nennt sie „Häuser die höher sind als die Türme des Hradschin“, der Burg von Prag. Und „auf der Strasse wird ein Wagen fahren, nicht von Pferden gezogen, sondern getrieben von einem seltsamen Wasser, aber ebenso schnell“. „Die Nacht werden die Menschen zum Tage machen, denn ‘Glasröhren’ werden taghelles Licht spenden.“

Sybillenhaft düster ist ihr Bild vom Ende dieser Zivilisation. „Die Menschheit ist versessen“, klagt sie uns alle an, „sie wollen Gott übertrumpfen. Grausamen Herzens sähen sie einen Pilz, dessen Samen sie vom Himmel auf die Erde werfen. Gross wird die Furcht und reicht bis zu den Wolken und der Pilz überschattet weites Land. Aber der Pilz ist giftig, und Tausende sterben einen qualvollen Tod.“ Lässt sich die Atombombe von Hiroshima treffender mit dem Vokabular des 17. Jahrhunderts beschreiben?

Bild 4: Dem Untergang geweiht? Die „goldene Stadt“ Prag, Blick auf den Hradschin

Diese „schreckliche Waffe“ aber wird das Schicksal der Menschheit besiegeln. Prag wird untergehen, und andere Städte folgen, „aus dem Osten wird ein Drachen kommen, schrecklich anzusehen, denn aus seinen neunmal neunundneunzig Augen werden tödliche Blitze sprühen und seinem weit geöffneten Maule entströmt giftiger Odem. Prag, mein liebes Prag, du wirst ein seltsam grausam Ende finden. Ein Hauch durcheilt deine Gassen, süss und warm; erstaunt werden ihn die Menschen fühlen .... Es geht dem Ende zu ... ein furchtbarer Orkan braust über das Land, über die Stadt ...

Feuer wütet ... ein ungeheurer Feuerball .... Alles, was der Fleiss der Menschen geschaffen hat liegt in Schutt und Asche, man hört nur das Brausen des Sturmes. Das Leben ist erloschen .... Ist das die Ernte menschlicher Saat?“ Zerstört eine Atombombe die goldene Stadt? Die Schilderung der Sybille von Prag lässt keinen anderen Schluss zu.

Das freilich deutete auch ein anderer Prager Seher an, der schon im Jahre 1356 das Ende der goldenen Stadt für unsere Zeit prophezeite. Damals war ein blinder Hirtenjunge dem deutschen Kaiser Karl IV. im Hradschin vorgeführt worden, der wegen seiner Gabe der Weissagung von sich reden machte. Um eine Panik zu verhindern, verbot der Kaiser die Verbreitung der Prophezeiungen. Lediglich Abschriften der Protokolle von 1356 sind noch erhalten, als der „blinde Jüngling“ erklärte:

„In einer Zeit, da einer länger denn sechzig Jahre Herr über Böhmen war, wird durch einen Fürstenmord ein grosser Krieg entstehen“, der erste Weltkrieg, den die Ermordung des Thronfolgerpaares am 28. Juni 1914 in Sarajewo auslöste - nachdem Kaiser Franz Josef I. 68 Jahre lang regierte (1848-1916).“Dann werden die gekrönten Häupter wie reife Äpfel von den Bäumen fallen. Der böhmische Löwe wird nicht mehr untertan sein, sondern selber herrschen“. Die Tschechoslowakei wird Nationalstaat. „Zwei Völker werden in Böhmen leben“, die Tschechen und die Sudetendeutschen, „das Herrschervolk wird dem anderen nach dem Leben trachten und ihm keine Freiheit gönnen. Bis ein Mächtiger kommt“, Hitler, „dann werden die Herren in Prag dem zweiten Volke die Freiheit aus dem Fenster zuwerfen, aber zu spät. Es kommt abermals ein grosser Krieg zwischen allen Völkern der Erde“, der zweite Weltkrieg. „Deutschland wird ein Trümmerhaufen und nur die Gebiete der blauen Steine werden verschont bleiben. Der grosse Krieg wird zu Ende gehen, wenn die Kirschen blühen“, Anfang Mai 1945. „Solange die Kirschen reifen, möchte ich kein Deutscher sein. Wenn aber die Kirschen geerntet sind, dann möchte ich kein Tscheche sein“, denn dann beginnt die Herrschaft des Kommunismus. „Zweimal wird das Böhmerland gesiebt werden: Das erste Mal bleiben nur so viel Deutsche, wie unter einer Eiche Platz haben. Wieder wird der tschechische Löwe über Böhmen herrschen, aber sein Glanz ist zu Ende. In Böhmen wird nur noch ein Volk leben.“ Soweit der Zustand heute. Und dann kommt der Dritte Weltkrieg:

„Ein neuer Krieg wird ausbrechen, es wird der kürzeste sein. Das Volk in Böhmen wird durch den Krieg vernichtet und alles im Land wird verschüttet werden. Zweimal wird das Böhmerland gesiebt werden: Das zweite Mal werden nur so viel Tschechen übrigbleiben, wie auf einer Hand Platz haben. Aber es wird nicht eher Friede in Europa sein, ehe nicht Prag ein Trümmerhaufen ist.“

„Abermals zur Kirschblüte wird Prag vernichtet werden. Eine Sonne wird stürzen und die Erde beben. Die Rache kommt übers grosse Wasser.“ Der Atombombenangriff auf Prag ist also die Rache einer Nation „von jenseits des grossen Wassers“, mit anderen Worten ein Vergeltungsschlag der Amerikaner.

„Wenn zum zweiten Male die Kirschen reifen, werden die Vertriebenen aus Böhmen traurig wieder zu ihren Herren, ihren Webstühlen und Feldern zurückkehren. Aber nur wenige werden es noch sein. Und diese wenigen werden einander fragen: Wo hast du gesteckt und wo du? Die Bauern werden hinter dem Pflug mit der Peitsche knallen und sagen: Hier hat Prag gestanden. Über die Welt wird ein neues Zeitalter kommen, das man das Goldene nennen wird."

„*Es werden gar viele Städte durch Feuer und durchs Wasser geläutert werden*", ergänzte der steiermärkische Musiklehrer und „Schreibknecht Gottes", Jakob Lorber (1800-1864). Lorber empfing durch die „innere Stimme" Offenbarungen von Jesus. In 24jähriger Fron, auf mehr als 10.000 Druckseiten, hat Lorber niedergelegt, was der Herr ihm diktierte: Eine ausführliche Neufassung des Neuen Testamentes, unzählige ungewöhnlich präzise Informationen über die Planeten unseres Sonnensystems, Leben in den feinstofflichen Bereichen des Seins und Prophezeiungen über die Zukunft. Und da ist auch von unserer Zeit die Rede: „*Ich sage Dir, dass die Menschen reden werden mit der Zunge des Blitzes von einem Ende der Welt zum anderen, und sie werden in der Luft herumfliegen wie die Vögel, weithin über Meere und Länder.*"

Bereits 1877 waren alle Werke Lorbers im Druck erschienen. Damals konnte noch niemand etwas ahnen von den Problemen des späten 20. Jahrhunderts, die der Grazer Musikus so treffend beschrieb: „*Aber es wird kommen am Ende eine Zeit, in der die Menschen zu einer grossen Klugheit und Geschicklichkeit in allen Dingen gelangen werden und erbauen werden allerlei Maschinen, die alle menschlichen Arbeiten verrichten werden, wie lebende, vernünftige Menschen und Tiere; dadurch aber werden viele Menschenhände arbeitslos.*" Heute, im Zeitalter der Rationalisierung von Arbeitsplätzen durch den Einsatz modernster Technologie wissen wir, dass der Prophet recht gehabt hat. Zutreffend analysiert er, wohin uns der Weg unserer mechanistischen und materialistischen Zivilisation geführt hat: „*Der Mensch hat so ganz entgegengesetzt seiner Bestimmung sich und die ihn umgebende Natur entwürdigt, missbraucht, und daher kommen alle Missstände, welche in geistiger und materieller Hinsicht den Menschen verfolgen werden mit Übeln und Leiden aller Art. So ist es schon möglich, dass mit den Zeiten die Menschen grosse Dinge erfinden und also auch auf die Natur der Erde so einzuwirken anfangen, dass diese am Ende ordentlich leck sein muss.*" Lässt sich das Ozonloch mit der Sprache des 19. Jahrhunderts treffender beschreiben als durch Lorbers Formulierung, „dass die Erde ordentlich leck sein muss"?

Die zweite grosse Gefahr sieht Lorber in der Abholzung und Brandrodung der Wälder als Folge „gieriger Gewinnsucht". Auch hier liegt er richtig in der Darstellung der Folgen, vermehrter Wirbelstürme und der Überflutung weiter Landstriche: „Wenn aber einmal die gierige Gewinnsicht der Menschen zu sehr sich an den Wäldern der Erde vergreifen wird, dann wird für die Menschen böse zu leben und zu bestehen sein auf dieser Erde und am bösesten dort, wo die Lichtungen der

Wälder überhand nehmen werden - was Ihr Euch merken sollt, um die Menschen vor solch loser Industrie rechtzeitig zu warnen... Ihr werdet die Folgen davon gar sehr bitter schmecken allerjüngst schon verspüren... verheerende Stürme werden ganze Länder gänzlich zugrunde richten... Durch die Vernichtung der Wälder (werden sich) die klimatischen Verhältnisse einzelner Länder... gänzlich ändern. ... Da werden grosse Stürme auf dem Lande und auf dem Meer sein sowie viele Erdbeben. Das Meer wird an vielen Orten die Ufer überfluten..."

Bild 5: Der Schreibknecht Gottes Jakob Lorber

Lorbers „Stimme" sah den Raubbau an der Erde, die Verschmutzung der Atmosphäre und die Bedrohung durch ultraviolette Strahlen schon vor 150 Jahren voraus. Aber sie betonte auch, dass das „künftige grosse Weltgericht" keine „Strafe Gottes" ist. Es ist eine Katastrophe, die die Menschheit durch ihr Verhalten selbst auslöst. Sie wird wie ein „reinigendes Feuer" die Menschheit läutern, sie wieder auf den Weg der Schöpfung zurückführen. Aber sie braucht nicht stattzufinden. Wenn die Menschheit die Worte des Propheten - und so vieler anderer, die laut Lorber vor der Katastrophe noch kommen würden - annimmt und von selbst „eine andere Weltlage" schafft, wird sie sich noch retten können. Denn sie erntet nur, was sie selbst ausgesät hat. „*Darum lehret die Menschen weise zu sein, ansonsten sie selbst die Gerichte heraufbeschwören werden*", mahnt Jesus durch Lorber. „*Die Elementarereignisse, die Unglücksfälle und Krankheiten, welche der Zeit vorangehen, sind die letzten*

Versuche, noch zu retten, was zu retten ist, damit nicht alle im Schlamm des Egoismus ersticken. Nur durch Unglück und herbe Schicksalsschläge wird das stolze Menschenherz mürbe... Wenn all diese unglücklichen Ereignisse über die Menschheit hereinbrechen werden, wie einst bei den Juden die Zerstörung Jerusalems - wer ist dann schuld daran? Bin Ich ein Rachegott, der das Blut Tausender will? Oder sind die es nicht vielmehr selbst, die alles unter ihrem Sinn beugen und selbst die grossen Gesetze der materiellen und geistigen Welt - wenn es nur möglich wäre!- umstossen möchten."

Mahner gibt es genug. „Ich werde Propheten aufstehen lassen, die weissagen und das kommende Gericht verkünden. Aber der Hochmut der Menschen wird ihrer spotten, man wird sie als Narren verlachen." Vielleicht kommt die Rettung auch von ausserhalb: „Nichts als Lichter aus den Himmeln... wird die Menschheit erlösen", sagt Lorber voraus. Denn „nun kommt die Zeit, wo Ich den Bewohnern der grösseren Planeten den Blick auf die Erde öffnen und ihnen klarmachen werde den Standpunkt derer, welche Mich zu suchen ausgegangen und auf diese Erde gekommen sind. dann wird ein lauter Ruf durch den Weltraum erschallen von der Venus bis zur Urka."

Offensichtlich sagte Lorber damit die UFO-Phänomene unserer Zeit voraus, die Kontakte mit Ausserirdischen, durch die so zahlreiche Warnungen über die derzeitige Weltlage zu uns kommen (siehe Michael Hesemanns „UFOs: Die Kontakte", Silberschnur-Verlag). Doch auch darauf, so der „Schreibknecht Gottes", wird die Menschheit nicht hören. Es kommt, wie es kommen muss: *„Aber bald nach jener Zeit wird es auf der Erde für das Leben der Menschen sehr übel auszusehen anfangen, denn die Erde wird unfruchtbar werden, grosse Teuerungen, Kriege und Hungersnot werden entstehen, und das Licht des Glaubens an die ewige Wahrheit wird vielfach erlöschen, und das Feuer der Liebe wird verglimmen und erkalten, und es wird dann kommen das letzte Feuergericht über die Erde!"*

„Ein Volk erhebt sich wider das andere und wird es bekriegen mit Feuerwaffen... Ein Volk will grösser sein als das andere, ein Reich mächtiger als das andere.. und siehe, die Zeit ist da, enthüllt vor euren Augen: Ein Volk zieht wider das andere. Fragt ihr nach dem Warum, so sage ich euch: aus purem Hochmut."

Und dann sah der Prophet eine gewaltige Naturkatastrophe, ausgelöst durch einen Kometen, der „*aus den weiten Lufträumen*" auf die Erde zurast. Zeitpunkt der Katastrophe: „*Es werden bis dahin von nun an* (d.h. von den Tagen Christi an*) tausend Jahre und nicht noch einmal tausend Jahre vergehen.*" Und an anderer Stelle heisst es: „*Nahe an zweitausend Jahren*". Also in unserer Zeit:

„Wenn aber auch die Zahl der Reinen und Guten wie zu den Zeiten Noahs sich sehr verringern wird, dann soll die Erde abermals beschickt werden mit einem allgemeinen Gerichte, in welchem weder der Menschen noch der Tiere, noch der Pflanzen geschont wird. Es werden da den stolzen Menschen nichts mehr nutzen ihre feuer- und todspeienden Waffen, nichts ihre Burgen und ehernen Wege, auf denen sie

mit der Schnelligkeit eines abgeschossenen Pfeils dahinfahren werden; denn es wird ein Feind aus den Lüften angefahren kommen und wird sie alle verderben, die da allezeit Übles getan haben.... Was ich einmal zu Jerusalem im Tempel den Wechslern und Taubenkrämern tat, das werde ich dann im Grossen tun auf der ganzen Erde und werde zerstören alle die Kramläden und Wechselbuden durch den Feind, den ich aus den weiten Lufträumen der Erde zusenden werde wie einen dahinzuckenden Blitz mit grossem Getöse und Gekrache."

Das freilich erinnert an die Evangelien und ist vielleicht als Ergänzung der Worte Jesu zu verstehen, die wir im Markus-Evangelium (Mark. 13, 5-37) finden. Hier nur einige Auszüge:

„Wenn ihr aber von Kriegen und Kriegsgerüchten hört, dann lasst Euch nicht erschrecken, denn es muss so kommen, aber noch ist es nicht das Ende. Denn auferstehen wird Volk gegen Volk und Reich gegen Reich, und es werden Erdbeben sein von Ort zu Ort und Hungersnöte. Der Anfang der Wehen ist das." (13, 6-8)

„Wenn ihr nun den Greuel der Verwüstung dort stehen seht, wo er nicht sein darf - wer es liest, der bedenke es wohl - dann fliehet" (13,14)

„In den Tagen nach jener Drangsal wird die Sonne sich verfinstern und der Mond seinen Schein verlieren, die Sterne werden vom Himmel fallen, und die Kräfte des Himmels werden erschüttert werden." (13,24-25)

Tatsächlich sind die biblischen Schilderungen vom Untergang Ausgangspunkt und Urbild aller Prophezeiungen. Biblische Motive werden von späteren Propheten nicht selten benutzt, das Selbstverständnis der echten Zukunftsseher entspricht dem - mit Lorbers Worten - vom „Schreibknecht Gottes", Prophetie ist göttliche Offenbarung. Und zur Legitimation verweist man auf die "Geheime Offenbarung" des Johannes, die Apokalypse in der Bibel. Verfasst wurde sie um das Jahr 95/96 nach Christus, während der Christenverfolgung unter Kaiser Domitian. Der Autor soll kein geringerer sein als der Apostel Johannes, der Lieblingsjünger Jesu. Auch seine Schilderungen sprechen von kosmischen Katastrophen:

„Die sieben Engel mit den sieben Posaunen machten sich bereit zu blasen. Es blies der erste: Da kam Hagel und Feuer, mit Blut vermischt, und wurde auf die Erde geworfen, und es verbrannte der dritte Teil aller Bäume, und es verbrannte alles grüne Gras. Und es blies der zweite Engel: Da wurde etwas wie ein feuerglühender Berg in das Meer geworfen, und der dritte Teil des Meeres wurde zu Blut, und es starb der dritte Teil der Geschöpfe, die im Meer leben, und der dritte Teil der Schiffe ging zugrunde. Und es blies der dritte Engel: Da fiel ein grosser Stern vom Himmel, der wie eine Fackel brannte, und fiel auf den dritten Teil der Flüsse und auf die Wasserquellen. Und der Name des Sternes hiess 'der Wermut'." (Offb. 8, 6-1 1)
Wenn Johannes die apokalyptischen Heere beschreibt, die in den letzten Tagen aufeinandertreffen, so muss man unweigerlich an modernes Kriegsgerät denken. Da ist die Rede von „Heuschrecken", die das Land überfallen, und die man als

Bomberflugzeuge deuten könnte: „Sie hatten Brustkörbe wie eiserne Panzer und das Rauschen ihrer Flügel war wie das Rasseln vieler Pferdegespanne, die in den Kampf stürmen.... Und in ihren Bäuchen war die Macht Schaden zu tun den Menschen fünf Monate lang." (Offb. 9, 9-10)

Weitaus eindeutiger jedoch ist der Hinweis auf unsere Zeit beim Propheten Ezechiel. Dort heisst es, dass der Herr am Ende aller Tage sein Volk noch einmal im gelobten Land sammeln werde - eine Prophezeiung, die 1948 mit der Gründung des Staates Israel eintraf. *„So spricht der Gebieter und Herr: Fürwahr, ich hole die Söhne Israels aus den Völkern heraus, zu denen sie ziehen mussten, und schare sie von überallher zusammen; ich bringe sie in ihre Heimat zurück."* (Ez. 37, 2 1)

Dann naht die Zeit, wo sich die gottlosen Mächte von Gog und Magog erheben und gegen Israel ziehen: „(Gog und Magog:) Ich locke dich heran und lege in deine Kinnbacken Haken; ich lasse dich und deinen ganzen Heerbann ausrücken... nach langer Zeit wirst Du aufgeboten, am Ende der Jahre wirst Du über ein Land hereinbrechen, das, dem Schwert entronnen", womit wohlmöglich Zweiter Weltkrieg und Nationalsozialismus gemeint sind, „zurückgekehrt ist und aus vielen Völkern gesammelt ward in das Bergland Israel, das gar lange verwüstet lag. Nun ist es aus den Völkern herausgeführt." (Ez., 38, 3-8)

Wie aktuell diese Prophezeiung ist, demonstriert eine Meldung, die 1979 durch die Weltpresse ging. Drei bekannte israelische Rabbiner, Israel Abu Chatzira, Jekutiel Juda Halberstamm und Mordechai Sharabi, hatten eines Nachts ein und den selben Traum: Dass Gog und Magog in Gestalt der Sowjetunion und ihrer Verbündeten über Israel herfielen - ein Traum, der in seinem Ablauf mit Hesekiel 38 u. 39 identisch gewesen sein soll. In religiösen Kreisen Israels soll der apokalyptische Traum der drei Rabbis wie eine Bombe eingeschlagen sein. Man interpretierte ihn als ein Zeichen Gottes, dass eben dieses Ereignis kurz bevor stünde. Auch die Offenbarung des Johannes erwähnt Gog und Magog: *„(Der Satan) wird ausgehen zu verführen die Heiden an den vier Enden der Erde, den Gog und Magog, sie zu versammeln zum Streit, welcher Zahl ist wie der Sand am Meer."* (Offb. 20, 7-10)

Propheten gab es schon immer im christlich-jüdischen Kulturkreis. *„Ich will meinen Geist ausgiessen über alles Fleisch, und eure Söhne und Töchter sollen weissagen"*, sprach der Herr zu Joel (3,1). Der römische Gelehrte Lactantius, Lehrer Konstantins des Grossen, fasste die frühchristlichen Prophezeiungen wie folgt zusammen:

„Folgendes sind die Ereignisse, die von den Propheten wie von den Sehern vorausgesagt sind. Wenn der Welt allmählich das letzte Ende naht, dann nimmt die Bosheit überhand und alle Arten von Lastern und Freveln vervielfältigen sich; ... Wenn es noch Gute gibt so sind sie Gegenstand der Plünderung und des Spottes. Niemand erweist Liebe den Eltern, niemand erbarmt sich des Kindes und des Greises; Habsucht und Lüsternheit verdirbt alle. Mord und Blutvergiessen ist allgemein.... Häufig ist das Erscheinen von Haarsternen" (Kometen).

Bild 6: Carlo Dolci: Der Seher von Patmos.

Arthur Hübscher („Die grosse Weissagung") zitiert in seinem Buch eine frühchristliche Prophezeiung, die unter dem Titel „Die siebente Vision Daniels' von der armenischen Kirche aufgezeichnet wurde. Auch hier ist die Rede von „Gotteslästerungen, Menschenmorden, Meineiden, Verleumdungen, Lügen, Entweihungen, Qualen, Plünderungen, Bruderhass und Wirren" als Charakteristiken der Endzeit. „Und der König (des Ostens) wird sein Gesicht gegen Westen wenden.... Dann werden Könige und Fürsten und Führer und Vorkämpfer über Städte und Länder und Orte fallen, und es wird viele Aufstände und Wirren unter den Menschen geben. Und das Volk der Barbaren wird über Städte und Länder herfallen, und die Erde wird sich senken ... ; und du wirst von jenen bedrängt werden, du Siebenhügelige (Stadt Rom); nur allein der Krieg wird dich peinigen, und die Annehmlichkeit der Erde wird vermindert werden in dir, Zorn vom Himmel wird in dir sein und grosse Schläge, und eine Feuersäule wird vom Himmel herab auf der Erde erscheinen. Und dann wird deine Herrschaft gewechselt werden, und du wirst in Verwüstung bleiben von den Krankheiten und der Hungesnot.... Und feurige Pfeile wird es vom Himmel niederregnen. Dann wird der Antichrist herrschen....

Dann wird die Sonne in Finsternis und der Mond in Blut sich verwandeln, die Sterne werden wie Blätter herabfallen, und der Himmel wird wie eine Rolle zusammengerollt werden, und das Meer aus seinen Tiefen schäumend austreten, die Menschen bedecken, und alles wird von der Luft verbrannt und verdorrt."

Bild 7: Merian d. A.: Die apokalpytischen Reiter.

Auffallend, wie sehr sich die Prophezeiungen in aller Welt gleichen. Die uralte Überlieferung der Hopi-Indianer im US-Staat Arizona erwähnt, dass die „weissen Brüder" eines Tages die Erde mit Feuer zerstören werden. Nach dem Kalender der mexikanischen Azteken endet unser derzeitiges Zeitalter im Jahre 2011 durch Feuer. Und nach dem Vishnu Purana, einem der ältesten Texte Indiens, befinden wir uns derzeitig im Kali-Yuga, dem Zeitalter der „finsteren Göttin" Kali. In diesem uralten, „offenbarten" Buch finden wir auch diese -sicher treffende- Beschreibung unserer Zeit:

„Die Kaste der Sklaven... wird die Oberhand gewinnen und allen befehlen...

Einziger Beweggrund für die Frömmigkeit wird die physische Gesundheit sein; einziges Band zwischen den Geschlechtern die Leidenschaft; einziger Weg zum Erfolg die Falschheit.

Die Erde wird nur wegen ihrer materiellen Schätze verehrt werden. Die Priestergewänder werden die Priestereigenschaften ersetzen.... Der Besitzende, der das meiste Geld unter die Leute verteilen wird, wird über die Menschen herrschen, denn das Ziel ihrer Wünsche ist Reichtum, gleichviel, ob rechtmässig erworben oder nicht.

Jedermann wird sich für einen Brahmanen (höchste Kaste) halten. Die Leute werden Angst haben vor Tod und Hungersnot, und nur deshalb werden sie eine äusserliche Religiosität bewahren; die Frauen werden die Wünsche ihrer Männer und ihrer Eltern nicht mehr befolgen. Egoistisch, verworfen, lügnerisch und haltlos werden sie sein und liderlichen Männern anhangen. Sie werden herabsinken zum Gegenstand sexueller Befriedigung."

Fast gleichlautend sind die Ausführungen mittelalterliche Mönche über die Verworfenheit am Ende aller Zeiten. Ludwig Emmerich („Die Zukunft der Welt") zitiert aus den Visionen eines anonym gebliebenen deutschen Mönches aus dem 17. Jahrhundert; und diesmal wird unsere Zeit ausdrücklich genannt, wenn es heisst:

„Das 20. Jahrhundert wird eine Epoche des Schreckens und des Elends sein. In diesem Jahrhundert wird alles Böse und alles Unangenehme, das wir uns vorstellen können, Wirklichkeit werden. In vielen Ländern werden sich die Prinzen gegen ihre Väter, die Bürger gegen die Obrigkeit, die Kinder gegen ihre Eltern, die Heiden gegen Gott und ganze Völker gegen die festgesetzte Ordnung erheben. Ein Bürgerkrieg wird ausbrechen, in dem Geschosse vom Himmel fallen werden. Und dann wird noch ein Krieg ausbrechen, in dessen Verlauf fast das ganze Universum erschüttert werden wird. Finanzielle Katastrophen und der Ruin von Besitztümern werden viele Tränen fliessen lassen. Die Menschen werden seelenlos sein und kein Mitleid kennen. Vergiftete Wolken und Strahlen, die stärker brennen als die Äquatorsonne, eherne marschierende Mächte, fliegende Schiffe voll schrecklicher Bomben und Pfeile, tödliche Sternschnuppen und Schwefelfeuer werden die grossen Städte zerstören. Es wird das verderbteste Jahrhundert von allen sein, denn die Menschen werden einander in den Himmel heben und einander vernichten."

Caesarius, ehedem Prior des Klosters Heisterbach, sah ähnliche Bilder in der Abgeschiedenheit der Klosterzelle. Er schrieb um 1230, *„dass eine Zeit kommen wird, wo nur die Bösen, Rachsüchtigen in der Welt noch geachtet sein werden. Die Schmerzen, welche alle Tyrannen und treulosen Fürsten von jeher verursachten, werden von den Verfolgern erneuert. Denn die Bosheit und Gottlosigkeit der Hunnen und die grausame Unmenschlichkeit der Vandalen werden nichts sein in Vergleich mit den Trübsalen, den Krankheiten und Schmerzen, welche die heilige Kirche beugen werden. Die heiligen Tempel werden zerstört, ihre Pflaster entweiht, die Klöster beschimpft und ausgeplündert, weil die Hand und der Zorn Gottes auf der Welt liegen werden wegen der Menge und Beständigkeit der Sünden..."* Die Strafe Gottes sind fürchterliche Naturkatastrophen: *„Alle Elemente werden entfesselt und der ganze Zustand der Welt verändert. Die Erde wird an mehreren Orten vor Furcht beben und die Lebendigen verschlingen. Viele Städte und Festungen werden zugrunde gehen... die Saaten werden auf den Feldern verfaulen und die Keime keine Frucht bringen. Das Meer wird brüllen und sich gegen die Länder erheben und viele Schiffe und Menschen verschlingen.... Viele und schreckliche Zeichen werden am Himmel erscheinen, die Sonne wird sich verdunkeln und sich blutig rot zeigen. Zwei*

Monde zugleich wird man vier Stunden lang sehen, umgeben von erstaunlichen Dingen. Mehrere Sterne werden zusammenstossen zum Zeichen der Zerstörung fast aller Menschen. Der natürliche Zug der Luft wird wegen der Pestkrankheit verändert und verkehrt; Menschen und Tiere werden schnell sterben; eine furchtbare Hungersnot wird die ganze Welt und besonders den Westen heimsuchen, nie seit Beginn der Welt wird man dergleichen gehört haben.... Doch nach so vielen Trübsalen werden die Geschöpfe Gottes nicht alle Hoffnungen verlieren."

„*Das 20. Jahrhundert wird Tod und Verderben bringen*", heisst es auch in der Prophezeiung eines ungenannten Mönches aus dem 16. Jahrhundert, der im Kloster Maria Laach in der Eifel lebte. Auch er zählt die Übel auf „*Abfall von der Kirche, Entzweiung von Familien, Städten und Regierungen. Es wird das Jahrhundert von drei grossen Kriegen, die im Abstand von Jahrzehnten immer verheerender und blutiger werden und nicht nur das Rheinland, sondern zum Schluss alle Grenzländer in Ost und West in Trümmer legen.*" Die ersten beiden „grossen Kriege" sind bereits überstanden. Da der Mönch ausdrücklich das 20. Jahrhundert nennt, muss der dritte Weltkrieg kurz bevorstehen - und er wird noch schrecklicher als der Zweite Weltkrieg!

Immer, wenn sich Bruder Hepidanus auf dem Kloster St. Gallen für längere Zeit zum Fasten zurückzog, wenn er tagelang betete und meditierte, überkam es ihn. Plötzlich ward er „*im Geist der Zeit entrückt*", an „ferne Orte" versetzt, sah „*Brände gegen den Himmel steigen*", hörte das „*Wehklagen von Männern, Weibern und Kindern*". Dunkle Wolken lagen über der alten Erde; der Klosterbruder sah in die Zukunft.

Schon damals war sein Mitbruder Fr. Bartholomäus von Hepidans Gesichten so fasziniert, dass er sie sorgfältig für die Nachwelt protokollierte. Seine Aufzeichnungen sind bis heute erhalten. Da ist die Rede von „*grossen Vögeln mit eisernen Schnäbeln*", die Menschheit sei „*in zwei Heerlager gespalten*", das Aussehen der Erde würde sich verändern.

Weihnachten im Jahre des Herrn 1083 wurde der Mönch von einer „heftigen Krankheit" ergriffen. Er schien zu fiebern, zitterte und stöhnte so heftig, dass die Mitbrüder befürchten mussten, er würde bald das Irdische segnen. Doch dann erholte er sich wieder, war nach zehn Tagen wieder völlig gesund - und erzählte Frater Bartholomäus von einer Vision, die er während seiner Krankheit hatte:

„Ich sah in Germanien, wo jetzt die Wälder sich längs der Ufer der Ströme hinziehen, ein ungeheuer grosses, fruchtbares, von unzähligen Menschen bewohntes Land", begann er seine Schilderung, „als ich mit Bewunderung dorthin schaute, hörte ich plötzlich eine starke Stimme gleich dem Brausen des Sturmwindes an den Gipfeln der Berge, die zu mir sprach: 'Ich bin der Geist, der ausgeht von den sieben Leuchten vor dem Throne dessen, der da ist, sein wird und war, und der wartet über dem Menschengeschlechte seit Anfang der Dinge. Öffne Dein Auge und schaue! Höre auf das, was ich Dir sagen werde! Siehe!"

Und Bruder Hepidanus sah in die Zukunft: „Aus Germaniens Gründen wird ein Strom hervorquellen, der die ganze Welt überflutet. Es wird unter den Stämmen Germaniens ein Volk auferstehen und ein Haupt werden über all seine Brüder (Preussen). Langer Zwiespalt wird dem Glanz seiner Macht vorangehen. Der Herr wird gegen den Knecht und der Untergebene wider seinen Vorgesetzten sein Recht behaupten und verfechten. Dann wird ein Mann auferstehen mitten aus dem Strudel der Parteiungen (der Weimarer Republik). Er (Adolf Hitler) wird, ohne dem Unrecht Stützpunkt zu sein, doch mit dem Rechte Recht sprechen wider das Recht, und vom Aufgange zum Niedergange wird sein Name in aller Leute Mund sein. Verdammt und gehasst von den einen, wird er bewundert von den anderen werden. Unsägliches Elend wird an seine Schritte geknüpft sein und sein Name wird leben in der Geschichte inmitten von Leichenhügeln (Vernichtungslager) und Tod."

Danach aber werde „ein mächtiges Reich (das Deutsche) in jenen Tagen zugrunde gehen und ein mächtigeres (Russland) an seine Stelle treten. Von Osten her weht ein Sturm und aus dem Westen heult der Wind: Wehe allem, das in den Bereich dieses furchtbaren Wirbels geraten wird." Der Konflikt zwischen West und Ost wird Europa als ein Trümmerfeld zurücklassen. Es ist ein düsteres, apokalyptisches Bild, das Hepidanus sah und beschrieb: „Zwischen dem Rhein und der Elbe und dem morgenwärtsfliessendem Strome Donau wird ein weites Leichenfeld sich ausdehnen, eine Landschaft der Raben und Geier."

Unschwer lassen sich hier die verheerenden Folgen eines „begrenzten" Atomkrieges erkennen. Das Schlachtfeld der Supermächte hiesse in diesem Fall Deutschland. Wann dieses Schicksal erfüllt werden würde, konnte der Mönch auf Tag, Monat und Jahr genau nicht sagen. Nur soviel wusste er, *„dass dieser Tag nicht mehr solange auf sich warten lassen wird wie jener Zeitraum, der zwischen heute und dem Tage liegt, an welchem unser Herr auf die Erde herabkam*". Diese Vision hatte Hepidanus im Jahre 1083. Bis 2166 also muss seine Vorhersage eingetroffen sein.

Aber ihm wurde noch ein anderes Zeichen offenbart. „Schau empor", sagte die Stimme, „erkenne das Sternbild der himmlischen Krone dort mittagswärts von deinem Scheitelpunkte. In dieser Sternenkrone wird ein neues Juwel eingesetzt werden und ein Stern hellglänzend da erscheinen, wo du jetzt nur die unerforschte Bläue des Weltenraumes erblickst. Wenn dieser Stern als weithin leuchtendes Feuerzeichen erscheinen wird, dann ist die Zeit nahe, wo jene Tage über die Menschheit kommen werden."

Hepidanus von St. Gallen war nicht der einzige Klosterbruder seiner Zeit, der von Endzeit-Visionen heimgesucht wurde. Als weitere Beispiele könnte man bekannte Namen wie Brigitta von Schweden, Hildegard von Bingen, Kolumban oder Malachias anführen - die meisten von ihnen sind längst von der Kirche heiliggesprochen worden. Und so erklärten auch die Theologen der „Rota Romana", des höchsten Gerichtshofes der katholischen Kirche, im Heiligsprechungsprozess der hl. Therese von Aquila: *„Es ist weder neu noch ungewöhnlich, dass Gott durch*

Schauungen und Offenbarungen so vertraut zu seinen Freunden redet und ihnen seine Geheimnisse offenbart".

Der heilige Kirchenlehrer Thomas von Aquin ergänzt in seiner „Summa theologica" (2,2/174,6): „Zu allen Zeiten gab es einige, welche den Geist der Weissagung besassen, zwar nicht, um eine neue Glaubenslehre zu verkünden, sondern um Weisungen für das menschliche Handeln zu geben." In keiner menschlichen Gesellschaft fehlen sie - die Seher und Seherinnen, die durch die Lande zogen, die Sybillen und Pythien in ihren heiligen Höhlen, Kultpropheten, Orakelschauer, Seher und ihre Deuter, die Propheten. Immer gab es Männer und Frauen, die „von Gott ergriffen" wurden, die als Sprachrohr einer „anderen Welt dienten, ihre „mit rasendem Munde" gesprochenen Botschaften verkündeten. Ursprünglich waren es die Schamanen der Naturvölker, die nach langem Fasten und Meditieren in unberührter Natur „das zweite Gesicht" empfingen. Moses zog sich für 40 Tage in die Wüste zurück, bevor ihn der Herr rief, ähnlich alle weiteren biblischen Propheten bis hin zu Jesus, der 40 Tage in der Wüste fastete, bevor er sich von Johannes taufen liess. Und auch die Klosterpropheten des Mittelalters empfingen ihre Visionen nach eingehender Busse, Fasten, Meditation.

Als der Mönch Hepidanus eines Nachts meditierend auf seinem Lager lag, erhellte sich plötzlich seine Zelle, und am Getäfel der Holzwand vor seinen Füssen erschien eine weisse Kugel, darauf eine fast durchsichtige Menschengestalt. Sie sprach mit leiser Stimme: „Öffne die Augen". Nach dem Tod ihres Mannes vernahm die heilige Brigitta von Schweden aus einer leuchtenden Wolke heraus eine Stimme, die zu ihr sagte: *„Ich bin dein Gott, ich will mit dir reden. Wisse, Ich rede nicht nur um deinetwillen, sondern zum Heile aller Christen.*" Und als die Äbtissin Hildegard von Bingen (geb. 1099) 42 Jahre alt war, kam ein *„riesiges, feurig zuckendes Licht vom offenen Himmel herab*", durchströmte ihren ganzen Körper, und eine Stimme erklärte ihr: *„Schreib nieder, was du siehst und hörst, zum Nutzen der Menschen, dass sie ihren Schöpfer erkennen und Ihm die gebührende Ehre nicht vorenthalten*". Die Hl. Hildegard schrieb ihre Erkenntnisse nieder. Ihr Buch trägt den Titel „Scivias" - „Wisse die Wege!"

Das ganze Mittelalter hindurch finden wir prophetische Mönche und Nonnen, und ihre Gesichte sind meist apokalyptischen Inhalts. Diese Entwicklung setzt sich bis in die Neuzeit fort. Zu den interessantesten Klosterprophetien gehört die eines anonym gebliebenen Mönches aus dem durch seine schwarze Madonna weit über Polens Grenzen hinaus bekannte Kloster vom Berge Jasna Gora bei Tschenstochau. Sie stammt aus dem 17. Jahrhundert. Beschrieben werden *„der grosse Adler von der Felseninsel*" (Napoleon von Korsika), der der Welt die *„Aufklärung*" bringt, Hitler und die europäische Einigung. *„Später*", so heisst es weiter, *„wird im Norden ein grosser Komet aufsteigen, eben der, welcher sich schon im Jahre 1680 gezeigt hat, und dieser Komet wird ein grosses Unglück mit sich bringen*". Dieser Hinweis deutet auf unsere Zeit hin; denn 1680 erschien der „Halley'ische Komet", der in diesem Jahrhundert u.a. 1986 wieder auftauchte. Was daraufhin folgt, beschrieb der Seher so: „*Im Nordosten* (von Polen, also in Russland*) werden die Völker in grossen Haufen ausziehen und bis an das mittägliche Meer viele Reiche überschwemmen. Sie werden aufwärts des Stromes wandern, welcher sich mit sechs Armen in das Schwarze Meer ergiesst (*Donau*), sowie niederwärts des Stromes von Rom, der sich in das mittägliche Meer wendet (*Tiber*). Unweit des Ausflusses in einer weiten Ebene... wird eine gewaltige Schlacht geliefert. Die wilden Horden werden besiegt und ziehen den Weg, den sie gekommen sind, zurück, aber nur wenige werden die Steppen ihrer Heimat erreichen. Ehe der Komet* (erneut - also vor 2063, HS) *erscheinen wird, werden noch viele Völker, das erleuchtete Volk ausgenommen, von Not und Elend heimgesucht werden.*" Sein Erscheinen verursacht eine gewaltige Naturkatastrophe, die besonders die britischen Inseln schwer treffen wird. Russland aber verliert nach dieser Zeit völlig seine Bedeutung und zerfällt in viele kleine Staaten.

Das 1749 erschienene Buch des Marienthaler Klosters prophezeit für unser Jahrhundert einen Krieg, bei dem aus wolkenlosem Himmel Feuerstrahlen auf die Erde fallen werden. „*Es werden Kämpfe sein auf und in der Erde und in der Luft. In der Mitte zwischen den Kriegern wird sein das grosse Wasser* (der Atlantik)". Diesseits und jenseits dieses Wassers würden durch schreckliche Waffen ganze Städte zerstört werden, die Hauptstädte fielen in wenigen Minuten in Schutt und Asche. Da würden sich die Menschen die Maulwürfe zum Vorbild nehmen, und aus Furcht vor den „*Adlern am Himmel*" metertief in die Erde eingraben. Wer diese Zeit übersteht, würde den grossen langen Frieden erleben.

Ganz knapp schilderte ein Kapuzinermönch aus Düsseldorf um 1850 den dritten Weltkrieg: „Ein gewaltiger Krieg wird entbrennen und sich von Osten und Norden über alle Länder ausbreiten; wilde Horden werden unsere Staaten überschwemmen und bis an den Rhein kommen. Doch wenn die Not am grössten ist, wird Gott einen Retter schicken."

Es wäre schwer zu verstehen, wenn diese prophetischen Mahnungen, die Vorausschau von Ereignissen der nächsten Zukunft, in unserer Zeit verstummt wären. Dass sie es längst nicht sind, dass sie aber dafür heute ganz offensichtlich verschwiegen werden, demonstrierte der bayrische Schriftsteller Wolfgang Johannes Bekh in seinem Buch „Das dritte Weltgeschehen". Bekh war nach Erscheinen seines Buches „Bayrische Hellseher" von einem Leser auf die Gesichte der Ordensschwester Erna Stieglitz hingewiesen worden, die 1975 in einem Kloster in Augsburg starb.

Wie ihm sein Informant versicherte, stellten die äusserst konkreten Aussagen von Mutter Erna Stieglitz über den III. Weltkrieg „*all das, was Sie in Ihrem Buch berichten, in den Schatten*". Aber Bekhs Versuche, mehr über die Zukunftsschau der Augsburger Klosterschwester zu erfahren, blieben erfolglos. Wohin er auch schrieb, sei es an das Erzbischöfliche Ordinariat oder andere kirchliche Stellen, immer wieder stiess er auf eine Mauer des Schweigens. Die offizielle Begründung: Ein

Seligsprechungsprozess sei im Gange, „eine Verfrühung von Aussagen über sie in weiterem Bereich könnte das Verfahren komplizieren".

Die schriftlichen Aufzeichnungen von Mutter Stieglitz, die eine genaue Beschreibung der Gesichte beinhalten, stehen heute unter Verschluss. Trotzdem aber gelang es Bekh, über mehrere Mittelspersonen von mündlichen Aussagen der Seherin zu erfahren, die - obwohl mit Sicherheit nur ein schwacher Abglanz der tatsächlichen Beschreibungen - an sich schon von grösster Deutlichkeit sind. „*Aus der Stille einer Klosterzelle schaute diese Frau den Untergang der Welt*", fasst Bekh seine Informationen zusammen. Der Stand der Technik ist es, der es heute erstmals in der Geschichte der Menschheit ermöglicht, die ganze Welt von einem Machtzentrum aus zu beherrschen. Und während der dekadente Westen ein Leben in Luxus und Bequemlichkeit führt, „*bereitet sich der Osten vor*", stählt seine Jugend, schult sie im Umgang mit den Waffen. Erst wird er seine Flanken stärken, dann in die Mitte nach Westeuropa vorstossen. Als Südflanke nannte Mutter Stieglitz (wohl bemerkt VOR 1975!) Afghanistan, Irak und Iran, Türkei, Griechenland, Jugoslawien. Die Nordflanke sollen Finnland, Schweden, Norwegen und Belgien bilden. Als unmittelbare Kriegsvorbereitung wird schliesslich bis zur bayrischen Grenze eine russische Weitspurbahnlinie herangeführt. Zuerst wird die Sowjetunion sich die Erdölregion sichern, danach erfolgt der Angriff auf die Nord- und Südflanke, Ende Juli stossen russische Angriffskeile gegen Mitteleuropa vor. Es wird ein kurzer Krieg. Schon im August sind die sowjetischen Panzerarmeen in Mittelfrankreich geschlagen, wenig später bei Ulm und in Westfalen vernichtet.

Zur selben Zeit greifen sowjetische Eliteeinheiten Alaska an. Der Abwurf einer radioaktiv strahlenden „gelben Wand" in Europa soll die Russen vom Nachschub abschneiden, Prag wird atomar zerstört. Es folgt der sowjetische Vergeltungsschlag gegen alle Städte der USA; die wiederum antworten mit einem atomaren Bombardement, das weite Teile der Sowjetunion und die letzten sowjetischen Raketensilos vernichtet. Das System ist geschlagen, es kommt zu einer Gegenrevolution. Doch im Todeskampf holt der zerschmetterte Kommunismus noch einmal zu einem vernichtenden Schlag gegen Europa aus. Im September versuchen sowjetische Unterseebooteinheiten, den Kontinent atomar zu verwüsten; französische und deutsche Städte werden dabei in ein Flammenmeer verwandelt. Und da könnte die Beschreibung des Bruder Hepidanus tatsächlich Wahrheit werden; es „*wird ein weites Leichenfeld sich ausdehnen, eine Landschaft der Raben und Geier*".

Dazu aber passt auch die Vision Albrecht Dürers. Im Jahre 1525 hatte Dürer in der Nacht von Mittwoch auf Donnerstag nach Pfingsten „*im Schlaf dies Gesicht gesehen*": Vor ihm lag eine flache, ziemlich öde Landschaft, der Himmel war klar. Doch dann fiel „etwas" auf diese Landschaft wie wenn Wasser auf die Erde fiele. „*Und das traf das Erdreich ungefähr 4 Meilen von mir mit einer solchen Grausamkeit mit einem übergrossen Rauschen*". Eine unheimliche, dunkle Wolke breitete sich in kürzester Zeit auf der Erde aus und stieg auf in den Himmel. Die Erde erzitterte, *ein „Wind und Brausen*" kam auf, und Dürer „*erschrak gar schwerlich*", dass er *"daran erwachet... das mir all mein Körper zittret und lang nicht recht zu mir selbst kam"*.

Schon gleich am nächsten Morgen malte der Meister sein Traumgesicht und versah die Tuschezeichnung eigenhändig mit einer Beschreibung. Heute wird sie im Kunsthistorischen Museum in Wien aufbewahrt. Die Münchener „Neue Zeitung" stellte in ihrer Ausgabe vom 19. August 1946 die Dürer-Zeichnung Fotos von Hiroshima gegenüber. Es war nicht schwer, die Parallelen zu erkennen.

Wenn Sepp Wudy die Folgen des Atomkrieges beschreibt, so liest sich das wie eine Darstellung des Bundesverbandes für den Selbstschutz. Nur seine Worte sind kräftiger, einfacher, eindringlicher. Denn Sepp Wudy war kein Selbstschutzexperte, er war ein einfacher Knecht; und seine Anweisungen entstammen auch nicht der verbeamteten Bürokratie unserer Zeit, sondern wurden um 1910 protokolliert. Denn Sepp Wudy hatte das „zweite Gesicht'. Einiges von dem, was er in seinen Visionen sah, erzählte er seinem Herrn, dem Bauern vom Frischwinkel im bayrischen Wald, der alles säuberlich niederschrieb. Doch das meiste behielt er für sich. Sepp Wudy war ein einfacher, schweigsamer Mann, dem es meist selber schwer fiel, zu verstehen, was er sah. Schliesslich lebte er 30 Jahre vor Erfindung der Atombombe.

Bild 8: Albrecht Dürer: Traumgesicht

„Rennt nicht davon, wenn die grauen Vögel fliegen", hatte er ermahnt und damit wohl zweifelsfrei auf Düsenjäger (oder Fernlenkraketen?) hingewiesen, *„woanders wird es noch schlechter sein. Der Böhmerwald wird einmal versengt werden wie ein Strohschübel. Es geht gegen Norden ein Schein, wie ihn noch niemand gesehen hat, und dann wird ringsum das Feuer aufgehen.*

Setz dich in ein Loch und wart, bis alles vorbei ist, lang dauert's nicht oder such dir eine Höhle am Berg. Die Luft frisst sich in die Haut wie Gift. Leg alles an, was du an Gewand hast und lass nicht das Nasenspitzl herausschauen. Wenn dir die Haare ausfallen, hat es dich erwischt.

Wenn kein Uhumandl mehr schreit und die Hasen zum Haus kommen und umfallen, dann geh' weg vom Wasser und mähe kein Heu.

Du hast das Essen vor dir und darfst es nicht essen, weil es dein Tod ist, und du hast das Wasser im Grandl und darfst es nicht trinken, weil es auch dein Tod ist. Nimm ein Kronwittbirl in den Mund, das hilft, und sauf keine Milch, acht Wochen lang.

Bauer, sag es deinen Kindern, sie sollen dem Berg zurennen, wenn es kracht. „

Vergleichen wir diese prophetische Warnung mit dem atomaren Ernstfall. Bei der Detonation einer Atombombe entwickelt sich zuerst ein unglaublich heller Lichtblitz („Schein"), der Menschen noch in 25 Kilometer Entfernung erblinden lässt; selbst auf 80 Kilometer Entfernung ist er viermal heller als die Mittagssonne. Dann breitet sich mit Lichtgeschwindigkeit die Hitzestrahlung von mehreren Millionen Grad aus. In einem Umkreis von 3-4 Kilometern Durchmesser verdampfen alle Lebewesen, Fahrzeuge, Gegenstände, sogar Granit schmilzt. Zu tödlichen Verbrennungen kommt es noch in einem Radius von 8-10 Kilometern; und noch in 30 Kilometern Entfernung können leicht brennbare Stoffe verkohlen. Gleichzeitig wälzt eine Druckwelle mit Überschallgeschwindigkeit in einer Entfernung von 6 Kilometern alles nieder, orkanartige Stürme schleudern weiter entfernt noch Menschen, Autos und Trümmer durch die Luft. Wer weiter entfernt ist, dem rät das Bundesamt für Zivilschutz: *„Sofort Deckung nehmen, dabei Gesicht am Boden, Hände unter den Körper, Augen schliessen."* Nach dem Atomschlag bedroht der nukleare „Fallout', der radioaktive Staub, Gebiete von bis zu 10.000 Quadratkilometern. Er kommt aus der Atmosphäre - und ist überall. Im Regen, auf dem Türgriff, in der Kleidung, in der Nahrung, im Wasser. Der Körper kann ihn durch die Nahrung, durch Einatmen oder durch die Haut aufnehmen; im Tierkörper angereichert kann er durch die Nahrungskette, durch Fleisch oder Milch in unseren Körper gelangen; und eine jede Berührung kann den Tod bedeuten; den Tod durch die Strahlenkrankheit. Ihre ersten Symptome sind Übelkeit, Erbrechen, Durchfall, Hautblutungen - und Haarausfall; schmerzhafte Geschwüre in Mund und Darm folgen, das Endstadium ist oft der Blutkrebs.

Um die Kontamination, so lautet das Fachwort für radioaktive Verseuchung, zu vermeiden, rät der Bundesverband für den Zivilschutz, bei einem möglichen

Aufenthalt im Freien unbedingt eine Schutzmaske und „behelfsmässige Schutzkleidung“ zu tragen: *„Regenmantel oder -Umhang mit Kapuze - am Hals und an den Handgelenken fest verschliessbar - Gummistiefel oder derbes Schuhwerk, feste Arbeits- oder Gummihandschuhe*“. Ohne jeden Zweifel ist es die radioaktive Verseuchung nach einem Atomschlag, die Sepp Wudy so genau beschreibt; und auf deren grauenvolle Folgen er hinweist: Die Strahlenkrankheit.

Auch andere Seher erwähnen sie; der „Mühlhiasl“ Mathias Lang, Klostermüller von Windberg um 1800, nennt sie den *„Bänko'ramer*“, den *„Bankabräumer*“, und bezeichnet sie als eine *„alles dahinraffende Krankheit'. „Die Leute werden krank, und kein Mensch kann ihnen helfen.“* Denn die moderne Medizin ist angesichts der Strahlenkrankheit machtlos. Und so meinte auch Mühlhiasls Zeitgenosse, der Waldhirte und Aschenbrenner Stromberger: *„Die Leute fallen von der Bank wie die Fliegen. Wer's übersteht, muss einen eisernen Kopf haben.*“

Die Seher lassen keinen Zweifel, dass der „Bankabräumer“, der Atomtod, auf den dritten Weltkrieg folgt. Als Sepp Wudy 1914 einrücken musste (er sah übrigens seinen Tod „in Eis und Schnee“, in den Dolomiten, voraus), erklärte er seinem Herren: „Das ist nicht der letzte Krieg, denn dann wird bald wieder einer sein, und dann erst *kommt der letzte. Einer wird schrecklicher als der andere. Dich geht es ja nichts mehr an, aber sag es deinen Kindern und Kindeskindern. Die haben damit zu tun und erleben am End die ganze Geschichte.“*

Zum Vergleich der Mühlhiasl: „Dann kommt der Krieg und noch einer, und dann wird der letzte kommen. Vom Osten her wird er kommen und im Westen aufhören. Der letzte Krieg wird der Bankabräumer sein. Er wird nicht lange dauern. Es wird so schnell gehen, dass kein Mensch es glauben kann, aber es gibt viel Blut und Leiden.“

Bisher haben Mühlhiasl und Stormberger korrekt den ersten Weltkrieg, die Putsche und Aufstände der frühen zwanziger Jahre, die Inflation, Hitler und seine Unrechts-„Gesetze“ und den zweiten Weltkrieg vorhergesagt. Sie wussten, dass einst *„Wagen gemacht werden, die ohne Ross und Deichsel fahren*“ (Stormberger) und *„die Leut in der Luft fliegen werden wie die Vögel*“ (Stormberger); dass *„eiserne Strassen*“ für *„eiserne Hunde*“ (Eisenbahnen) gebaut werden; und dass die roten Hausdächer aufkommen. Die Zeit vor dem Krieg aber sei auch die Zeit der Unmoral, heisst es in ihren Prophezeiungen, wenn *„sich die Bauern wie die Städtischen kleiden ... und die Weiberleut wie die Mannsbilder*“, wenn *„sich die Hoffart bei den gemeinen Leuten eingeschlichen*“, findet auch die Religion nur noch wenig Beachtung. *„Der katholische Glaube wird sich fast gänzlich verlieren, die Geistlichkeit wird schlecht geachtet sein, wenig gute Christen wird man unter den Leuten finden, ... und auch die Liebe zum Nächsten wird sich ganz verlieren*“, wusste der Stormberger, *„der Glauben wird so klein werden, dass man ihn unter den Hut hineinbringt. Den Herrgott werden sie von der Wand reissen und im Kasten einsperren*“, ergänzte Mühlhiasl. Und Sepp Wudy klagte, auf Reformen und Jazzmessen anspielend: *„Mit dem Glauben geht es bergab, und alles wird verdreht. Kennt sich niemand mehr aus.*

Die Oberen glauben schon gar nichts mehr, die kleinen Leut werden irre gemacht. In der Kirche spielen sie Tanzmusik, und der Pfarrer singt mit."

Doch dann wird „das Bayernland verheert und verzehrt, das Böhmerland mit dem eisernen Besen ausgekehrt'" (Stormberger). „Denn niemand denkt daran, dass die Geissel Gottes kommt. Und so wird der Jammer gross sein. Über Nacht werden sie über die neue Strasse kommen, die Rotjankerl" (Mühlhiasl).

Als der Mühlhiasl zu seiner Zeit von „den Roten" sprach, dachte man an die Franzosen, die rote Uniformjacken trugen. Und man wunderte sich, warum diese „Roten" von Osten kamen. Keine Frage, dass der Seher da auf Spott und Zweifel stiess. Und so erklärte er nur lakonisch: *„Lacht's nur, ihr brauchts ja nicht aushalten, aber euere Kindeskinder und die, wo nachher kommen, die werdn's schon glauben müssen.*"

Wahrscheinlich wusste er selbst nicht, was gemeint war. Die sogenannten „Waldpropheten", wie er einer war, sind nicht mit den hochgebildeten Klosterpropheten oder etwa mit einem Universalgenie wie Nostradamus zu vergleichen. Vielmehr sind es schlichte, naturverbundene Landmenschen, die - oft von Kindheit an - aussersinnliche Wahrnehmungen haben. Der Volksmund spricht da vom „zweiten Gesicht". Sie haben einen „sechsten Sinn", nehmen Dinge wahr, die dem Durchschnittsmenschen verborgen bleiben.

Diese Fähigkeiten hatte auch Alois Irlmaier aus Freilassing, der erst 1959 starb. Irlmaier spürte unterirdische Wasseradern ohne Wünschelrute, merkte, wie es in seinen Fingern zu „wurlem" begann; er nutzte diese Begabung und wurde Brunnenbauer. Dann wurde er im Ersten Weltkrieg verschüttet, erlitt einen Nervenschock - und hatte seitdem hellseherische Fähigkeiten. Er sah alltägliche Schicksale seiner Mitmenschen ebenso voraus wie die Schrecken eines möglichen Dritten Weltkrieges. Im Zweiten Weltkrieg baten ihn Dutzende Menschen um Auskunft, wie es ihren Angehörigen an der Front gehen würde - seine Angaben stimmten zu annähernd 100 %. Auch über den Einmarsch der "Rotjankerl" wusste er mehr: Bei Sonnenaufgang würden drei Heersäulen aus dem Osten die Bundesrepublik überrollen, eine davon geht von Prag aus und durchzieht nördlich der Donau Bayern. *„Und dann regnet es gelben Sand in einer Linie. Die goldene Stadt wird vernichtet, da fangt es an. Eine klare Nacht wird es sein, wenn sie zu werfen anfangen. Die Panzer fahren noch, aber die darin sitzen, sind schon tot. Dort, wo es hinfällt, lebt nichts mehr, kein Baum, kein Strauch, kein Vieh, kein Gras, das wird welk und schwarz. Die Häuser stehen noch.* „ Das freilich könnte ein Hinweis auf den Einsatz der Neutronenbombe sein - die erst Mitte der siebziger Jahre konstruiert wurde.

Das „Zweite Gesicht" findet sich in vielen ländlichen Gegenden. Annette von Droste-Hülshoff beschrieb eindringlich die Seher ihrer Heimat, des Münsterlandes: *„Seine Gabe überkommt (den Seher) zu jeder Tageszeit, am häufigsten jedoch in Mondnächten, wo er plötzlich erwacht und von fieberhafter Unruhe ins Freie oder* *ans Fenster getrieben wird.*“ „Spökenkieker“, „Spukseher“ nennt man sie in dieser Gegend, in Westfalen und im Sauerland. Und auch diese Volkspropheten sahen die schrecklichen Ereignisse am Ende unserer Zeit.

Einer von ihnen war Wessel Dietrich Eilert, geb. 1764, im Volksmund „der alte Jasper“ genannt. Jasper war Kleinbauer. Im westfälischen Deiningshausen bei Mengede geboren, lebte er später auf dem Gut des Grafen Plettenberg bei Hurkarde in der Nähe von Dortmund. Seine Prophezeiungen wurden 1848 erstmals vollständig in Bonn verlegt - fünfzehn Jahre nach seinem Tod.

Jasper wusste, dass auf den zweiten Weltkrieg ein „anderer Krieg“ folgen würde. „Ein Religionskrieg wird es nicht werden, sondern diejenigen, die an Christus glauben, werden zu Haufen halten wider diejenigen, welche nicht an Christus glauben.“

„Aus dem Osten wird dieser Krieg losbrechen. Vor dem Osten habe ich bange. Dieser Krieg wird sehr schnell ausbrechen. Abends wird man sagen: Friede, Friede ... und morgens stehen die Feinde schon vor der Türe; doch geht's schnell vorüber, und sicher ist, wer nur einige Tage ein gutes Versteck weiss. Auch die Flucht wird sehr schnell sein.... Vor diesem Kriege wird eine allgemeine Untreue eintreten, die Menschen werden Schlechtigkeit für Tugend und Ehre, Betrügerei für Politesse ausgeben.“ Und er sah, dass die entscheidende Schlacht, in der „Gott mit schrecklichem Sturm die Feinde schrecken“ wird, in seiner Heimat stattfindet: „Am Birkenbaum zwischen Unna, Hamin und Werl“.

Die Prophetie der „Spökenkieker“ oder „Waldpropheten“ hat meist eine starke lokale Komponente. Und gerade um das Motiv der „Schlacht am Birkenbaum“ dreht sich ein ganzer Sagenzyklus; zahllose Schauungen westfälischer Seher trugen dazu bei. Professor Friedrich zur Bonsen veröffentlichte 1940 eine „sagengeschichtliche und volkskundliche Darstellung“ der „Schlacht am Birkenbaum“, in der er alle überlieferten Schauungen gesammelt und ausgewertet hat. Nachweisen lässt sich die Sage mindestens bis 1701 - da ist sie erstmals in Köln gedruckt worden, doch ist zur Bonsen überzeugt, dass ihr Motiv noch aus heidnischer Zeit stammt. Heute freilich steht der Birkenbaum nicht mehr; wo einst fruchtbares Ackerland war, ragen Schlote und Hochöfen in den russig-grauen Himmel; und dort, wo die Endzeitschlacht stattfinden soll, befindet sich das Autobahnkreuz Dortmund-Unna.

Aus der Prophetie jedenfalls geht klar hervor, dass die Schlacht am Birkenbaum in unserer Zeit stattfindet; und mit einem verheerenden Atomkrieg verbunden ist. Besonders deutlich wird das in der Weissagung des Bernhard Rembort (1689-1783), im Volksmund „Spielbernd“ oder „Spielbähn“ genannt; denn der „Spielbernd“ spielte im Dorfe zum Tanz auf der Geige; ansonsten verdiente er sich seinen Lebensunterhalt als Botengänger für die Klöster Siegburg und Heisterbach. Auch er sah „*viel fremdes Volk*“ in Deutschland eindringen, das in mehreren Schlachten besiegt wird. „*Des Feindes Rest entflieht zum Birkenbäumchen. Hier wird die letzte Schlacht gekämpft für die gute Sache.*“ Und er beschrieb die Folgen des

Atomkrieges: „*Es wird Gift regnen auf das Feld, wodurch ein grosser Hunger ins Land kommt*"; denn radioaktiv verseuchtes Korn kann nicht geerntet werden; „*Was das Schwert (*der Krieg*) verschont, wird die (*Atom-)*Pest fressen. Das bergische Land wird menschenleer sein und die Äcker herrenlos.*"

Als der Münchener Josef Stockert (1897-1975) am Ostermontag 1947 zeitig schlafen ging, hatte er eine Vision. Vor seinen Augen verschwanden plötzlich Möbel und Wände in seinem Zimmer, es war als würde er ins Freie schauen. Vor ihm ausgebreitet lagen Europa und Asien. „*Erschreckt sah ich aus den Tiefen des Meeres ein Tier, eine siebenköpfige Schlange emporsteigen. Sie kam aus dem Schlund der Hölle und breitete sich rasch über die vor mir liegenden Länder aus.*"

„Es war, als wenn alle bösen Geister auf mich einstürmten", schrieb Stockert am nächsten Morgen nieder, „ein Bild des Schreckens musste ich schauen. Ich sah ein furchtbares Blutbad, das sich in unseren Tagen abspielen wird. Die ganze Nacht war ich wach und konnte mich nicht wehren gegen das, was sich meinen Augen darbot."

Die Körper der Schlange war mit Geschwüren und Eiterbeulen bedeckt, aus denen „*Rauch und Feuerflammen*" emporstiegen. Sie hatte Füsse wie Löwentatzen, die beiden Vorderbeine standen auf England und Nordbayern, Die Hinterfüsse auf Russland, der Schwanz reichte weit nach Asien hinein.

„Plötzlich sah ich über Bayern eine Zeitlang den Tod als Knochengerippe schweben", heisst es in seinen im Selbstverlag veröffentlichten Aufzeichnungen, „als die Muttergottes über ihm erschien, musste er weichen und er schwebte dann über dem Tier und mähte und mähte.... Ich sah den Tod als Knochengerippe über viele Länder schweben. Rauch, Feuer, Giftgase und alle Technischen Errungenschaften benützte er als seine Werkzeuge. So wie ein Schnitter sein Getreide mäht und Hunderte von Halmen auf einmal zu Boden streckt, so wird der Tod Tausende und Millionen Menschen auf einmal austilgen. Überall, wo er auftritt, wird er seine Aufgabe gewissenhaft erfüllen. Die Menschen werden in ihrer Angst die Toten beneiden und den Tod als Erlösung betrachten."

Fast ein Jahr später sollte Josef Stockert die Bedeutung dieser symbolischen Bilder in einer zweiten Vision am 7. März 1948 erklärt bekommen; denn jetzt sah er Ereignisse aus der Zukunft:

„In vielen Kirchen sah ich die Stufen des Altares befleckt mit dem Blute von hingemordeten Priestern und frommen Personen. Satan ist es, der dieses Werk vollbringen wird, aber die Menschen sind die Werkzeuge, deren er sich bedient.

Wenn ich weiterschaue, sehe ich: Es werden Tausende von Panzern unser Heimatland überrollen und viele Menschen in Knechtschaft geraten. In den Häusern und auf den Strassen häufen sich die Leichen und niemand findet sich, der sie beerdigt. Seuchen und Krankheiten brechen aus und Hunger wütet in den Eingeweiden der Menschen, die auf Leben und Tod kämpfen. Unsagbares Elend starrt aus den Fenstern der Häuser. Überall klebt Blut."

Und auch Stockert sah einen allesvernichtenden Atomkrieg voraus. „Erhebe ich meinen Geist in die Lüfte“, schrieb er, „sehe ich, wie Todesengel ausziehen und ihre Giftschalen über die gesamte Menschheit ausleeren. Ganze Völker werden dahinsterben.... Dann sah ich Raketen mit gewaltiger Schubkraft dahinsausen, begleitet von Dämonen und Verwünschungen, um am Zielpunkt alles zu pulverisieren.... Schaue ich nach Nordwest, sehe ich die Wasser der Nordsee über ihre Ufer treten und weit die Länder überfluten... dabei sah ich, wie aus einem Flugzeug etwas abgeworfen wurde.“

Ein Motiv, dem wir auch bei Irlmaier begegnen - und bei dem norwegischen Eismeerfischer Johannsson. Auch Johannsson (1848-1928) hatte das „zweite Gesicht“. Er war Sohn einer verarmten Bauernfamilie, verdiente sich seinen Lebensunterhalt durch Landwirtschaft und Fischerei am Laxefjord beim Nordkap. Dieser tiefgläubige Mann, der Zeit seines Lebens zurückgezogen in seiner Holzhütte verbrachte, war schon in früher Jugend hellseherisch begabt. Und wäre nicht der schwedische Ingenieur und Schriftsteller A. Gustaffson auf ihn aufmerksam geworden, hätte vielleicht niemand jemals von seiner grossartigen Zukunftsschau erfahren. Denn in der Nacht vom 14. November 1907 war ihm Christus erschienen und hatte ihm die Geschehnisse der Zukunft offenbart. In allen Einzelheiten sah er das Geschehen der beiden Weltkriege, die russische Revolution, die deutsche Invasion und die Kämpfe in Skandinavien. Und Johannsson sah den Dritten Weltkrieg.

Deutschland würde aus dem Osten angegriffen, Deutsche kämpfen gegen Deutsche, russische Heere besetzen Frankreich. Äusserst detailliert wird der sowjetische Einmarsch nach Skandinavien beschrieben; und es heisst, in diesem Krieg würden „neuartige Waffen“ eingesetzt werden, die verheerende Brandkatastrophen und Orkane hervorrufen. Der Abwurf einer solchen Waffe über der Nordsee aber würde zu Überschwemmungen der Küstenregionen führen, besonders England sei betroffen.

Was den Ausgang des Dritten Weltkrieges betrifft, so sagt Stockert ganz deutlich: „Alles unschuldig vergossenes Blut schreit um Rache zum Himmel empor. Die Toten, die vielen Gefallenen und Märtyrer unserer Zeit, stehen auf, um den Kampf gegen Satan und seinen Anhang aufzunehmen. Mit Gottes Hilfe werden die Bestien in die Flucht getrieben.“ Und es wird zu furchtbaren Naturkatastrophen kommen. „Die Erde ist aus ihrer Bahn geworfen und die Sonne verfinstert sich. Wehe den Unbussfertigen, denn auf diese werfen sich die bösen Geister und reissen viele von ihnen mit sich, bis die Teufel durch die mächtige Hilfe unserer himmlischen Mutter gebannt werden. Erst wenn gesühnt ist, werden die Toten beerdigt.“

Satan wird sich nicht einmal scheuen, die Heilige Stadt, Rom, anzugreifen. Stockert: „Der blutrote Frosch, der in Italien sass, umklammerte die Heilige Stadt. Er lauert ständig auf den Papst und liebäugelt mit dem grossen Tier. Der Heilige Vater entkam aber unversehrt aus der Stadt.“

Das Schicksal der letzten Päpste ist Thema zahlreicher Prophezeiungen. Auch der wohl mysteriösesten Weissagung, die es in unserem Lande gibt: Dem Lied der Linde von der kommenden Zeit. Um 1850 wurde der Text auf einem vergilbten Papier im Stamm einer tausendjährigen Linde am Hohlweg zum Friedhof der Stadt Staffelstein in Bayern gefunden. Im Versmass beschreiben 32 Vierzeiler unser Jahrhundert. Und zumindest in einer Hinsicht hat sich ihre Zukunftsschau schon bewahrheitet. Ein Vers lautet:

„Grosser Kaiser Karl, in Rom geweiht,
Eckstein sollst du bleiben deutscher Zeit
Hundertsechzig mal sieben Jahre Frist
Deutschland bis ins Mark getroffen ist."
Und dann heisst es weiter:
„Fremden Völkern front dein Sohn als Knecht,
Tut und lässt, was ihren Sklaven recht,
Grausam hat zerrissen Feindeshand
Eines Blutes, einer Sprache Band."

Hundertsechzig mal sieben Jahre, das sind 1120 Jahre -wenn wir die zum Datum der Kaiserkrönung Karl des Grossen (24.12.800) hinzuaddieren, kommen wir auf 1920. Nur unschwer lässt sich hier ein Verweis auf den Vertrag von Versailles (1919) erkennen, der das unterlegene Deutsche Reich zu extrem harten Reparationszahlungen verurteilte.

Das Lied der Linde spricht aber auch davon, dass mit dieser Zeit „die Herrscherthrone abgeschafft" und „das Herrschen Spiel und Leidenschaft" werden, denn, „wer die meisten Sünden hat, fühlt als Richter sich und höchster Rat." Enden würde diese sündige Zeit in einer unvorstellbaren kosmischen Katastrophe, den „drei Tagen Finsternis", die von einer ganzen Reihe Seher erwähnt werden.

Auch das Lied der Linde geht auf das Schicksal des Papsttums ein:

„Rom zerhaut wie Vieh die Priesterschar,
schont nicht den Greis im Silberhaar,
Über Leichen muss der Höchste fliehn
Und verfolgt von Ort zu Orte ziehn."

Das deckt sich mit einer Vision, die Papst Pius X. 1909 während einer feierlichen Audienz für das Generalkapitel der Franziskaner hatte. Plötzlich klappten ihm die Augenlider zu, es schien, als fiele er für einige Minuten in tiefen Schlaf. Als er wieder zu sich kam, war sein Gesicht von Entsetzen gezeichnet. Dann stand er auf und erklärte: *„Was ich gesehen habe, ist fürchterlich! Werde ich das sein oder einer meiner Nachfolger? Ich weiss es nicht. Mit Sicherheit kann ich sagen: Ich habe den Papst aus dem Vatikan fliehen sehen, und dabei trat er auf die Leichen seiner Priester. Sagt es niemandem, solange ich lebe.*" Kurz vor seinem Tode vertraute er noch einem Kardinal an: *„Ich sehe die Russen in Genua*".

Die Visionärin Helena Wallraff erklärte 1790: „Ein Papst wird fliehen müssen und wird von nur vier Kardinälen gefolgt in Köln Zuflucht suchen“. Die Stigmatisierte Katharina Emmerich ergänzte 1822: „Die Kirche wird wie der Engel purpurrot werden von Blut. Sie wird vom Blut gewaschen werden.“ Ähnliche Visionen hatten auch der heilige Don Bosco (1815-1888), Begründer des Ordens der Salesianer zur Betreuung der Jugend und einer der grossen Wundertäter des 19. Jahrhunderts.

Das Schicksal des Papsttums wird besonders deutlich durch jene prophetische Aufzählung aller Päpste bis ans Ende der Welt, die dem hl. Malachias, Bischof von Armagh in Irland, zugeschrieben wird. Malachias starb 1148 im Kloster von Clairvaux in Frankreich; sein Freund, der hl. Bernhard, Abt von Clairvaux, bestätigte in seiner „Vita Maleachi“ die prophetische Gabe des Iren; erwähnte aber mit keinem Wort die Päpsteweissagung. Erstmals gedruckt jedenfalls wurde sie im Jahre 1585; und Tatsache ist, dass der Verfasser - wer immer es auch war - ein Prophet gewesen sein muss.

Bild 9: Marienerscheinung in Bayside, New York

In der Päpsteweissagung werden 112 Päpste, bei Cölestin II. (1143/44) beginnend, jeweils mit kurzen Devisen charakterisiert. Und es ist in der Tat verblüffend, wie zutreffend die Bezeichnungen sind.

104. Religio depopulata, „Entvölkerte Religion", war die Devise für Papst Benedikt XV. (1914-22), dessen Amtszeit durch Weltkrieg, Revolution und Entchristlichung geprägt war;

105. Fides intrepida, „Unerschütterlicher Glaube", traf auf Pius XI. (1922-39) zu. Die Kirche seiner Zeit musste den Verfolgungen und Schikanen durch die Diktatoren Hitler und Stalin standhalten;

106. Pastor angelicus, der "engelgleiche Hirte", war Pius XII. (1939-58), der Mystiker auf dem Thron Petri, dem in den Vatikanischen Gärten die Jungfrau Maria erschien, der das Dogma der leiblichen Aufnahme Mariens in den Himmel verkündete und ihr die ganze Welt weihte;

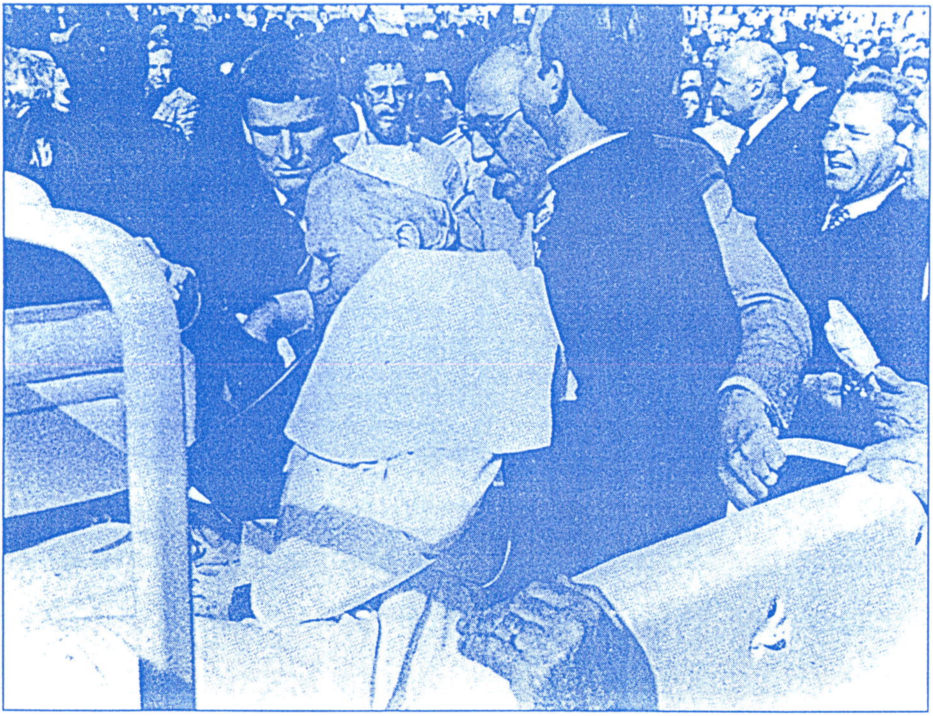

Bild 10: Das Attentat auf Papst Johannes Paul II. am 13.5.1981

107. Pastor et nauta, „Hirte und Seefahrer“, traf auf Johannes XXIII. (1958-63) zu, den gütigen Papst, der als Sohn armer Bauern in der Kindheit oft genug Schafe hütete und als Kardinal aus der Seestadt Venedig kam;

108. Flos Florum, „Blume der Blumen“, Paul Vl. (1963-78), hatte drei Lilien im Wappen; die Lilie ist die Blume der Könige und Märtyrer;

109. De medietate lunae, „Vom halben Mond“, bezog sich auf den bürgerlichen Namen von Johannes Paul 1. (1978), Albino Luciani, aber auch darauf, dass er nur 33 Tage im Amt blieb -von einem Halbmond zum anderen-; und als

110. De labore Solis, „Von der Sonnenfinsternis“, Johannes Paul Il. (seit 1978) am 18.5.1920 geboren wurde, gab es eine Sonnenfinsternis. Es ist zu hoffen, dass sein Pontifikat auch die grosse europäische Sonnenfinsternis im August 1999 überdauert, der Nostradamus so grosse Bedeutung zumisst.

Der Nachfolger des Woytila-Papstes wird

111. Gloria olivae, „Ruhm des Ölbaurns“ sein.

Und dann folgt der einzige längere Text in dieser Weissagung:

112. In persecutione extrema S.R. Ecclesiae sedebit Petrus II. Romanus, qui pascet oves in multis tribulationibus, quibus transactis civitas septicollis diruetur etjudex tremendus judicabit populum suum. Finis.

„Während der letzten Verfolgung der Heiligen Römischen Kirche wird Petrus II., der Römer, regieren, der seine Schafe in vielen Trübsalen weidet; wenn diese vorbei sind, wird die Siebenhügelstadt zerstört und der furchtbare Richter sein Volk richten.“ Es ist schon eine erschreckende Nüchternheit, mit der hier das Schicksal der Menschheit beschrieben wird. Was darauf folgt ist ein einziges Wort: Finis -„Ende“. Ist es das, was der Welt bevorsteht?

Bild 11: Gustav Dore: Die Mutter Gottes und der Drache

2. Kapitel: Marienerscheinungen und Endzeitprophetie

„Ein Zeichen, ein Zeichen!“, riefen die ersten Gläubigen, die erkannten, was sich direkt vor ihren Augen ereignete, während die Gemeinde andächtig das „Salve Regina“ sang: „*Zu dir rufen wir verbannte Kinder Evas; zu dir seufzen wir trauernd und weinend in diesem Tal der Tränen...*“ „Das kann nur grosses Unheil bedeuten. Gott will uns warnen!“, orakelten andere. Da schaute auch der Bischof auf die Gipsstatue der Gottesmutter, die vor ihm auf dem Altar stand, und sah das Wunder mit eigenen Augen. Die Madonna weinte Blut!

Bild 12: Die Madonna von Civitavecchia beim Blutwunder

Alles begann am 2. Februar 1995, einem ganz gewöhnlichen Donnerstag im Leben des Elektrikers Fabio Gregori (32) aus Patano, einem Vorort der 52.000-Einwohner-Hafen- und Industriestadt Civitavecchia bei Rom. Fabio ist verheiratet und hat zwei Kinder, Jessica (5) und David (2). Er ist ein gläubiger Katholik und gut befreundet mit dem Gemeindepfarrer, Don Pablo. Dieser war im September 1994 mit einer Pilgergruppe nach Medjugorje gefahren, in den bosnischen Erscheinungsort, in dem seit 1981 die Madonna zu einer Reihe von Jugendlichen spricht. Dort hatte er für ca. 20 DM eine kleine, 43 cm hohe Gipsstatue der Gottesmutter von Medjugorje gekauft, nach den Angaben der Seherkinder von dem kroatischen Künstler Stjepan Vlaho angefertigt, die er bei seiner Rückkehr Fabio Gregori schenkte. Dieser errichtete ihr in seinem Vorgarten einen kleinen Schrein, eine künstliche Grotte aus Naturstein, vor dem seine Frau Anna Maria ein paar Blumen anpflanzte. Es war gegen 16.25 Uhr, Fabio und die Kinder kamen gerade von einer Andacht in der Gemeindekirche - Anna Maria war geblieben, um noch den Rosenkranz zu beten -, Jessica lief voraus, in den Vorgarten - und sah etwas rotes im schneeweissen Gesicht der „Madonnina". „Papa, die Madonnina weint", rief sie aus, lief zurück zu ihrem Vater, der es nicht glauben konnte. „Komm mir nicht mit solchen Geschichten". „Doch, Papa, komm schnell, die Madonnina weint Blut." Dann sah es auch der Elektriker. „Ein Wunder!", rief er aus, eilte zurück zur Kirche, holte seine Frau, den Pfarrer und ein paar Gläubige, die jetzt auch das „Wunder" sahen. Don Pablo liess den Arzt Umberto Natalini holen, der eine Probe der roten Flüssigkeit entnahm, sie untersuchte. „Es ist Blut, kein Zweifel", bestätigte der Mediziner. Schliesslich informierte Hochwürden den Bischof von Civitavecchia, Mons. Girolamo Grillo, der sofort eine Untersuchungskommission einberief.

Schon am nächsten Tag berichtete die Lokalpresse, was Tausende von Neugierigen und Gläubigen anlockte, die immer wieder sahen, wie neue blutige Tränen das Gesicht der Gipsstatue hinunterliefen, manchmal fünf Minuten lang. Ganze neun Mal wiederholte sich das „Blutwunder" an einem Tag. Am Sonntag, dem 5. Februar, weinte die Madonna wieder blutige Tränen, in Gegenwart von tausenden Gläubigen, Journalisten, und zwei Mitgliedern der Untersuchungskommission, Dr. Umberto Natalini und Dr. Graziano Marsili, die sofort einige Proben entnahmen. Das Ergebnis ihrer anschliessenden Laboruntersuchung: Es war menschliches Blut, das eines Mannes. Am 6. Februar, um fünf Uhr früh, machte sich Fabio gerade auf den Weg zur Arbeit, als er ein intensives Licht bemerkte, das die Statue umgab. „Bringe mich in die Kirche, ich möchte bei meinem Sohn sein", hörte er eine Stimme. Er zögerte nicht, Don Pablo aus dem Bett zu holen, der sofort herbeigeeilt kam - gemeinsam brachten die Männer die Madonnina in die Gemeindekirche St. Agostino. Dort wiederholte sich das Blutwunder.

Als Skeptiker behaupteten, das Wunder sei durch einen Mechanismus im Innern der Statue verursacht, der das Blut ferngesteuert durch eine kleine Öffnung in den Augen pumpen würde, ordnete Bischof Grillo eine Röntgenuntersuchung an, zu der die Madonnina nach Rom gebracht wurde. Das Ergebnis: Sie bestand aus massivem

Gips, es gab keinerlei Spuren einer Manipulation - kein Hohlraum, durch den ein Schlauch in Augenhöhe führen könnte, keine Spur, dass etwas an der massiven Gipsfigur verändert wurde. Jetzt war auch der Bischof von dem Wunder überzeugt.

Bild 13: Josef Stierhout: Fatima

Am 15. März besuchte Bischof Grillo die kleine Gemeindekirche, feierte eine Messe in Angesicht der Wunder-Statue, als er selber Zeuge eines Mirakels wurde. „Nach der Messe stellte ich die Statue neben den Altar", erklärte er später der Presse, „als die Gläubigen dann das 'Salve Regina' sangen, flossen plötzlich blutige Tränen über das Madonnengesicht. Meine Schwester, die mutiger ist als ich, fasste hin - ihre Finger wurden blutrot." Es war das 14. und letzte Blutwunder der Madonnina.

Es folgte, was die Presse später als „den Frühling der blutigen Tränen" bezeichneten: In ganz Italien, von Venezien bis Sizilien, vergossen Madonnen und Heiligenbilder aus Gips und Marmor Bluttränen:

- 6. März 1995, Salerno: Die rechte Hand einer Keramikstatue des stigmatisierten Kapuziners Pater Pio sonderte eine rötliche Flüssigkeit ab.
- 12. März 1995, Castrovillari (Cosenza): Aus den Augen einer Madonnenstatue in der Privatkapelle einer Familie floss eine rötliche Flüssigkeit. Eine von Bischof Andrea Mugione eingeleitete Untersuchung ergab, dass es sich um menschliches Blut handelte. Da es keine Zeugen für den Austritt des Blutes gab, blieb der Bischof zurückhaltend.
- 13. März 1995, Seriate (Bergamo): Aus dem rechten Auge einer Marienstatue floss Blut.
- 14. März 1995, Lazise (Verona): Die Fatima-Madonna des Pranotherapeuten Bruno Burato weinte 120 mal, auch unter Zeugen, blutige Tränen, ein Fall, der auch die Aufmerksamkeit des Vatikans erregte. Eine Untersuchung des Tränenflüssigkeit ergab, dass es menschliches Blut der Gruppe AB positiv war.
- 20. März, Marmore (Terni): Eine Zementstatue der Madonna weinte blutige Tränen der Blutgruppe 0 positiv.
- 22. März 1995, Taranta Peligna (Chieti): Eine Madonnenstatue aus Porzellan, die Anna Monticelli 1994 aus dem Wallfahrtsort Lourdes mitgebracht hatte, vergoss blutige Tränen, ein Phänomen, das sich später in Gegenwart eines herbeigerufenen Fernsehreporters wiederholte. Bischof Edoardo Menichelli berief eine Untersuchungskommission ein. Ihr Ergebnis: Das Blut war weibliches Menstruationsblut. Ein Schwindel ist wahrscheinlich.
- 22. März 1995, Tivoli bei Rom: Ein Basrelief der Madonna, das am Eingang eines Wohnblocks angebracht war, weinte Blut und zog hunderte Besucher an. Eine vom Vatikan in Auftrag gegebene Untersuchungskommission entfernte das Marienbild drei Tage später und liess es in ein Labor bringen. Die Ergebnisse liessen offen, ob es sich um ein übernatürliches Phänomen handelte.
- 25. März, Viagrande, Catania/Sizilien: Eine 400 kg schwere Marmorstatue der Gottesmutter mit Kind, die auf einem drei Meter hohen Sockel steht, vergoss blutige Tränen. „Vielleicht ist es etwas Profanes, vielleicht ein diabolisches Phänomen, oder ein Wunder", erklärte der Erzbischof von Catania, Luigi Bommarito, „in jedem Fall ist es weise, zu schweigen, nachzudenken und zu beten". Der Tränenfluss wiederholte sich in der Gegenwart von Zeugen. Am selben Tag bluteten noch zwei weitere Marienstatuen in Zafferana und Milo bei Catania.
- 29. März 1995, Nibionno (Lecce): Eine in einer künstlichen Grotte installierte Lourdes-Madonna weinte blutige Tränen.

- 7. April 1995: Nola und San Giovanni a Teduccio bei Neapel: Zwei weitere Madonnenstatuen bluteten aus den Augen. Hunderte beteten vor dem Haus eines bettlägrigen Mannes, in dessen Haus eine Madonna weinte. Er weigerte sich, die Statue dem Gemeindepfarrer auszuhändigen.

Zumindest das Blutwunder von Civitavecchia stiess bald auf das Interesse höchster Kirchenkreise. „Wir verfolgen die Vorgänge mit grosser Aufmerksamkeit", liess die Vatikanische Glaubenskongregation unter Kardinal Ratzinger, die Bischof Grillo persönlich über seine Untersuchung informiert hatte, verlautbaren. „Vielleicht handelt es sich doch um ein Wunder", meinte Kurienkardinal Vincenzo Fagido. Aufgrund des bischöflichen Zeugnisses war man schon früh bereit, die Bluttränen von Civitavecchia als göttliches Mirakel anzuerkennen. „Man darf nicht grundsätzlich ausschliessen, dass sich Gott durch solche Erscheinungen manifestiert", erklärte der Vorsitzende der italienischen Bischofskonferenz, Kardinal Camillo Ruini. Und auch der Papst, so versicherten Kurien-Insider, zeigte „lebhaftes Interesse" an dem Phänomen. Nach zweijähriger Untersuchung schliesslich erkannte der Vatikan am 15. April 1997 das Marienwunder an.

Doch weshalb ereignete sich das Wunder? War es eine letzte Mahnung der Gottesmutter vor einer drohenden Katastrophe? Kurz darauf wurde Italien von einer Reihe von Erdbeben erschüttert, die alte Basilika von Assisi stürzte ein. Viele Italiener glauben, dass sich die Warnung der weinenden Madonna auf diese und vielleicht auch kommende Unglücke beziehen könnte. Vielleicht aber ist sie auch eine Bekräftigung des noch immer im Vatikan unter Verschluss gehaltenen Dritten Geheimnisses von Fatima, der Marienbotschaft aus dem Revolutionsjahr 1917. Weinte die Gottesmutter ihre Bluttränen gar über das Schicksal der Hirten der Kirche, über das Papsttum, das, dem heiligen Malachias zufolge, dem Ende zugeht?

Die schrecklichen Weissagungen vom blutigen Ende eines Endzeitpapstes schienen wahr geworden zu sein, als der türkische Terrorist Ali Agca am 13. Mai 1981 auf dem Petersplatz in Rom drei Kugeln auf Papst Johannes Paul II. feuerte. Doch trotz schwerster Verletzungen überlebte der Papst nach mehreren komplizierten Operationen das Attentat. Genau ein Jahr später, am 13. Mai 1982, pilgerte er zum Marienheiligtum im portugiesischen Fatima, um der Gottesmutter für seine Rettung zu danken.

Die Hintergründe dieser Pilgerfahrt sind offensichtlich. Es war ebenfalls ein 13. Mai, 64 Jahre vor dem Attentat, an dem Maria in Fatima drei Hirtenkindern erschienen sein soll. Die Botschaften, die sie ihnen übermittelte, behandelten die Endzeit. Zwei sind bisher veröffentlicht worden, die dritte wird vom Vatikan geheimgehalten. Niemand kann mit Sicherheit sagen, was darin über die Zukunft unseres Planeten steht. Die Zeitungen jedenfalls waren nach dem Papstattentat voll von Spekulationen. Ist es ein Zufall, dass ausgerechnet an einem 13. Mai auf den Papst geschossen wurde? Oder besteht eine Verbindung zu Fatima? Und ist das Attentat möglicherweise in der dritten Botschaft vorausgesagt worden, pilgerte der Papst deshalb zu der Madonna? Wurde sie deshalb so lange geheimgehalten? Wer sich

Aufklärung erhofft hatte, als der Papst vor tausenden Gläubigen in Fatima predigte, sollte enttäuscht werden. Zwar warnte er eindringlich vor den Gefahren des Wettrüstens in unserer Zeit, erwähnte aber nie ausdrücklich irgendwelche prophetischen Aussagen. Zumindest verdeutlichte die Pilgerfahrt des Papstes eines: Seit die Marienerscheinungen von Fatima 1931 von der katholischen Kirche ausdrücklich als echt anerkannt wurden, gehört es zu den heiligsten Orten der Kirche.

Eben an jenem 13. Mai 1917 nahm hier eine Reihe von insgesamt sechs Erscheinungen ihren Anfang, die ihr Finale in dem „grossen Sonnenwunder" von Fatima am 13. Oktober 1917 fanden. Schon Monate vorher soll der Erzengel den drei Hirtenkindern Lucia, Francisco und Jacinta erschienen sein, sie beten gelehrt haben. Dann schliesslich, *„in einem Blitz von hellem Sonnenschein"*, erschien die Gottesmutter, schwebte über einer alten Steineiche, *„wunderschön anzusehen, in einem Lichtglanz, der heller leuchtete, als die Sonne"*. Sie trug einen langen, blauen Umhang über ihrem weissen Gewand, in den Händen den Rosenkranz. Von nun an bestellte sie die Kinder jeden 13. eines Monats an den selben Platz vor der alten Steineiche. Die Kunde von der wundersamen Begebenheit ging erst im Dorf um, dann im ganzen Land; die ersten Pilger kamen. Bis zum 13. Oktober, dem Tag, für den Maria *„ein grosses Wunder, um die Ungläubigen zu bekehren"*, versprochen hatte, waren es 60.000.

Jedes Mal sprach die Erscheinung zu den Kindern. Am 13. Juli zeigte sie ihnen zudem eine Vision von der Hölle und forderte sie abermals auf, den Rosenkranz zu beten; dann offenbarte sie ihnen die Zukunft der Menschheit in „drei Geheimnissen".

Das erste betraf das baldige Ende des 1. Weltkrieges: *„Wenn man tun wird, was ich dir zu sagen habe, dann werden viele Seelen gerettet werden und es wird Friede sein. Der Krieg geht dem Ende zu; aber wenn man nicht aufhört, den Herrn zu beleidigen, wird ein neuer, schrecklicher beginnen. Wenn ihr eine Nacht seht, die von einem unbekannten Licht erleuchtet ist, dann wisset, das ist das grosse Zeichen, das Gott euch gibt für die bevorstehende Bestrafung der Sünden der Welt durch Krieg, Hunger, Verfolgung der Kirche und des Heiligen Vaters."*

Am 25. Januar 1938 leuchtete viele Stunden lang ein gespenstisches Nordlicht über Europa, tauchte Städte und Landschaften in ein geisterhaft-unwirkliches Licht. Als Hitler es damals mit seinen engsten Freunden auf der Terrasse des Berghofes bestaunte, erklärte er nach den Erinnerungen Albert Speers: „Das sieht nach viel Blut aus. Diesmal wird es nicht ohne Gewalt ausgehen."

Der zweite Teil der Botschaft von Fatima betraf Russland. Und sie ist umso bedeutungsvoller, hält man sich vor Augen, dass sie drei Monate VOR der kommunistischen Machtergreifung in der Oktoberrevolution übermittelt wurde:

„Wenn man meinen Bitten Gehör schenkt, wird sich Russland bekehren und es wird Frieden sein. Sonst wird es seine Irrlehren in der ganzen Welt verbreiten und Kriege und Kirchenverfolgungen verursachen. Viele Gute werden gemartert werden, und

der Heilige Vater wird viel zu leiden haben, viele Nationen werden unterdrückt und vernichtet werden.... Aber schliesslich wird mein unbeflecktes Herz triumphieren. Der Heilige Vater wird mir Russland weihen, das sich bekehren wird, und der Welt wird eine Zeit des Friedens geschenkt werden."

Das dritte Geheimnis sollte versiegelt dem Papst übergeben und erst 1960 veröffentlicht werden. Aber dazu ist es nie gekommen. Als Papst Johannes XXIII. im Beisein einiger Kardinäle den Umschlag öffnete, die von Lucia in kindlicher Schrift notierten Worte las, wurde er -nach Angabe von Augenzeugen- kreidebleich. Er beschloss, mit der Veröffentlichung noch ein paar Jahre zu warten. Heute ist die Fatima-Botschaft eines der bestgehüteten Geheimnisse des Vatikans. Kein Wunder also, dass sich um ihren Inhalt die Gerüchte ranken.

Bild 14: Allegorische Darstellung des Sonnenwunders von Fatima

Nach Berichten kirchlicher Presseorgane soll Johannes Paul II. während seiner Deutschlandreise 1980 in Fulda auf die Frage nach dem Fatima-Geheimnis geantwortet haben: *„Wegen des schweren Inhalts, um die kommunistische Weltmacht nicht zu gewissen Handlungen zu animieren, zogen meine Vorgänger im Petrusamt eine diplomatische Fassung vor. Ausserdem soll es ja jedem Christen genügen, wenn er folgendes weiss: Wenn zu lesen steht, dass Ozeane ganze Erdteile überschwemmen, dass Menschen von einer Minute auf die andere abberufen werden,* *und das zu Millionen, dann sollte man sich wirklich nicht mehr nach der Veröffentlichung dieses Geheimnisses sehnen. Viele wollen nur wissen, aus Neugierde und Sensationslust, vergessen aber, dass Wissen auch Verantwortung bedeutet... Betet, betet und fragt nicht weiter. Alles andere vertraut der Gottesmutter an.“*

Bild 15: Papst Johannes Paul II mit Lucia, der Seherin von Fatima
Sie lebt heute 91jährig im Karmel von Coimbra. Die Madonna soll ihr versprechen haben, dass sie erst dann stirbt, wenn die prophezeiten Ereignisse eintreffen.

Über die Zukunft der Kirche meinte der Papst: „Wir müssen uns wohl in Bälde auf grosse Prüfungen gefasst machen...Wie oft schon wurde im Blut die Erneuerung der Kirche geboren.“

Mit der „diplomatischen Fassung“ bestätigte der Papst indirekt eine Version der Fatima-Botschaft, die seit über 35 Jahren im Umlauf ist. Erstmals veröffentlicht wurde sie von Louis Emrich in der Zeitung „Neues Europa“ am 5. Oktober 1963. Diese Publikation schlug wie eine Bombe ein. Den Text der Botschaft, so schrieb Emrich, hätte Papst Paul VI. anlässlich der Kuba-Krise mit einem persönlichen Friedensappell verbunden an Kennedy und Chruschtschow geschickt. Der Freiburger Parapsychologe Prof. Dr. Hans Bender recherchierte in dieser Angelegenheit und sprach mit der Frau des verstorbenen „Neues Europa“-Herausgebers Emrich.

„Nachdem ihr Mann sich längere Zeit vor der Veröffentlichung am 15. Oktober 1963 mit Fatima befasst hatte und schon Informationen über den wahrscheinlichen Inhalt des vom Vatikan gehüteten 'Staatsgeheimnisses' erhalten hatte", fasste Bender ihre Aussagen in seinem Artikel für die „Zeitschrift für Parapsychologie und Grenzgebiete der Psychologie" (Nr. ¾, 1981) zusammen, *„besuchte ihn ein Pater aus dem Vatikan, der aber ausdrücklich betonte, dass er nicht im Auftrage des Vatikans komme. Das Gespräch zwischen ihrem Mann und dem Pater fand unter vier Augen statt und dauerte den ganzen Vormittag. Ihr Mann habe sich danach geäussert, er könne verstehen, warum das geheimgehalten werde. Man wolle die Menschen nicht beunruhigen. Es sei ganz schrecklich, was da auf uns zukomme, die Apokalypse. Jetzt müsse und könne er darüber schreiben, um zu warnen, denn er habe jetzt übereinstimmende Informationen. Nach seinen Notizen habe ihr Mann dann die 'diplomatische Version des dritten Geheimnisses von Fatima' zusammengestellt."* Und so lautet der Text der „diplomatischen Version":

„Über die ganze Menschheit wird eine grosse Züchtigung kommen, noch nicht heute und noch nicht morgen, aber in der zweiten Hälfte des zwanzigsten Jahrhunderts. Was ich in La Salette bereits durch die Kinder Melanie und Maximin zum Ausdruck brachte, wiederhole ich heute Dir gegenüber. Die Menschheit hat sich nicht so entwickelt, wie Gott es erwartete. Die Menschheit hat gefrevelt und das Geschenk, das ihr gegeben wurde, mit Füssen getreten. Nirgends mehr herrscht Ordnung. Selbst in den höchsten Stellen regiert Satan und bestimmt den Lauf der Dinge. Er wird es verstehen, sogar in die höchsten Spitzen der Kirche einzudringen. Es wird ihm gelingen, die Köpfe grosser Wissenschaftler zu verwirren, die Waffen erfinden, mit denen man die Hälfte der ganzen Menschheit in wenigen Minuten vernichten kann. Er wird die Mächtigen der Völker in seinen Bann schlagen und sie veranlassen, dass diese Waffen in Massen erzeugt werden. Sollte sich die Menschheit dem nicht entgegenstellen, werde ich gezwungen sein, den Arm meines Sohnes Jesus Christus fallen zu lassen. Siehe, Gott wird dann die Menschen strafen, noch härter und noch schwerer als er sie durch die Sintflut gestraft hat.

Und die Grossen und Mächtigen werden dabei genauso zugrunde gegen wie die Kleinen und Schwachen. Aber auch für die Kirche kommt eine Zeit schwerster Prüfungen. Kardinäle werden gegen Kardinäle und Bischöfe gegen Bischöfe sein! Satan tritt mitten in ihre Reihen. Auch in Rom wird es grosse Veränderungen geben. Was faul ist fällt und was fällt, soll nicht gehalten werden.

Die Kirche wird sich verfinstern und die Welt gerät in grosse Bestürzung. Der grosse Krieg fällt in die zweite Hälfte des zwanzigsten Jahrhunderts. Feuer und Rauch werden dann vom Himmel fallen, und die Wasser der Ozeane werden verdampfen, und die Gischt wird gen Himmel zischen und alles wird umstürzen, was aufrecht steht. Und Millionen und Abermillionen von Menschen werden von einer zur anderen Stunde ums Leben kommen, und die, welche dann noch leben, werden diejenigen beneiden, welche tot sind. Drangsal wird sein, wohin man schaut, und Elend auf der ganzen Erde und Untergang in allen Ländern....

Später aber, wenn die, die alles überstehen, noch am Leben sind, wird man erneut nach Gott und seiner Herrlichkeit rufen und Gott wieder dienen, wie einst als die Welt noch nicht verdorben war. Die Zeit der Zeiten kommt und das Ende aller Enden, wenn die Menschheit sich nicht bekehrt."

Bisher gab es weder eine offizielle Bestätigung noch ein Dementi des Vatikans zu diesem Text. Michael Hesemann kommt in seinem Buch „Geheimsache Fatima", basierend auf den Aussagen diverser Kurien-Insider, zu dem Schluss, dass die „diplomatische Version" durchaus einen wahren Kern hat. Der wurde offenbar von Emrich, vielleicht, um die Lücken dürftiger Originalinformationen zu füllen, „rekonstruiert" und „ergänzt". So war nach Aussage von Schwester Lucia und anderen Zeugen der Originaltext so kurz, dass er auf eine Heftseite passte. Tatsache aber scheint zu sein, dass es im „dritten Geheimnis" tatsächlich, ganz wie in der Emrich-Version, um zwei Themen geht, nämlich:

1. Die Krise der katholischen Kirche und einen massenhaften Abfall vom Glauben speziell in Europa;
2. Die Warnung vor einer Katastrophe, bei der „Feuer vom Himmel" fällt - möglicherweise einem Atomkrieg.

Eben das wird bestätigt durch Aussagen der Seherkinder, die inhaltlich übereinstimmen. 1919 soll die kleine Jacinta ihrer Patentante Godinho auf dem Sterbebett einen Teil des Geheimnisses offenbart haben: „*Es gibt ein Geheimnis des Himmels und eines der Erde, und das letztere ist erschreckend. Es wird so scheinen, als sei schon das Ende der Welt gekommen und, in diesem Kataklysmus, alles wird vom Himmel getrennt sein, der so weiss wie Schnee sein wird.*"

„Die Welt ist in Aufruhr und unsere liebe Frau kann den Arm ihres geliebten Sohnes nicht länger aufhalten, der verletzt wurde durch die Sünden, die auf dieser Welt begangen werden ... (sie) werden über die Welt eine solche Bestrafung bringen, dass auch der Heilige Vater viel leiden muss."

Lucia, die nach den Erscheinungen dem Orden der Karmeliterinnen beitrat, bestätigte diese Mitteilung dem mexikanischen Bischof Augustino Fuentes gegenüber. Fuentes hatte vom Vatikan den Auftrag bekommen, die Ermittlungen für den Fall einer eventuellen Seligsprechung von Francisco und Jacinta zu leiten. „*Pater, die Madonna ist sehr betrübt, dass man ihrer Botschaft aus dem Jahre 1917 keine Beachtung schenkt*", hatte Lucia ihm 1958 erklärt, „*Pater, sage allen, dass mir die Madonna des öfteren wiederholt hat, dass viele Nationen untergehen werden. Nationen ohne Gott werden die von Gott erwählten Geisseln zur Züchtigung der Menschheit sein, falls wir nicht mit Gebeten und den Heiligen Sakramenten die Gnade ihrer Bekehrung erwirken können.*"

Dass Fatima auch für den Skeptiker ein Phänomen darstellt, ist insbesondere dem Sonnenwunder zu verdanken, jenem Zeichen, dass die Madonna schon früh angekündigt hatte. 60 000 Menschen aus allen Teilen Europas waren an jenem 13. Oktober 1917 angereist gekommen, hatten sich bei Regen und bitterer Kälte um die Steineiche versammelt, über der die Gottesmutter bisher immer erschienen war.

Sie knieten nieder, beteten in strömendem Regen. Dann bat Lucia die Menge, die Regenschirme zu schliessen. Plötzlich sahen alle, wie eine weiss leuchtende Wolke für einige Minuten über den Kindern auf- und niederschwebte. Gleichzeitig rief Lucia verzückt aus: „Da! Ich sehe sie!“ Nach Angaben der Seherkinder forderte Maria noch einmal zum Gebet auf, hob die Wichtigkeit des Rosenkranzes hervor und bat um den Bau einer Kapelle. Dann löste sich die Leuchtwolke über den Kindern langsam auf, es regnete nicht mehr, zaghaft brach die Sonne durch die Wolkendecke durch. In diesem Augenblick rief Lucia: „Schaut zur Sonne hin!“. Und dann ging ein Raunen durch die Massen, das sich bald in einen Begeisterungstaumel verwandelte: „Milagre! Milagre! Das Wunder!“ Tausende fielen auf die Knie, nahmen den Morast zu ihren Füssen nicht mehr wahr, griffen zum Rosenkranz und beteten. Die Sonne drehte sich am Himmel wie ein Feuerrad, leuchtete in allen Farben des Regenbogens, sprühte nach allen Seiten hin Lichtflämmchen und Feuergarben aus, stürzte in ZickZack-Sprüngen auf die Erde und kehrte auf ihren Platz zurück. Die Madonna hatte Wort gehalten. Alle 60 000 Pilger sahen das „Sonnenwunder von Fatima“, wie es von da an genannt wurde, Journalisten konnten es fotografieren; eine später durchgeführte Untersuchung ergab, dass es noch in 160 Kilometer Entfernung wahrgenommen wurde. Bei dieser beeindruckenden Kollektivvision musste Fatima von der Kirche anerkannt werden.

Dabei ist Fatima nur der Höhepunkt einer Reihe von Marienerscheinungen, die ihren Anfang 71 Jahre zuvor im französischen La Salette genommen hatte. Damals erschien den beiden Hirtenkindern Melanie und Maximin die weinende Gottesmutter und diktierte ihnen den Text einer apokalyptischen Prophetie, die als „die grosse Botschaft von La Salette” in die einschlägige Literatur eingehen sollte. Die Kirche reagierte damals schnell. Schon fünf Jahre später, 1851, erklärte der Bischof von Grenoble, in dessen Diözese La Salette lag, nach eingehenden Untersuchungen in einem Hirtenbrief, dass „wirklich eine Erscheinung der Mutter Gottes dort stattgefunden hat”. Im selben Jahr liess er den Grundstein zu einer 2 500 Personen fassenden Wallfahrtskirche legen. Den von Melanie niedergeschriebenen Text der „grossen Botschaft“ aber schickte er nach Rom, wo er bald darauf verschwand. Das Manuskript war im Vatikan nicht mehr aufzufinden, und wäre vielleicht für ewig verlorengegangen, hätte sich der Bischof nicht wohlweislich eine Abschrift anfertigen lassen. Die heilige Jungfrau war den Kindern erschienen, als sie Kühe hüteten. Früh morgens an diesem 19. September 1846 hatten sie die Herde auf die Abhänge des Berges von La Salette (1804 Meter) getrieben; Maximin Giraud (11) und Melanie Mathieu (15) waren arm, mussten sich etwas Geld verdienen, und die Hirtentätigkeit bot dazu eine willkommene Gelegenheit.

Bild 16: Einziges Foto des Sonnenwunders von Fatima

Es war gegen drei Uhr nachmittags, als sie beide fast gleichzeitig in ihrer Nähe ein grosses Licht bemerkten, in dem sich ein noch helleres Licht bewegte. Und glauben wir ihren Beschreibungen, so wirkte der Glanz der Sonne dagegen nur ärmlich. Als sich die Kinder halb neugierig, halb ängstlich dem unheimlichen Licht näherten, sahen sie inmitten des Glanzes eine Frau gebeugten Hauptes auf einem Stein sitzen. Sie war prächtig gekleidet, in einem silberweissen, perlenübersäten Kleid, mit einem weissen, rosenbestickten Halstuch, einer Schürze um die Hüften, goldfarbenen Strümpfen und silberweissen Schuhen wirkte sie, wie sich die Kinder in ihrer Phantasie immer eine Königin vorgestellt hatten. Auf dem Kopf trug sie eine etwas nach vorwärts stehende Haube, darum eine Krone mit 25 Rosen, um den Hals ein „*fast lebendig*" wirkendes Bild des Gekreuzigten. Als sich die Kinder ihr näherten, stand die „wunderschöne Frau" langsam auf, kreuzte ihre Arme über die Brust und sprach: „*Fürchtet Euch nicht und tretet näher, meine Kinder. Ich bin gekommen, um euch wichtige Dinge mitzuteilen.*" Erst jetzt sahen Maximin und Melanie, dass Tränen über ihr mütterliches, gütiges Gesicht flossen. Ihre ursprüngliche Scheu verschwand, und bald suchten sie förmlich die Nähe dieser Frau, die für sie wie eine liebe Mutter, voller Güte und Traurigkeit, war. Die Kinder sollten den Menschen mitteilen, dass schwere Strafen bevorstünden, falls sie sich nicht bessern. Sie selbst sei trotz ihrer unaufhörlichen Bitten schon ausserstande, den strafenden Arm ihres Sohnes zurückzuhalten. Und dann übermittelte sie den Kindern ihre Botschaft.

„Wehe den Bewohnern der Erde! Gott geht daran, seinen Zorn an ihnen auszulassen, und niemandem wird es möglich sein, den vielen vereinten Übeln zu entgehen. Die Menschheit steht am Vorabend schrecklicher Ereignisse. Man wird sich darauf gefasst machen müssen, dass eine eiserne Rute die Herrschaft führen wird, und dass der Kelch des Zornes Gottes geleert werden muss. Gott wird der alten Schlange (Satan) erlauben, Unfrieden hervorzurufen unter den Herrschenden, in allen Klassen der Gesellschaft und in allen Familien. Die Menschen werden leibliche und seelische Qualen erleiden...

Italien wird bestraft werden für sein Streben, das Joch des höchsten Herrn von sich abzuschütteln. Es wird zum Spielball des Krieges werden. Auf allen Seiten wird Blut fliessen. Die Tempel werden geschlossen oder entweiht, die Priester und Ordensleute vertagt werden. Man wird sie totschlagen und sie werden eines grausamen Todes sterben. In Italien, Frankreich und Spanien wird Krieg ausbrechen und das Blut wird in Strömen auf der Strasse fliessen. Der Italiener wird mit dem Italiener, der Franzose mit dem Franzosen kämpfen. Hierauf wird ein allgemeiner Krieg entstehen, der fürchterlich sein wird. Eine Zeit lang wird Gott weder Italiens noch Frankreichs gedenken, weil das Evangelium ganz in Vergessenheit geraten ist. Die bösen Menschen werden ihre ganze Wut auslassen; man wird sich erschlagen und gegenseitig morden bis in die Häuser herein. Überall wird nur der Lärm der Waffen und Verwünschungen zu hören sein....

Rom wird seinen Glauben verlieren und zum Sitz des Antichristen. Doch das heidnische Rom wird verschwinden, es werden drei Städte durch Feuer, das vom Himmel fallen wird, verzehrt....

Die Natur lechzt nach Rache an den Menschen und bebt vor Grauen und Erwartung dessen, was über die durch die Verbrechen befleckte Erde hereinbrechen soll. Auf den ersten Hieb des göttlichen Schwertes, das wie ein Blitz einschlagen wird, werden die Berge und die ganze Natur zittern vor Entsetzen.... Paris wird niedergebrannt und Marseille verschlungen werden; viele grosse Städte werden niederbrennen oder infolge von Erdbeben einstürzen....

Die Jahreszeiten, werden sich verändern, die Erde wird nur schlechte Früchte hervorbringen, die Sterne werden ihre regelmässigen Bahnen verlassen, der Mond wird nur noch ein blassrotes Licht spenden. Das Wasser und das Feuer werden im Erdinnerem in krampfhafte Bewegungen geraten und schreckliche Erdbeben zur Folge haben, wodurch Berge und Städte versinken werden. Erdbeben werden auch ganze Länder verschlingen....

Wehe den Bewohnern der Erde! Es werden blutige Kriege entstehen, Hungersnot, Pest und ansteckende Krankheiten. Es wird fürchterlicher Regen und Hagelwetter kommen ... Donner und Blitz brennen ganze Städte nieder. Das ganze Weltall wird von Schrecken ergriffen. Schliesslich verfinstert sich auch die Sonne, und nur der Glaube allein wird Licht spenden....

Kämpfet, ihr Kinder des Lichtes, ihr kleine Herde, die ihr sehend seid; denn die Zeit der Zeiten, das letzte Ende ist da."

Bild 17: Autobahn nach Erdbeben in Kalifornien

Noch einmal ermahnte die Gottesmutter die Kinder, die Menschen zu warnen. Dann ging sie zu dem Stein zurück, auf dem sie vorher gesessen hatte und erhob sich von der Erde. Das Licht, das sie umgab, wurde immer stärker, der Körper immer schwächer erkennbar. Und schliesslich stieg es wie eine Kugel zum Himmel empor.

Für die Gläubigen hat mit La Salette eine neue Ära im göttlichen Heilsplan begonnen, das „marianische Jahrhundert", die „marianische Apokalypse", die in der Offenbarung des Johannes prophezeite Zeit, in der die Gottesmutter selbst den Kampf gegen den Satan aufnimmt und die Menschheit in „mütterlichen Mahnungen" vor den Folgen ihrer Abkehr von Gott warnt. Bis auf den heutigen Tag fanden in ununterbrochener Folge Marienerscheinungen, marianische Warnungen vor dem

Ende in allen Teilen der Welt statt. Ihre Botschaften stehen in Einklang mit der biblischen und christlichen Prophetie. Hier nur eine Auswahl:

- 1858 hatte die Hl. Bernadette Soubirous in Lourdes, Frankreich, mehrere Erscheinungen der Jungfrau, die sich „Unbefleckte Empfängnis" nannte und versprach, durch das Wasser einer Quelle die Kranken zu heilen. Bis auf den heutigen Tag kam es zu nutzenden spektakulären Wunderheilungen. Wie das Mitteilungsblatt für den katholischen Klerus „Der schwarze Brief" am 4. November 1998 vermeldete, entdeckte jetzt der französische Pater Antoine LaGrande in den Archiven des Vatikans einen Brief, den Bernadette kurz vor ihrem Tod im Jahr 1879 an den Papst schrieb. Darin erklärte die Seherin, die Gottesmutter hätte ihr fünf Geheimnisse offenbart, in denen der Aufstieg des Wallfahrtsortes Lourdes und die Wirkung seiner Heilquelle, die Nutzbarmachung der Elektrizität, die Machtergreifung Hitlers und der 2. Weltkrieg, die Landung des Menschen auf dem Mond, die Genmanipulation zur „Schaffung von Monstren" und eine daraus resultierenden Krise der Wissenschaften sowie „am Vorabend des Jahres 2000" ein „endgültiger Zusammenprall der Anhänger Mohammeds und den christlichen Nationen" vorausgesagt wurden. Das darauffolgende 21. Jahrhundert würde als das „Zweite Goldene Zeitalter der Menschheit" gelten, wenn „der Herr seinen Segen über die Gläubigen ausgiessen wird".
- 1876 erschien eine „weisse Frau", die sich die „unbefleckt Empfangene" nannte, den Kindern Anna Susanna Leist, Katharina Hubertus und Margaretha Kunz im saarländischen 1500-Seelen-Ort Marpingen. Schon bald, nachdem die ersten Pilger dort eintrafen, bekämpfte der preussische Kommandant den „Marienunfug" durch den Einsatz von Infanterie. Man befürchtete ein Aufleben des Katholizismus, das den Zielen des Bismarck'schen Kulturkampfes geschadet hätte. Die Erscheinungen dauerten über 14 Monate an; am 3. September 1877 riet die Jungfrau den Kindern zum letzten Mal, viel zu beten und nicht zu sündigen; und sie versprach: *„Ich komme wieder in einer sehr bedrängten Zeit"*. Nach einem Bericht der katholischen Zeitschrift „ZEITZEICHEN" soll sie tatsächlich 1982 einem „einfachen Mann" erschienen sein, der „unentwegt in der Gnadenkapelle von Marpingen betet".
- Zwischen 1938 und 1965 erlebte die einfache französische Bauersfrau Jeanne-Louise Ramonet 71 Marienerscheinungen in ihrem Heimatdorf Kerizien in der Bretagne. In den umfangreichen Botschaften, die die Madonna der Seherin übermittelte, warnte sie immer wieder vor der drohenden Selbstzerstörung der Menschheit und dem dritten Weltkrieg:

„Die Menschheit hat Den verfemt und verbannt, der das Leben und der Frieden ist. Deshalb sehen wir, wie diese Welt erbebt und sich spaltet wie einst der Kalvarienberg, in einem Todeskampf, der das Zeichen für ein sicheres und nahes Ende ist." (1955)

„Es wird einen neuen, folgenschweren Krieg geben. Frankreich muss damit rechnen, von einer russischen Armee überfallen und besetzt zu werden. Die Guten werden dann von den Gottlosen verfolgt werden. Schenkt man jedoch meinen Bitten Gehör, werde ich euch vor diesen schrecklichen Feinden beschützen." (1948)

„Oh ja, lasst doch das Gebet, das einzige Mittel, die Herzen zu vereinen, und die einzige Waffe gegen alle Kriegswaffen, zu Dem aufsteigen, von dem allein alle Hilfe kommen kann." (1955)

- Von 1933 an bis zu ihrem Tod im Jahre 1949 erschien die Madonna der belgischen Arbeiterin Leonie van den Dijck aus dem Dorf Onkerzele in Flandern. Im Laufe der Erscheinungen hatte die Seherin Visionen von biblischen Ereignissen und bevorstehenden Katastrophen, insbesondere dem *„Einmarsch der Roten"*.

- In den Jahren von 1940 bis 1961 erschienen die Gottesmutter und Christus der stigmatisierten Nonne Elena Aiello in Consenza/Italien. 1940 warnte sie den italienischen Diktator Benito Mussolini davor, mit Hitler in den Krieg einzutreten, denn sonst werde Italien schwer bestraft, er selbst müsse auf schändliche Weise sterben. Seit 1950 warnte sie vor einer zukünftigen Zerstörung Italiens, vor *„grossen Revolutionen in Rom"*, der Vertreibung des Papstes und dem Sieg des Kommunismus.

- 1946 erschien die Heilige Jungfrau der damals 22-jährigen Bärbel Rüess in Marienfried bei Ulm. Sie selbst nannte sich *„die grosse Gnadenvermittlerin"*, ihre Botschaft betraf die Apokalypse.

- Von 1945 bis 1959 wurden der Holländerin Ida Peerdemann 56 Botschaften der „Frau aller Völker" in Amsterdam übermittelt. Maria bezeichnete sich darin als „Miterlöserin, Mittlerin und Fürsprecherin" und gewährte der Seherin neben religiösen Botschaften und Forderungen auch Visionen der Endzeit.

- Vom 9. Oktober 1949 bis zum 31. Oktober 1952 erschien die Gottesmutter regelmässig einer Gruppe von Kindern im oberfränkischen Heroldsbach. Bedauerlicherweise sprach sich das Bistum Bamberg vorschnell gegen die Erscheinungen aus, und so war bis 1998 Gläubigen der Zutritt zur Erscheinungsstätte verboten. Erst im März 1998 ist der „Berg" als Gebetsstätte von der Kirche offiziell anerkannt worden. Für die zehntausenden Pilger, die jeweils zu den Erscheinungen kamen, gaben andere Zeichen den Ausschlag. So wurden 20.000 Menschen am 8. Dezember 1949 Zeugen eines Sonnenwunders, andere sahen immer wieder rötliche und gelbe Kugeln über dem angrenzenden Waldstück oder einen Lichtschein dort, wo die Gottesmutter schwebte. *„Dieses Zeichen habe ich geschickt, dass es die Ungläubigen auch glauben"*, erklärte die Gottesmutter zum Sonnenwunder. Denn mit dieser Massenerscheinung waren, anders als in Fatima, die Erscheinungen von Heroldsbach noch lange nicht abgeschlossen. In den folgenden drei Jahren sahen die Kinder Christus und den

Heiligen Geist, ganze Legionen von Engeln, Erzengeln und Märtyrern, hatten Visionen von Himmel und Hölle, von der Geburt Christi und der Dreifaltigkeit. „*Ich bin die Gottesmutter, die Himmelsmutter*“, erklärte die Erscheinung am 2. Februar 1950, „*wenn die Leute meinen Wunsch nicht erfüllen, wird viel Blut fliessen.*“ Als die Kinder sie baten, dieses Unheil aufzuhalten, antwortete sie: „*Das könnt nur ihr selbst durch euer Gebet.*“

- Auf ihrem Hof im italienischen San Damiano hatte die Bäuerin Mamma Rosa seit 1964 bis zu ihrem Tode 1981 Erscheinungen der Gottesmutter. Wenn gleich von der Kirche nie anerkannt, strömen noch heute hunderte Pilger zur Stätte der Erscheinungen. Als äusseres Zeichen gab es in San Damiano das erste Mal sogenannte „Wunderaufnahmen“; Pilger fotografierten während der Erscheinungen, auf ihren Bildern erschienen Gebilde aus Licht, die mit blossem Auge nicht zu sehen gewesen sind. „*Jesus hat dich zu Seinem Instrument ausgewählt, weil du am unwissendsten bist*“, hatte die Jungfrau Mamma Rosa erklärt. Den unzähligen Botschaften zufolge, die Mamma Rosa erhielt, stehen der Erde Katastrophen und Kriege bevor, die nur durch einen grundlegenden Wandel aufzuhalten sind. Auch hier haben die Umwälzungen wieder die Funktion, die Erde zu läutern: „*Was faul ist wird fallen, und ein Neues Zeitalter wird anbrechen. Mein grosser Mantel wird alle meine Kinder bedecken, die so viel gelitten haben.*“

- Parallel zu SAN DAMIANO und den Marienerscheinungen in MONTECHIARI offenbart sich die Gottesmutter in Porto Stefano, Italien, seit 1966 dem stigmatisierten Hafenarbeiter Enzo Alocci. Er selbst fasst es als seine Aufgabe auf, für die Sittenlosigkeit und Sünden der Menschen Sühne zu leisten; ebenso wie Sodom und Gomorrah dem Gerichte Gottes verfielen, wird, laut Enzo, „ein furchtbares Strafgericht in kurzer Zeit über die Welt kommen.“

- Seit 1956 ein Engel Gottes ein 80 Zentimeter langes, tiefbraunes Kreuz in den Rasen im Hintergarten eines Bauernhauses gebrannt haben soll, erschien die Gottesmutter auch der Bäuerin Aloisia Lex aus dem burgenländischen Eisenberg in Österreich. Bis 1971 dauerten die Erscheinungen an, begleitet von einer Reihe beeindruckender Wunder. Dutzende Pilger sahen 1968 ein Sonnenwunder, es gibt - wie an fast allen Erscheinungsorten - Wunderheilungen durch das Wasser der heiligen Quelle, die Maria neben dem Kreuz entspringen liess. Bei grosser Kälte bildeten sich aus diesem Quellwasser schon Hostien, Kelche und Kreuze aus Eis. Alles Zeichen, so Frau Lex, um die Aufmerksamkeit auf die Forderungen der Gottesmutter nach „*Gebet, Busse und Sühne für die Bekehrung der Sünder*“ zu lenken. Denn „*wer meine Worte zurückweist fordert das göttliche Strafgericht heraus. Gottlose Weltmächte und Atomkrieg werden eines Tages über die ganze Menschheit hereinbrechen und es werden düstere Stunden über die Erde kommen; sie wird öde und verlassen sein... aber ihr wisst weder den Tag noch die Stunde. Noch ist es Zeit, tut Busse und bekehret euch.*"

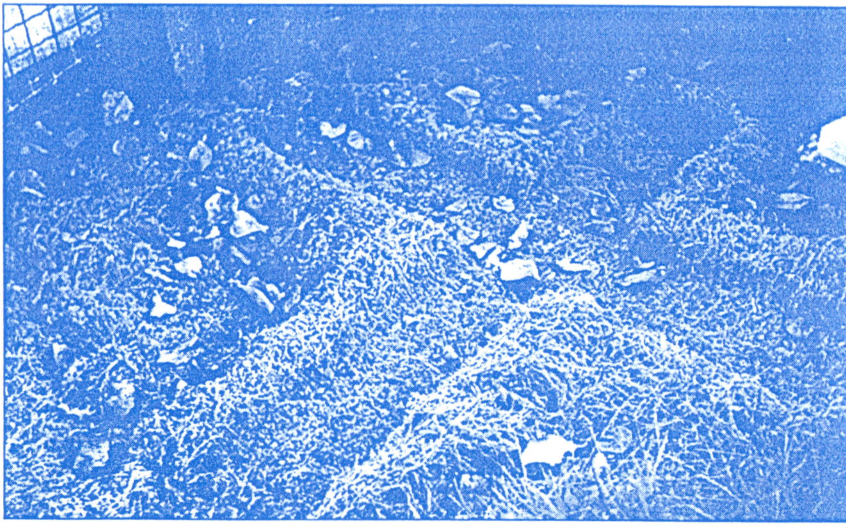

Bild 18: Das Rasenkreuz von Eisenberg

Als sich die Madonna am 7. Dezember 1971 mit einer letzten Mahnung von Frau Lex verabschiedete, versprach sie, dann noch einmal wiederzukommen, wenn die Katastrophe unmittelbar bevorstünde. Am 22. Dezember 1982 kehrte die Heilige Jungfrau zurück. „*Jetzt ist es höchste Zeit*", waren ihre Worte, „*das Gericht kann höchstens noch abgewendet oder gemildert werden, wenn sich Bischöfe und Priester an die Spitze eines Gebetssturmes stellen würden ... es muss so schnell wie möglich geschehen.*"

- In Frankreich wurde 1982 ein fünfzig Quadratmeter grosser Schrebergarten am Rande des Provinzstädtchens La Talaudiere bei Saint Etienne zum Wallfahrtsort. Hunderte Pilger sind regelmässig dabei, wenn der 14jährigen Blandine Piegay, Tochter eines fast erblindeten Grubenarbeiters, Samstag abends die Heilige Jungfrau erscheint. „*Maria verlangt von mir, dass ich täglich bete, und die Gläubigen zum Gebet anrege, um das Ende der Welt zu verhindern*", erklärte Blandine Reportern.
- Medjugorje ist ein Bergdorf in Bosnien-Herzegowina, einer Region, die seit Jahrhunderten von ethnischen und religiösen Konflikte zwischen Katholiken, Orthodoxen und Moslems heimgesucht wird. Diese schwelenden Konflikte waren es, die schliesslich 1991 einen Bürgerkrieg auslösten, der drei Jahre lang vor den fassungslosen Augen ein erschütterten Weltöffentlichkeit tobte und

Tausende von Todesopfern forderte. „Medjugorje“ heisst, wörtlich, „Zwischen den Bergen“. Auf einem der Berge errichteten die Katholiken des Dorfes im Heiligen Jahr 1933 ein Betonkreuz im Gedenken an den 1900sten Jahrestag der Kreuzigung Christi, was fortan der 1300-Meter-Anhöhe den Namen Krizevac, „Kreuzberg“, gab. Ihr gegenüber liegt ein kleinerer Berg, der Podbrdo. Über ihm schwebte am Nachmittag des 24. Juni 1981, dem Fest Johannes des Täufers, eine mysteriöse Lichtkugel, in der zwei Teenager, die 16-jährige Mirjana Dragicevic aus Sarajevo und ihre 15-jährige Freundin Ivanka Ivankovic aus Mostar, die Gestalt einer wunderschönen Frau erkannten. Erschreckt liefen die beiden Mädchen zum Haus ihrer Verwandten, bei denen sie zu Besuch waren. Später, es war bereits Abend, machten sie sich mit ein paar Freunden erneut auf den Weg zu dem Berg, wo noch immer (oder wieder) die Lichtkugel mit der schönen Frau schwebte, diesmal mit einem Kind auf dem Arm. Jetzt wurde ihnen klar, dass es sich um die „Gospa“, die Gottesmutter handelt.

Als sie am nächsten Tag erneut an die Stelle gingen, folgte ihnen das halbe Dorf, einige in Wagen, auf Fahrrädern oder mit Eselkarren. Drei Lichtblitze über dem Hügel hatten ihnen signalisiert, dass es an der Zeit war, die Madonna zu treffen. Über 5000 Menschen waren versammelt, als die Teenager zu beten begannen. Dann kam ein Licht von den Bergen herunter, umgeben von blitzenden Lichtern, aus dem eine schöne Frau trat, gekleidet in strahlendem Weiss, mit einem Lächeln von unbeschreiblicher Güte. „Ich bin die Gospa, fürchtet euch nicht, meine Engel“, sprach sie zu den Teenagern, „Ich bin die Muttergottes. Ich bin die Königin des Friedens. Ich bin die Mutter aller Völker.“ Vicka drehte sich zu den Menschen um. „Seht ihr jetzt, dass wir die Wahrheit gesagt haben?“ Niemand ausser den Mädchen und dreien etwa gleichaltrigen Freunden sah die Gottesmutter, doch alle Anwesenden waren geblendet von einem hellen Licht, vor dem die Jugendlichen in Ekstase knieten, und das sie schliesslich überzeugte. Die Priester kamen, die lokalen Franziskaner, der Bischof - und die Erscheinungen setzten sich fort, fast täglich um 18.40 Uhr, und immer vor Tausenden von Menschen. Als die Pilgerschar die Millionengrenze zu erreichen drohte, unternahm die damalige kommunistische Regierung ihre Schritte gegen den „Marienunfug“. Sie verhaftete den Dorfpfarrer und die Franziskaner, unterzog die Kinder einer eingehenden psychiatrischen Untersuchung, drohte mit Sanktionen gegen organisierte Pilgerfahrten - ohne Erfolg. Eine höhere Macht schien Medjugorje zu beschützen.

Über 20 Millionen Pilger kamen seitdem in das Bergdorf, das auf wundersame Weise auch von den Wirren des jugoslawischen Bürgerkrieges verschont blieb. Die Erscheinungen dauern bis auf den heutigen Tag an - und die Botschaften werden immer eindringlicher. Am 25. August 1997 erklärte die Gottesmutter den drei in Medjugorje verbliebenen, mittlerweile erwachsenen Sehern: *„Liebe Kinder! Gott gibt mir diese Zeit als Geschenk an euch, so dass ich euch anweisen und auf den Pfad der Erlösung führen kann. Liebe Kinder, jetzt seid ihr euch dieser Gnade nicht bewusst, doch bald kommt eine Zeit, in der ihr um diese Botschaften trauern werdet. Deshalb,* *kleine Kinder, lebt all diese Worte, die ich euch diese Zeit der Gnade hindurch gegeben habe und erneuert euer Gebet, bis Beten für euch zur Freude wird... Der Rosenkranz, liebe Kinder, ist mir sehr lieb. Der Rosenkranz öffnet euer Herz für mich und ich kann euch helfen. Danke euch, dass ihr meinem Aufruf gefolgt seid.*" Medjugorje-Gläubige in aller Welt reagierten bestürzt auf diese Botschaft. Kündigt sie, indirekt, das bevorstehende Ende der Erscheinungen an? Oder gar eine Zeit des Leidens, ein göttliches Strafgericht?

Ivanka und Mirjana wurden von der Madonna „zehn Geheimnisse" mitgeteilt, wonach sie ihnen nur noch einmal im Jahr erschien, während die anderen vier Seher nach wie vor täglich ihre Visionen haben. Die zehn Geheimnisse, so die Mädchen, beinhalten mit genauen Zeitangaben Züchtigungen für die Menschheit und „die letzten Kapitel der Geschichte der Welt". Alle vorausgesagten Ereignisse, so hatte ihnen die Madonna versichert, würden sich noch in ihrer Lebenszeit zutragen, und diejenigen, die die Katastrophen überlebten, hätten nur noch wenig Zeit, sich zu bekehren. Nach der Erfüllung der Geheimnisse werde die Heilige Jungfrau nicht mehr auf der Erde erscheinen. Jeweils zehn Tage vor dem Eintreffen eines der Geheimnisse will Mirjana dieses Pater Ljubicic enthüllen, der die Aufgabe hätte, die Welt zu informieren. Das erste Geheimnis, so die Mädchen, würde die Macht Satans über die Welt brechen. Das dritte Geheimnis sei ein permanentes, unzerstörbares Zeichen auf dem Erscheinungshügel von Medjugorje, das man nicht berühren, aber fotografieren könnte, ganz wie es auch in Garabandal erscheinen soll. Seinem Erscheinen würde eine kurze Zeit der Gnade und Bekehrung folgen - doch *„jene, die dann noch leben, haben nur eine kurze Zeit, sich zu bekehren*". Nach Eintreffen des zehnten Geheimnisses werden *„jene, die noch leben, in Einklang mit Gott gehen. Liebe und Unschuld und Reinheit werden in Gottes heiligem Haus des Gebetes herrschen."*

Seit 28 Jahren erscheinen der amerikanischen Seherin Veronika Lueken (76) schon Engel, Jesus und die Gottesmutter auf Rosenkranzandachten, die erst vor ihrer Pfarrkirche in Bayside bei New York City, seit 1976 im grössten Park der Weltstadt New York, dem Flushing Meadow Park im Stadtteil Queens, gehalten werden. Oft zu Tausenden strömen die Pilger hierher, zahlreiche Wunderheilungen, Wunderfotos und Bekehrungen gingen durch die Presse und einschlägige Publikationen.

Während die Versammelten den Rosenkranz beten, hält sich Veronika meist etwas abseits auf, umgeben von Verwandten, Freunden und Helfern. Mitten im Gebet fällt sie plötzlich in Ekstase, nimmt ihre Umwelt nicht mehr wahr; ihre Pupillen vergrössern sich, starr blickt sie zum Himmel empor, beschreibt laut, was sie sieht. Ihre plastischen Schilderungen und die nachgesprochenen Mitteilungen der Gottesmutter werden direkt auf Tonband aufgenommen, um in den nächst folgenden Tagen abgeschrieben und gedruckt zu werden. Nur so kann heute nachgewiesen werden, dass Veronika Ereignisse wie das Attentat auf Papst Johannes Paul II., den Tod seines Vorgängers, diverse Naturkatastrophen und die Hitzewelle im Osten der USA im Sommer 1983 korrekt vorausgesagt hatte. Ihre Botschaften - allein die komplette Buchausgabe „Roses from Heaven" von 1977-79 umfasst 384 Seiten - sind deutliche Mahnungen zur Umkehr. Der Tenor: Wir befinden uns in der Endzeit - und Satan ist überall, versucht, die letzten Seelen auf seine Seite zu bringen. *„Luzifer selbst, der Fürst der Finsternis, wandelt jetzt auf Erden"*. Wenn die Menschheit sich nicht bekehrt, nicht zum wahren Glauben zurückfindet, steht ihr ein grosses Strafgericht bevor. Es wird aus zwei Teilen bestehen. Den ersten Teil verrichten die Menschen mit eigenen Händen. Es wird ein allesvernichtender Atomkrieg. Den zweiten Teil schickt der Himmel: Einen Kometen, der die sündige Menschheit „mit Feuer tauft". Jedes dieser beiden Strafgerichte wird ein Drittel der Menschheit von der Erde hinwegnehmen.

Bild 19: Die Seherkinder von Garabandal in Ekstase, hier Jacinta und Conchita

Einen ganz besonderen Stellenwert unter den Erscheinungen nimmt Garabandal ein. In diesem Bergdorf im spanischen Teil des Baskenlandes erschien die Madonna in den Jahren 1961 bis 65 vier Mädchen im Alter von 11 und 12 Jahren, Conchita, Loli, Jacinta und Maria Cruz. Immer wieder wurden sie in diesen vier Jahren durch eine innere Stimme gerufen, fielen in Ekstase, eilten meist barfuss „wie auf Luftkissen" zu einem Pinienhain oberhalb des Dorfes oder zur Kirche, fielen zu Boden, den Blick starr und verzückt zum Himmel gerichtet. Einigen Augenzeugen kam es vor, als würden sie schweben, ihre Augen blinzelten nicht, ihr Mund war meistens geöffnet. Neben eindringlichen Mahnungen zur Umkehr ist die wichtigste Botschaft von Garabandal die Prophezeiung, dass es vor dem Strafgericht noch eine Warnung und ein Wunder geben würde.

Die Warnung, so erklärte Conchita, wird unmittelbar vor dem Wunder stattfinden, „damit sich die Welt bessere. Diese wird furchtbar wie eine Züchtigung sein, sowohl für die Guten wie für die Bösen. Die Guten werden sich Gott entschiedener zuwenden, die Bösen werden sich mehr von ihm abwenden, zugleich aber werden sie alle erkennen, dass das Ende der Zeiten nahe ist, und dass es die letzte Warnung vor der grossen Züchtigung ist. Niemand kann mehr verhindern, dass diese Ankündigung stattfindet... die Ankündigung wird furchtbar sein, wie das Strafgericht, jedoch wird niemand unmittelbar daran sterben. Wenn trotzdem dabei jemand den Tod erleidet, so geschieht das als Folge aus der Erkenntnis seiner eigenen Situation, aus Erschütterung über sich selbst. Gott will, dass wir uns auf die Vorwarnung hin bessern und weniger Sünden gegen ihn begehen".

Diese Ankündigung werde für alle Menschen gleichermassen erfahrbar sein. Es wird etwas sein, das in der Atmosphäre vor sich geht, „zwei aufeinanderprallenden Sternen gleich", ohne dass jemand physischen Schaden nimmt. Es ist etwas wie ein Feuer, das den Körper nicht verbrennt, und doch seelisch und körperlich wie ein Feuer spürbar sein wird - und etwas, das im Spanischen mit einem „A" beginnt. Marie-Dolores glaubt, es würde einen plötzlich ausgebrochenen Dritten Weltkrieg unterbrechen. Die Zeitspanne zwischen der Warnung und dem Wunder werde „kürzer sein als ein Jahr."

Das Wunder wird „das grösste Wunder sein, das Jesus jemals für die Menschen gewirkt haben wird" und zugleich „das letzte bis zum Ende der Zeiten". Es würde in Garabandal geschehen, auf einer Anhöhe, auf der einige mächtige Kiefern stehen, und von den umliegenden Bergen werde man es sehen können - ein andauerndes, allgemein sichtbares Zeichen, einer Rauch- oder Feuersäule ähnlich: „Es wird nicht aus Materie sein. Man wird es nicht anfassen können, aber anschauen und fotografieren wird man es können... alle werden die Kraft und die Gnade erhalten, es ertragen zu können". Acht Tage zuvor würde Conchita das Wunder ankündigen, dann solle man die Kranken nach Garabandal bringen, denn jeder, der es vor Ort erlebt, würde geheilt werden.

Conchita behauptet, den genauen Zeitpunkt des Wunders zu kennen. Aber da sie den Termin erst acht Tage zuvor bekanntgeben darf, beschränkte sie sich auf einige Hinweise:

- Es wird sich an einem Donnerstag Abend um 20.30 Uhr ereignen und eine Viertelstunde lang dauern.
- Der Tag liegt zwischen dem 7. und dem 17. eines Monats zwischen Februar und Juli, aber „*nach dem grossen Schnee*". Einmal liess sich Conchita entlocken, dass es im April sein werde. Und sie soll (unbestätigt) gesagt haben: „Diese Ereignisse werden dann eintreffen, wenn die Kommunisten wiederkommen" und „wenn der Papst nach Russland geht."
- Es wird zusammenfallen mit einem „freudigen *Ereignis in der Kirche, welches im Leben der Kirche nichts Neues sei, aber zur Zeit ihres Lebens noch nicht*

stattgefunden habe", wie Conchita 1967 erklärte. Meinte sie ein „Heiliges Jahr"? Das aber hat es 1950 bereits gegeben, als sie ein Jahr alt war. Das nächste „Heilige Jahr" ist das Jahr 2000.

- Es fällt zusammen mit dem Tag eines Heiligen, der als Märtyrer im Zusammenhang mit der Hl. Eucharistie gestorben ist und dessen Gedächtnistag nicht der ursprüngliche Tag sei, sondern im Kalender der Heiligenfeste einmal verschoben wurde.

Es ist zumindest möglich, dass sich die Prophezeiungen von Garabandal auf die Kometen Hyakutake und Hale Bopp beziehen, die jeweils im Frühling der Jahre 1996 und 1997 für jedermann sichtbar am Himmel standen. Ihre Bahnen übereinandergelegt ergaben ein nahezu vollkommenes Kreuz über der Konstellation des Perseus, im Auge der Medusa, die den Juden als „Kopf des Satans" galt. Der Kreuzungspunkt der beiden Sterne ist derselbe Tag, der 11. April - der Festtag des Hl. Stanislaus, eines Märtyrers der Eucharistie! Zudem war der 11. April 1996 ein Donnerstag, und auch die Hinweise, dass die Warnung etwas sei, „das in der Atmosphäre vor sich geht", „zwei aufeinanderprallenden Sternen gleich" und „für alle Menschen gleichermassen erfahrbar", liesse sich auf die Kometen-Kreuzung beziehen. Da bereits mehr als ein Jahr seit dem Erscheinen des zweiten Kometen vergangen ist, ist durchaus möglich, dass die Kinder die Madonna falsch verstanden haben: Nicht das Wunder folgt innerhalb eines Jahres auf die Warnung, sondern nur der „zweite Teil" der Warnung. Von der Reaktion der Menschheit auf die Warnung und das Wunder, so Conchita, hängt ab, in welchem Ausmass das darauffolgende Strafgericht ausfallen wird. Über die Art der Katastrophe durften die Kinder nichts sagen, nur soviel, dass es schrecklicher sei, als bei lebendigem Leibe zu verbrennen. *„Das Strafgericht wird furchtbar sein, wenn wir uns nicht bessern. Es wird so sein, wie wir es verdienen."* Für die Zeit danach stellte Maria die Wiederkunft ihres Sohnes in Aussicht.

Als Papst Johannes XXIII. starb und im Dorf die Glocken für ihn geläutet wurden, meinte Conchita zu ihrer Mutter: *„Es kommen noch drei Päpste."* Auf die Frage, woher sie das wisse, erwiderte die Seherin: *„Von der Heiligen Jungfrau. Eigentlich sind es noch vier, aber einen zählt sie nicht mit."* „Warum zählt sie einen nicht mit?" *„Das hat sie nicht gesagt; sie sagte nur, dass sie einen nicht mitzählt. Sie sagte aber, dass einer nur kurze Zeit regieren wird."* „Zählt sie den vielleicht nicht mit?" *„Das weiss ich nicht."* „Und was kommt dann?" *„Das hat sie nicht gesagt... Die Heilige Jungfrau hat zu uns einige Male davon gesprochen, dass Jesus, ihr Sohn, wiederkommen wird, aber ob er dann kommt, weiss ich nicht."* „Ist das alles?" *„Ja! Doch sie hat auch gesagt: "Die Getrennten (Christen und Kirchen) werden wieder vereint sein. Es gibt dann nur noch eine Religion."*

Auf Johannes XXIII. folgten bisher drei Päpste:

- Paul VI. (1963-1978)
- Johannes Paul I. (1978)
- Johannes Paul II. (seit 1978)

Schon die Ankündigung eines Papstes, der „nur kurze Zeit regieren wird", erfüllte sich mit Johannes Paul I., dem „lächelnden Papst", dessen Pontifikat nur 33 Tage dauerte und daher vielleicht wirklich „nicht zählte". Das aber hiesse, dass Johannes Paul II. der vorletzte Papst vor den Katastrophen ist, ganz wie es der heilige Malachias vorausgesagt, dessen letzter „Notpapst" Petrus Romanus bereits „während der letzten Verfolgung" den Stuhl Petri besteigt. Damit aber wäre „Gloria Olivae", der Nachfolger von Johannes Paul II., tatsächlich der letzte Papst in Friedenszeiten.

Ein Blick nach Rom zeigt, wie bald es zu den prophezeiten Ereignissen kommen könnte. Im Oktober 1998 feierte Johannes Paul II. den 20. Jahrestag seiner Wahl, vom Alter, von Schmerzen und Krankheit gebeugt. *„Betet, betet, dass ich meine Aufgabe erfüllen kann, die Kirche in das dritte Jahrtausend zu führen"*, rief er die Gläubigen auf dem Petersplatz an. Das heilige Jahr soll der Höhepunkt seines Pontifikats werden, wenn denn sein fragiler Körper es zulässt. Und selbst wenn sein Gebet erhört wird, so ist davon auszugehen, dass das intensive Programm der Feierlichkeiten des Jubeljahres an seinen Kräften zehren wird. Vielleicht kann sein Gebet, sein Durchhalten die Erfüllung der Prophezeiungen verhindern. Vielleicht.

Tatsache ist: Im Herbst 1998 siedelte Conchita, die mit einem Amerikaner verheiratet war und in New York lebte, nach Fatima um. Wie es hiess, wollte sie Garabandal nahe sein, wenn die Warnung erscheint. Offenbar ist die Zeit nahe, wenn dies der Fall sein wird, und wie es scheint fürchtet sie, dass nach der Warnung der Flugverkehr nicht mehr funktioniert. Oder sie erkannte, dass es sich bei der Kometen-Kreuzung bereits um die Warnung handelte, und erwartet jetzt, fast täglich, das Wunder. Das aber zeigt uns, dass einschneidende Ereignisse tatsächlich unmittelbar bevorstehen.

Am 2. September 1989 pilgerte der Italiener Giorgio Bongiovanni nach Fatima, einer Erscheinung folgend, die er einige Wochen zuvor in seinem Heimatort Porto St. Elpidio an der Adria gehabt hat. Als er die mittlerweile mächtige Steineiche erreicht hatte, über der die Madonna 1917 den Kindern von Fatima erschienen war, sah er sie wieder: Eine Frau in einem langen, weissen Kleid, mit gefalteten Händen, von einem Lichtschein umgeben. Bongiovanni kniete nieder, fiel in Ekstase. Die Gottesmutter offenbart ihm, dass sie betrübt sei, dass das dritte Geheimnis noch immer unter Verschluss gehalten wird. *„Ich bin in der ganzen Welt erschienen und habe greifbare Zeichen gegeben, doch keiner hat geglaubt. Ich bin tausende Male erschienen und habe Beweise gegeben; jeder hat sie gesehen, doch keiner hat geglaubt. Sie sind in Luzifers Händen gelandet, seinen Einflüssen erlegen. Daher werde ich ihnen kein klares Zeichen mehr geben. Sie sind alle schon tot, zum Tode verurteilt durch den Vater. Indem ihnen die Möglichkeit zu sehen genommen wurde, sind sie bereits verdammt. Aber ich werde dir wie versprochen ein Zeichen geben..."*

Als Bongiovanni sich bereit erklärte, dieses Zeichen zu tragen, schossen zwei Strahlen aus der Brust der Erscheinung, trafen die Flächen seiner beiden zum Gebet ausgebreiteten Hände, durchbohrte sie. Blut tropfte auf den Steinboden, während

Bongiovanni, das Gesicht vor Schmerz verzerrt, fast ohnmächtig zu Boden fiel. Er hatte gerade die Stigmata empfangen, die Wundmale Christi. Von nun an bluteten sie täglich, begleitet von einer Christusvision. Zwei Jahre später folgte, nach einer weiteren Erscheinung, die Stigmatisation seiner Füsse, seit 1992 blutet er an der Seite, seit 1993 trägt er ein kreuzförmiges Wundmal auf der Stirn.

Genau sieben Jahre nach seinem Besuch in Fatima, am 2. September 1996, sollte der Stigmatisierte das vorerst letzte Zeichen empfangen. Es war drei Tage vor seinem 33. Geburtstag, und Giorgio verbrachte diese Zeit bei seiner Familie in Floridia auf Sizilien, in der Wohnung seines Bruders Filippo. Gegen 15.00 Uhr fühlte er, dass er sich zurückziehen musste, wie immer, wenn er „den Ruf des Himmels" vernimmt und seine Stigmenblutung einsetzt. Er ging in das Gästezimmer, dass ihm zugewiesen worden war, legte sich hin...

Als kurz darauf sein Bruder nach dem rechten schaute, bekam er einen Schreck. Vor ihm lag Giorgio mit entrücktem Blick, wie in Ekstase, aus allen sechs Wunden blutend, das Gesicht von Blut überströmt. Offensichtlich hatte er aus dem Haaransatz geblutet, dort, wo Jesus die Dornenkrone trug, und wo eine breite Blutspur dabei war, zu trocknen. Aus seinen Augen, die entrückt in die Ferne blickten und von Blut umgeben waren, liefen blutige Tränen.

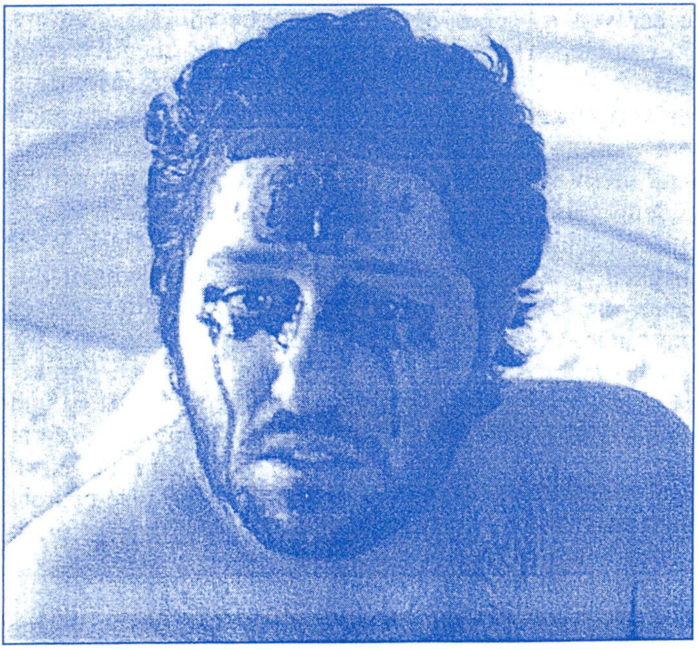

Bild 20: Das Mirakel vom 2. September 1996:
Der stigmatisierte Giorgio Bongiovanni weint blutige Tränen

Später, wieder bei vollem Bewusstsein, erklärte Bongiovanni, dass ihm während der Blutung Christus erschienen sei und seine bevorstehende Wiederkunft angekündigt hätte. Dieses Wunder, so der Stigmatisierte, sollte seine Gegenwart anzeigen. „*Ich lasse euch nicht allein, verwaiste Erdenkinder*", sprach Jesus zu ihm, „*Ich werde zurückkommen zu euch, wie es gesagt und geschrieben wurde... die Zeit ist gekommen... niemand kennt den Tag und die Stunde, nur der Vater im Himmel. Ich aber kann euch, meine lieben Kinder, sagen, was ich weiss: Zwei Zeiten und eine, und alles in der Welt wird vollbracht sein... wer Augen hat zu sehen, der sehe, wer Ohren hat zu hören, der höre! Gesegnet sind jene, die leiden um der Gerechtigkeit willen. Gesegnet sind jene, die dürsten nach Gerechtigkeit, Frieden und Liebe. Ihnen werden der neue Himmel und die neue Erde gehören. Friede*!"

(Aus Platzgründen ist es in diesem Buch leider nicht möglich, ausführlicher auf die grossen Marienerscheinungen der vergangenen 150 Jahre und ihre Botschaften, auf die zahlreichen Marienwunder in diesem Jahrzehnt oder das Phänomen der Stigmatisation einzugehen. Sie finden diese Informationen in Michael Hesemanns „Geheimsache Fatima" (Bettendorf-Verlag).

«Nur durch Buße könnt ihr das Strafgericht abwenden»

Die Rolle der Marienerscheinungen in der Prophetie

Die „marianische Apokalypse“ ist ein Teilaspekt der christlichen Prophetie. Maria als Archetyp der Mutter steht für den mahnenden Aspekt. Dabei ist unklar, von wem sie als Transmitter projiziert wird; ist es Gott, der sich dazu dieser Frauenfigur bedient, oder assoziiert der Seher die einzelnen Aspekte der Prophezeiungen mit den entsprechenden Figuren seiner Religion? Für den gläubigen Christen steht ausser Frage: Es ist Maria selbst, die Mutter Jesu, die selbst nach ihrer Himmelfahrt zur Fürbitterin der Menschheit vor Gott geworden ist, und jetzt ihre Aufgabe wahrnimmt, die Abtrünnigen wieder auf den rechten Weg zu führen. Das ist die klassische Mutterrolle, geprägt von Fürsorge, Selbstlosigkeit und Vermittlung, genau so wie man sagen kann, dass Maria selbst der Archetyp der gütigen Mutter ist.

Auffallend ist das Jesus-Bild in den Marienbotschaften. Meist steht nicht der gütige Jesus der Bibel im Mittelpunkt; vielmehr ist vom „strafenden Arm meines Sohnes“ die Rede, Jesus ist der Richter, erzürnt über die Gottlosigkeit der Menschen, bereit, die Welt mit einem furchtbaren Strafgericht zu reinigen. Das ist nicht der Jesus der Bergpredigt; vielmehr beinhaltet er als der apokalyptische Weltenrichter auch einen strafenden Aspekt, jenen Jesus, der die Geldwechsler aus dem Tempel vertrieb und seinen Jüngern sagte, er sei gekommen, das Schwert zu bringen.

Allen Marienbotschaften gemein ist, dass sie den Schwerpunkt nicht auf die konkrete Voraussage künftiger Ereignisse legen. Oft ist nur allgemein von „Strafgerichten“ die Rede, werden Naturkatastrophen und Kriege angedeutet. Ihr Schwerpunkt liegt in „mütterlich-erzieherischen“ Aspekten. Den Menschen, die sich gegen ihren göttlichen Vater auflehnen, sollen die Ursachen und Ausmasse ihrer Fehler und „Sünden“ vor Augen geführt, der „richtige Weg“ gewiesen werden. Nie spricht marianische Prophetie von der Unvermeidbarkeit künftiger Katastrophen. Immer werden sie als Drohung, als Strafen für weitere „Abweichungen“ in den Raum gestellt, meist als eine von mehreren Möglichkeiten, immer heisst es, die Menschen würden in Frieden leben, sobald sie die göttlichen Gesetze einhalten. Damit führt uns ihr mütterlicher Aspekt auf den Kern der Prophetie. Nichts ist unvermeidbar - Katastrophen und Kriege sind nichts weiter als die vorhersehbaren Folgen eines falschen Lebenswandels, sind Strafen, die nur dann vollstreckt werden, wenn wir uns weiter gegen die göttlichen Gesetze, an der Schöpfung, der Erde und dem Menschen vergreifen.

Bild 21: Nostradamus

3. Kapitel: Was Nostradamus wirklich sagte

Schon zu Lebzeiten war er berühmt. Als erfolgreicher Pestarzt verdiente er sich seinen Lebensunterhalt, seine okkulten Studien fanden sogar am Königshof Beachtung. Michel de Notredame alias Nostradamus, Sohn eines getauften jüdischen Rechtsanwalts, zählt zu den Grossen seiner Zeit, des 16. Jahrhunderts. Zumindest ist über kaum eine Persönlichkeit der Renaissance so viel Tinte verschrieben worden, keiner seiner Zeitgenossen hat die Nachwelt so in seinen Bann gezogen. Der Grund dafür sind seine prophetischen Verse, allen voran die 965 Vierzeiler, zu „Hundertschaften" (Centurien) zusammengefasst und schon zu seinen Lebzeiten erschienen. Es sind, nach Angaben des Michel de Notre Dame, *„fortlaufende Prophezeiungen von heute bis zum Jahre 3797"*, Bilder aus der Zukunft, die ihm bei nächtlichen Meditationen erschienen. Kein Wunder also, dass Exegeten aus allen Jahrhunderten sich bemühten, auf dieser Grundlage die zukünftige Geschichte der Menschheit zu ergründen. Denn die Vierzeiler haben einen Nachteil. Sie stellen diese Ereignisse verschlüsselt dar, so dass man sie oft erst nach ihrem Eintreffen herauslesen kann - und sie sind in loser Reihenfolge wild durcheinandergewürfelt. Vielleicht, um den Lauf der Geschichte nicht zu beeinflussen. Doch Nostradamus hat Geschichte gemacht. Die Mächtigen des Dritten Reiches haben sich seiner angenommen, im zweiten Weltkrieg verteilten beiden Seiten Flugblätter mit teils gefälschten Nostradamusversen, um den jeweiligen Kriegsgegner zu entmutigen.

Seinen Boom jedoch erreichte der prophetische Franzose über vier Jahrhunderte nach seinem Tod, im Sommer 1981: Nostradamus machte Schlagzeilen. Und kaum ein grosser Verlag liess es sich nehmen, eine neue und noch sensationellere Exegese der Werke des grossen Propheten in sein Programm aufzunehmen, in der ihm immer schrecklichere Voraussagen für die letzten Jahrzehnte unseres Jahrhunderts in den Mund gelegt wurden. Ja, selbst vom „Weltuntergang 1999" war da die Rede, ungeachtet der Tatsache, dass nach Nostradamus die gute Erde da zumindest noch ganze 1798 Jahre zu bestehen hat.

Auslöser des Nostradamus-Rummels war das Werk eines Landsmannes, der nach eigenen Angaben ganze 17 Jahre damit verbracht hat, der Bedeutung der Verse auf die Spur zu kommen - bis dann schliesslich im November 1980 das Buch „Nostradamus - Historiker und Prophet" auf den Markt kam. Der Autor, Jean-Charles de Fontbrune, war von Kindheit an mit dem Werk des Sehers in Berührung gekommen, war in, wie er es nennt „nostradamischer Umgebung aufgewachsen". Sein Vater, Dr. Max de Fontbrune hatte bereits 1938 ein Buch über die Prophezeiungen herausgegeben, und bald hatte der Junge bemerkt, dass sich einige Prognosen des Vaters zu bewahrheiten schienen. Doch das meiste war ihm zu vage. Er machte sich dran, mit aller Akribie die 965 Verse neu zu übersetzen, suchte zu den beschriebenen Ereignissen historische Quellentexte und ordnete die auf zukünftige

Ereignisse hinweisenden Vierzeiler mit Hilfe eines Computers. Den grossen Erfolg seines Werkes freilich hat der „leidenschaftliche Wissenschaftler“ (Fontbrune über Fontbrune) eher einem glücklichen Zufall zu verdanken. Es war ein Quartrain (Vierzeiler), den er offensichtlich richtig gedeutet hat, der bald für Aufsehen sorgte:

„Hüte Dich, römischer Papst, jene Stadt zu betreten,
die von zwei Flüssen umspült wird;
Es wird Dein Blut und das der Deinen hier vergossen werden,
wenn die Rose blüht.“ (II/97)

Orthodoxe Exegeten sahen hier nun einen Hinweis auf den Tod von Papst Pius VI., den Napoleon nach Valence bei Lyon bringen liess. Für de Fontbrune aber war „die Rose“ nicht nur Symbol für die Jahreszeit von Mai bis August - er sah darin das Symbol des Sozialismus, deutete diesen Absatz als „wenn die Linke an die Macht gekommen ist“. Dann wurde am 10. Mai 1981 der Sozialist Mitterand zum neuen Präsidenten der französischen Republik gewählt - und drei Tage später schoss der Türke Ali Agca in Rom (das zwischen Tiber und Aniene liegt) auf Papst Johannes Paul 11.. Zwei Reporter des „PARIS MATCH” waren die ersten, die hier eine Sensation witterten, das Fernsehen und weitere Blätter folgten. Und der Erfolg blieb nicht aus. Allein im August wurde das Buch 270.000 mal verkauft, im Dezember hatte die Auflage die 600.000 schon überschritten. Eine Umfrage ergab, dass 98% aller Franzosen Nostradamus und 70% de Fontbrune kannten - während 25% „ihm uneingeschränkt Glauben schenkten“.

Und tatsächlich müssen zumindest die prophetischen Fähigkeiten des Dr. Nostradamus ausser Frage stehen. Korrekt beschrieb er geschichtliche Ereignisse wie die Bartholomäusnacht Karls IX., Grossbrand und Pest von London 1666 und das Ende des Ancien Regime 1792. Er wusste, dass die erste französische Republik nur sieben Jahre dauern würde, sah die Hinrichtung von König Ludwig XVI.*“inmitten des Volkes“* und den kometenhaften Aufstieg Napoleons, der *„nahe bei Italien als Kaiser“* geboren wird. Und so wird auch sein Name angedeutet, die Italien-, Russland- und Ägyptenfeldzüge und das Schicksal von Papst Pius VI. beschrieben - exakt, bis zur ersten Verbannung nach Elba, Waterloo und dem Ende auf St. Helena. Er kannte Konflikte des 19. Jahrhunderts ebenso wie die beide Weltkriege, die russische Revolution und die Geburt des Faschismus *„in Italien, Spanien und Deutschland zugleich“*. Franco nennt er beim Namen, Hitler heisst bei ihm Hister, sein *„dem Kampfe geweihtes Buch“* soll über seine Pläne Aufschluss geben. Doch enden wird der *„Führer von Grossdeutschland“*, von allen Seiten bedrängt, indem er sich beim Festmahl erschiesst. Es folgen, exakt prophezeit, Nürnberger Prozesse, der kalte Krieg zwischen den Alliierten und das geteilte Deutschland.

Und Nostradamus sah die Erfindungen unserer Zeit. Frappierend sind die Verse, in denen er vom Luftkrieg spricht, von *„ungewöhnlichen Vögeln, die huy, huy schreien“* und *„einer Schlacht, am Himmel geschlagen“*. Das U-Boot ist für ihn *„ein Fisch, in dem Briefe und Waffen eingeschlossen sind“*, er kennt *„unterseeische Flotten“*.

Interpretiert werden konnten diese Deutungen erst in unserer Zeit. Der biedere Pfarrer Jean je Roux, der 1710 eine Abhandlung über „den Schlüssel des Nostradamus“ schrieb, glaubte noch, dass zumindest diese Beschreibungen ins Reich der Phantasie gehörten. Raketen nennt der Seher *„Speere und Lanzen“*, *„Donnerkeile“* oder *„Blitze im feurigen Bogen“*. Und da er Hiroshima exakt auf *„das Jahr 45“* datiert, ist ihm auch die Atombombe, die schrecklichste Erfindung unserer Zeit, bekannt. Seine Bezeichnung dafür ist „la Pille“, was an das englische „atom pile“ erinnert und im Lateinischen „der Ball“ oder „der Pfeiler“ bedeutet - gibt es eine treffendere?

Aber auch friedliche Entdeckungen waren ihm bekannt. Da ist die Rede von *„ewig brennenden Lampen"* ebenso wie *von „der Maschine, die durch den Menschen zu sprechen beginnt“*, deren Drähte (wörtlich: dünne Metallstäbe) *„in der Luft aufgehängt werden“*.

Geboren wurde Michel de Notredame am Donnerstag, den 14. Dezember 1503 in St. Remy in der Provence, im äussersten Süden Frankreichs. Sein Geburtshaus blieb erhalten. Die Vorfahren seiner Mutter waren oft mit einer grossen Begabung für Medizin und Mathematik ausgestattet, einige von ihnen hatten die ärztliche Kunst bei den Arabern gelernt. Seine ersten Lebensjahre verbrachte Michel bei seinem Grossvater mütterlicherseits, Johann de St. Remy, Leibarzt des Herzogs von Kalabrien, zu dem er sich besonders hingezogen fühlte. Der Grossvater lehrte seinem Enkel Griechisch und Hebräisch, machte ihn mit der Kabbalistik vertraut und erzählte ihm in langen Nächten von der „Weisheit der Sterne“.

Nach dem Tod des geliebten Alten kehrte Nostradamus erst in sein Elternhaus zurück, studierte in Avignon antike Rhetorik, promovierte 1529 in Montpellier mit Auszeichnung zum Doktor der Medizin. Der schwarze Tod, die Pest, warf ihre Schatten über Europa. Während seines Studiums an der Universität Montpellier hatte die Pest auch Frankreich erreicht. „Auf, auf, triebt, der schwarze Tod ist da“, war der Ruf, der auch durch die würdigen Hallen schallte, in denen er studierte. Studenten und Professoren verliessen fluchtartig die Stadt, aus Angst vor Ansteckung. Nur der junge Michel Norstradamus harrte aus, stellte sich freiwillig zum Kampf gegen die furchtbare Seuche. Und es schien so, als wäre es ihm auch gelungen, ein Antibiotikum zu entdecken und erfolgreich anzuwenden: Er entwickelte eine Kräuteressenz, mit der er die in der Stadt Verbliebenen Mund und Nasenhöhle spülen liess. Wer seinen Rat befolgte, blieb tatsächlich gesund, man belohnte ihn reichlich für die „Rettung der Stadt“, er wurde geehrt. Vielleicht hatte er als erster eine erfolgreiche Desinfektion angewendet, vielleicht wusste er, dass Viren Verursacher der Seuche waren.

Nostradamus liess sich in der Stadt Agen an der Garonne nieder und heiratete eine nach Angaben aller Biographen „aussergewöhnlich liebliche Frau“, die ihm einen Sohn und eine Tochter gebar. Er eröffnete eine Praxis, schloss sich dem Debattierclub des Botanikers und Dichters Jules-Cäsar Scaliger an, einem der grossen französischen Humanisten des 16. Jahrhunderts. Doch zwei Ereignisse bereiteten seinem fabelhaften Leumund und seiner scheinbar gesicherten Stellung in Agen ein rasches Ende. Als ihm die Diphtherie Frau und Kinder nahm, schlug die Bewunderung seiner Patienten in Misstrauen um. Die ärztliche Praxis leerte sich, bald musste er sie schliessen, während die erzürnten Schwiegereltern die Mitgift zurückforderten. Als er dann noch eine Bronzestatue der Jungfrau Maria als reinstes Teufelswerk bezeichnete, lud ihn 1538 die Heilige Inquisition in Toulouse vor. Nostradamus verteidigte sich, er habe nicht die Jungfrau Maria, sondern die prekäre und entwürdigende Gestaltung beleidigen wollen. Die Stadt aber verliess er, begab sich auf eine Studienreise durch Frankreich und Italien, verdiente sein Geld als fahrender Arzt. Doch dann rief ihn seine Heimatprovinz zurück: „Komm und hilf! Bei uns herrscht die Pest!“

Bild 22: Nostradamus in moderner Darstellung

Nostradamus kam zurück und wurde zum Stadtarzt von Aix, der Hauptstadt der Provence, wo er von 1546 bis 1548 erfolgreich den schwarzen Tod bekämpfte. Dann bat man ihn, nach Salon de Provence zu kommen, wo sich die ersten Pestfälle ereignet hatten. Er ging eine zweite Ehe mit der reichen Witwe Anna Ponce Gemella ein, praktizierte auch hier mit Erfolg, die geheilten Patienten vergötterten ihn. Als dann auch hier die Pest besiegt war, begann er mit seinen Studien auf einem ganz anderen Gebiet: Er befasste sich mit Geheimwissenschaften, studierte okkulte Schriften, die er sich auf seinen Studienreisen besorgt hatte, verbrachte oft ganze Nächte am Kaminfeuer. Das obere Stockwerk seines Hauses liess er zum Observatorium umbauen, legte sich eine stattliche Bibliothek okkulter Literatur zu und begann, auf dem dreibeinigen Magier-Schemel mit Hilfe von Wünschelrute und Wasserschale das Unbekannte zu studieren. Der faustische Teil seines Lebens begann.

Dann, bei seinen nächtlichen Studien, überkam es ihn:
„Ich sitze nachts bei geheimen Studien. Ich habe Platz
genommen auf dem eisernen, dreifüssigen Schemel.
Ich bin allein. Die winzige Flamme steigt aus der Einsamkeit
und lässt hervorspriessen, woran man nicht vergeblich glauben soll.
Die Wünschelrute in der Hand bin ich versetzt in das
Reich des Branchus. Das Wasser netzt mir Füsse und Saum.
Durch die Zweige überkommt mich Furcht. Meine Stimme zittert.
Göttliches Leuchten. Das Göttliche lässt sich bei mir nieder.“ (I/1,2)

Wie die Pythien, die Seherinnen der Antike, sass er auf dem dreibeinigen Hocker, atmete schweflige Dämpfe ein, die ihn in Trancezustand versetzten. Und dann sah er entweder im Feuer des Kamins oder im Wasser der Schüssel die Bilder aus der Zukunft. Mit Hilfe der Astrologie errechnete er oft die Daten der geschauten, kommenden Ereignisse, die er dann, in verschlüsselte Verse verpackt, sammelte. Die erste Sammlung dieser Verse erschien, zusammen mit einem Brief an seinen damals zweijährigen Sohn Cäsar, im Jahre 1555.

Die Prophezeiungen des Nostradamus erregten so viel Aufsehen, dass König Heinrich II. von Frankreich den Arzt und Seher im August 1556 an den Hof nach Paris kommen liess. Besonderen Eindruck muss er dabei auf die Königin, Katherina von Medici, gemacht haben, die es sich nicht nehmen liess, ihn zu besuchen. Doch nach diesem Triumph zeichnete sich bald das Ende des Sehers ab. Während er sich zeitlebens bester Gesundheit erfreuen konnte, fing der Einundsechzigjährige jetzt zu kränkeln an, wurde von Gicht und Herzasthma geplagt. Schon in einer seiner Schriften hatte er seinen Tod vorgeahnt:

„Zurückgekehrt legt ich des Königs Gabe nieder.
Die Arbeit ist vollbracht, ich geh zu Gott!
Mir nahn Verwandte, Freunde, Blutesbrüder:
Auf einer Bank an meinem Bett werd' ich gefunden - tot!“ (Vorhersage 141)

Etwa Ende Juni 1566 bemerkte sein Freund und Schüler Chavigny in einem Exemplar der Ephemeridien des Stadius für den 2. Juli die Eintragung „Hic prope morte est" (Hier ist der Tod nahe). Am 1. Juli 1566 fühlte sich der Seher verhältnismässig wohl, erklärte aber am Abend Chavigny: „Mit Sonnenaufgang findest Du mich nicht mehr am Leben!" Dann, am Morgen des 2. Juli 1566 verliess der Seher sein Bett, um einem Herzasthmaanfall zu entgehen. Er brach tot auf einer Bank zusammen.

Bild 23: Ausgabe der „Centurien"von 1668

Nostradamus war ein Mann, der sich in kein Schema einordnen lässt, da er seiner Zeit weit voraus war. Er war vielleicht einer der letzten grossen Universalgelehrten, vergleichbar mit einem Albertus Magnus, ein genialer Arzt wie Paracelsius, Philosoph, Astronom, Okkultist. Dem Kleinbürger seiner Tage war dieser Mann unheimlich, man munkelte, er stünde wie Dr. Faustus mit dem Teufel im Bunde, nur zu oft hing das Schwert der Inquisition über ihm, die in einer blutigen Gegenreformation ihr veraltetes Weltbild zu erhalten versuchte. 1781 schliesslich, als die von Nostradamus prophezeiten Revolutionen und Kirchenverfolgungen zu nahen drohten, setzte die Kirche sein Werk auf den „Index librorum prohibitorum“, das Verzeichnis verbotener Bücher. Es war die Furcht vor der Inquisition wie vor einem Missbrauch durch die Nachwelt, die Nostradamus auch veranlasste, einige der in seinem Besitz befindlichen okkultistischen Werke dem Feuer zu übergeben, wie er in seinem Brief an seinen Sohn Cäsar Nostradamus erklärte:

„Ich ahnte nun, was mir widerfahren würde, darum habe ich sie nach der Lektüre der Flamme geweiht. Während nun das Feuer sie verzehrte, züngelte die Flamme in die Höhe und verbreitete eine ungewöhnliche Klarheit, heller als ein natürliches Licht, vielmehr wie das Aufleuchten eines Blitzes, der die Luft reinigt.“

Auch schien er Alchemist gewesen zu sein, schrieb er doch, er habe *„die vollkommene Verwandlung des Goldes und des Silbers sowie der edlen Metalle unter der Erde durchforscht, auch die Geheimnisse des Meeres ergründet, aber die Niederschrift hierüber habe ich in Asche verwandelt.“*

Mittels der Astrologie prüfte Nostradamus seine Prophezeiungen nach. *„Mit Hilfe langer Berechnungen“*, schrieb er, *„die den entschwefelten Geruch nächtlicher Studien zusammenfassen, habe ich prophetische Bücher zusammengestellt, von denen jedes hundert astronomisch berechnete Voraussagen enthält, die ich mit Willen ein wenig dunkel zusammengestückelt habe.“* Denn Nostradamus war kein Fatalist. Er wollte die Geschichte nicht unter „Erfüllungszwang“ stellen, liess viele der Prophezeiungen erst nach ihrem Eintreffen deutbar werden. *„Eigentlich wollte ich schweigen, und das Weissagen unterlassen, weil ich es für ein Unrecht hielt ... wenn ich schriftlich niederlegen würde, warum die Reiche, Parteien und Religionen einem so jähen Wechsel unterworfen sind.“* Aber er meint, es „dient dem Allgemeinwohl der Menschheit, was das göttliche Wesen mir aus dem Wandel der Sterne am Himmel offenbart hat“, denn *„die vollkommene Erkenntnis der wahrgenommenen Dinge kann man nicht ohne die göttliche Inspiration erwerben. Jede prophetische Inspiration empfängt ihren ersten Anfang und Antrieb von Gott dem Schöpfer selbst. ... Weil die Ursachen indifferent sind, trifft die Erf'üllung ohne Rücksicht auf den Urheber der Weissagung nur unvollkommen zu.“*

Die echte Prophetie ist Warnung, soll den Menschen zur Umkehr, zur Besinnung bringen. So war es mit der biblischen Prophetie, so ist es mit Nostradamus. Seine Centurien geben zwar ein genaues Bild über die Entwicklungen der kommenden Jahrhunderte, dass aber 2/3 der prophezeiten Ereignisse schon eingetroffen sind, ist noch kein Beweis dafür, dass sich das restliche Drittel in unserer Zeit ereignen muss. Der wahre Nostradamus ist eben nicht der „Katastrophen-Hellseher“ (SPIEGEL), der „die Lust am Weltuntergang“ befriedigt, er ist ein Warner wie einst Jonas. Und so ermahnt er: *„Man muss in Betracht ziehen, dass die Zukunft des Menschengeschlechtes schliesslich ungewiss ist, weil alles gelenkt und geleitet wird durch Gottes unbegreifliche Allmacht.“*

Zweierlei ist charakteristisch für Nostradamus. Zuerst einmal legt er grosses Gewicht auf Schlüsselereignisse und -figuren, Ursachen und Umstände, die zu einem geschichtlichen Ereignis führen. Er mahnt, dass es erst nötig sei, einige Zeit abzuwarten, ehe man seine Voraussagen verstehen kann: *„Wem es gelingt, die Stirnbinde von einigen Vorhersagen zurückzuziehen, dem wird ein Einblick in den langen Zeitraum, den die Centurien umfassen, zuteil.“* Und dann sah Nostradamus die Weltgeschichte der Zukunft aus der Perspektive Frankreichs. Bis ins kleinste Detail beschrieb er die Vorgänge in seinem Vaterland, jedem französichen König widmete er mindestens einen Vierzeiler, oft mit korrekter Angabe von Namen und Herrschergeschlecht. Entwicklungen in anderen Ländern hingegen fanden nur dann weitere Beachtung, wenn sie - direkt oder indirekt - sein Vaterland betreffen.

So ist anzunehmen, dass er die englische Revolution von 1649 und den Brand von London 1666 nur so exakt - sogar mit Zeitangabe - beschrieb, um die Franzosen zu warnen. Für ihn war der Brand Londons eine Strafe Gottes, weil die Engländer ihren König Charles II. öffentlich hinrichten liessen. Und die englische Revolution nahm die Ereignisse der französischen Revolution von 1789, die Hinrichtung Ludwig XV. und die Ausrufung der französischen Republik 1792 vorweg.

Die französische Revolution, der Zusammenbruch des Ancien Regime mit seinen Wertvorstellungen, ist für Nostradamus DAS zentrale Ereignis der neueren Geschichte, stellte es doch die Weichen für die weitere Entwicklung Europas bis hin zum bevorstehenden III. Weltkrieg. Und so verweist er auch ausdrücklich auf *„das Jahr 1792, wo man glauben wird, dies sei der Zeitpunkt der Erneuerung“*. Am 21.9.1792 wurde die 1. französische Republik ausgerufen, *„eine sehr grosse Verfolgung der christlichen Kirche“* nahm ihren Anfang, während die „Vernunft“ als einzige Gottheit verehrt wurde. Das ging so weit, dass die Jakobiner eine stadtbekannte Kurtisane in der altehrwürdigen Kathedrale von Notre Dame de Paris auf einen Thron setzten und zur neuen Göttin erklärten, ein Ereignis, das Nostradamus nicht nur vorhersah, sondern auch von ganzem Herzen missbilligte.

Durch des Sehers Mahnung waren diese Entwicklungen absehbar. Er nannte Urheber und Ausgangspunkt. In seinem Brief an seinen Sohn Cäsar von 1555 erwähnt er, dass „in 177 Jahren“ das dunkle Zeitalter der Revolutionen und der Auflehnung gegen die Kirche seinen Anfang nehmen würde. Und dann sprach er in Vierzeiler I/7 von den *„von Rousseau begonnenen Unternehmungen“*. Tatsächlich war der Aufklärer Jean-Jaques Rousseau durch sein Werk „Le Contrat Social“ (Der Gesellschaftsvertrag) nach Ansicht der Historiker der eigentliche Wegbereiter für die französische Revolution. 1732 aber war das Jahr, in dem Rousseau nach Paris kam. Doch es hat noch eine andere Bedeutung, wenn Nostradamus das Jahr 1792 in seinem Brief an König Heinrich II. ausdrücklich nennt. Mit diesem Datum nämlich beginnt er eine ausführliche prophetische Geschichte Europas, die weit über unsere Zeit hinausreicht - und als eine Art Leitfaden für seine ungeordneten Vierzeiler dienen kann. Damit weist diese Jahresangabe nicht nur auf den Angelpunkt in der französischen wie europäischen Geschichte hin, sie ist zugleich der eigentliche Schlüssel zum

Verständnis und zur zeitlichen Einordnung seiner Prophezeiungen. Umso erstaunlicher ist es, dass sich diese Zukunftsschilderung, festgehalten in seinem posthum veröffentlichten Brief an König Heinrich II., bisher in allen Details bewahrheitet hat.

„In nebelhaften Bildern nahen sich mir die grossen tragischen und wunderbaren Ereignisse; ich sehe Unglücksfälle, die über die bedeutenden Diener Gottes hereinbrechen. Ich sehe zunächst den nahen Abfall von den Kirchen Gottes, dann den Verfall des Königtums, verbunden mit tausend anderen unglücklichen Ereignissen, die man im Wandel der Zeiten in der Zukunft erleben wird. Denn Gott wird die Unfruchtbarkeit der grossen Dame ansehen, die später zwei fürstliche Kinder gebären wird. Diejenige, die als Nebenfrau zur Seite steht, wird durch jugendliche Unbesonnenheit im 18. Lebensjahr in Todesgefahr geraten und wird das 36. Lebensjahr nicht überschreiten. Sie wird drei männliche und ein weibliches Wesen hinterlassen. Und diejenige, die niemals empfangen hatte, wird zwei Kinder von dem gleichen Vater haben.“

„Die unfruchtbare Dame“ nennt Nostradamus die französische Republik, in der es keine Thronfolger gibt. Die beiden „fürstlichen Kinder“, das sind Ludwig XVIII. (1814-1824) und Karl X. (1824-1830), die nach dem Zusammenbruch des napoleonischen Imperiums eingesetzt wurden - man sprach damals von einer Restauration der Bourbonen, die wieder auf den Königsthron kamen. Dann aber folgte eine andere Monarchie. „Bürgerkönig“ Louis Philippe (1830-1848) regierte genau 18 Jahre, bis er in der Februarrevolution 1848 gestürzt wurde, es folgte Napoleon III. (1852-1870), im Deutsch-Französischen Krieg 1870/71 gefangengenommen und abgesetzt. Die „Todesgefahr“ der Monarchie durch die 2. Revolution 1848, nach einer achtzehnjährigen Regentschaft und die Absetzung Napoleons III. wieder nach 18 Jahren, beides wurde von Nostradamus exakt vorhergesagt. 1870 gab es drei mögliche Erben für den Thron, den Enkel Karls X., Herzog von Chambord; den Enkel Louis-Philippes, Herzog von Orleans; und den Sohn Napoleons III. - sowie einen weiblichen, die Republik. Sie aber wird in dieser Zeit „zwei Kinder“ haben: die II. Republik 1848-51 und die III. Republik 1870-1940. Nostradamus weiter:

„Zwischen den drei Brüdern entstehen grosse Zwistigkeiten, dann aber vereinigen und versöhnen sie sich doch, wobei sie drei oder vier Viertel von Europa in Schrecken versetzen werden. Durch den Jüngsten wird die vom Christentum gestützte Monarchie aufrechterhalten und an Macht zunehmen, Geheimgesellschaften werden ebenso schnell niedergeschlagen werden, wie sie entstanden sind; die Araber werden zurückgeschlagen, Königreiche vereinigen sich, neue Gesetze werden in der Öffentlichkeit verkündet.“

Die drei Brüder der kapetingischen Linie, Louis XVIII., Karl X und Louis-Philippe, hatten jeder eine andere Auffassung von der Monarchie. Der Jüngste, Louis XVIII., trat der „heiligen Allianz" bei, einem unter Anrufung der Heiligen Dreifaltigkeit verfassten Pakt. Frankreich eroberte Algerien.

„Von den anderen Kindern wird das erste das Reich der gekrönten, feurigen Löwen, die furchtlos ihre Pranken über das Wappen halten, besitzen. Das zweite Kind wird im Lande der Römer gewaltig vorwärts stürzen, bis zum zweitenmal der furchtbare Weg auf den Berg Jupiters unternommen wird, den es dann herabsteigt, um die Gipfel der Pyrenäen zu erklimmen. Dieses Reich wird nicht mehr die Form einer alten Monarchie haben."

Das Reich der gekrönten Löwen ist Holland, und tatsächlich bedurfte es 1832 der Hilfe einer französischen Armee, die König Louis-Philippe zur Verfügung stellte. Sein Nachfolger, Napoleon III. übernahm nach Überquerung der Alpen am 30.4.1859 die Führung der Armee, um die „italienische Frage" zu klären, die schon sein Onkel Bonaparte aufgeworfen hatte. Der Streit um die Thronfolge in Spanien führte dann 1870 zum Deutsch-Französischen Krieg. Tatsächlich war Napoleon III. „Kaiser der Franzosen durch die Gnade Gottes und den Willen des Volkes", was nun wirklich eine andere Form der Monarchie als das absolute Königtum ist.

„Dann wird eine dritte Überschwemmung der Welt mit Menschenblut stattfinden. Mars wird sich nicht lange in der Fastenzeit befinden. Die Tochter wird ausgeliefert werden zur Erhaltung der christlichen Kirche, ihr Beherrscher fällt gegen die heidnischen Sekten neuer Ungläubiger. Diese Tochter wird zwei Kinder haben.

Das eine treu das andere untreu mit Billigung der katholischen Kirche. Das letztere Kind wird zu seiner eigenen grossen Verwirrung und späteren Reue danach trachten, sie zu vernichten. Drei Gegenden werden trotz ihrer extremen Unterschiede im Bunde stehen - das Römerland, Germanien und Spanien. Diese Länder bringen verschiedene bewaffnete Parteien hervor, südlich des 50. beziehungsweise auf dem 52. Breitengrad. Dann wird die Menschheit dem Kult der Antike in den Ländern Europas und nördlich des 48. Breitengrades huldigen."

Der Faschismus als Folge des 1. Weltkriegs. Korrekt ist die Reihenfolge der faschistischen Machtergreifung zuerst im Römerland Italien, dann in Deutschland und zuletzt in Spanien genannt. Man huldigte „dem Kult der Antike", dem mystischen Germanentum oder der Glanzzeit des römischen Imperiums. Korrekt auch die Beschreibung, die Nostradamus vom Aufstieg des deutschen Nationalsozialismus gibt. Sein Entstehen, die Gründung der NSDAP und Hitlers missglückter Putschversuch 1923 in Bayern, also südlich des 50. Breitengrades, sein Erfolg in Berlin, das etwa auf dem 52. Breitengrad liegt - und schliesslich Hitlers Herrschaft über Deutschland, das Land nördlich des 48. Breitengrades.

„Dort wird man zuerst aus eitler Furcht zittern, dann aber werden auch die westlichen, südlichen und östlichen Reiche in Angst geraten. Gross wird die Macht sein, die sich allein durch Bündnisse und Eintracht bei ihren Eroberungen

unbesiegbar machen wird. Von Natur sind diese Völker gleich, aber sehr verschieden in ihrem Glauben."

Zuerst hatten die Menschen Angst im SS-Staat, dann breitete sich die Kriegsangst in Europa aus. Die ersten Eroberungen Hitlers, Österreich und die Tschechoslowakei, wurden durch das Münchener Abkommen von den europäischen Nachbarstaaten legitimiert, der Polenfeldzug durch den Pakt mit Stalin.

In seinen Vierzeilern geht Nostradamus detailliert auf die Führer des Faschismus ein, nennt sie D. M. (Duce Mussolini), Hister und Franco. Die erste Regierung unter Beteiligung der Faschisten entstand in Italien nach Mussolinis erfolgreichem Putsch, dem „Marsch auf Rom". König Viktor Emmanuel hätte den Notstand ausrufen und den Staatsstreich Mussolinis vereiteln können, duldete aber das neue Regime. Nach seinem Zusammenbruch dankte auch der König 1945 ab.

„Wenn man die Inschriften mit dem Namen D.M. finden wird,
und eine alte Gruft beim Schein der Lampe entdecken wird,
Dann wird königliches und fürstliches Recht stark auf die Probe gestellt,
Bis die Flagge des Königs zusammen mit der des Duce verhüllt wird. " (VIII/66)

Im selben Jahr, als in Italien die Parole D. M. (Duce Mussolini) an Mauern und Wände geschmiert wurde, drang der Archäologe Howard Carter im Tal der Könige in Ägypten in das Grab des Pharaos Tut-Anch Amun ein.

Ein zweiter faschistischer Diktator dieser Epoche war Generalissimo Franco in Spanien. Mit 33 einmal der jüngste General Europas, diente er von 1912 bis 1926 in Marokko. Im Oktober 1934 warf er den Aufstand der linken Revolutionäre in der Provinz Asturien nieder, bis 1936 hatte er im spanischen Bürgerkrieg die republikanischen Armeen vollständig besiegt. Und so beschreibt Nostradamus seine Karriere:

„Aus dem Innersten Spaniens wird ein Offizier hervorgehen,
der von den äussersten Grenzen Europas kommen wird,
wenn der Aufstand Llanes (Asturien) erreicht.
Seine grosse Armee wird die revolutionären Banden besiegen." (X/48)

Und der Seher nennt ihn mit Namen. Im Bürgerkrieg („der Spaltung") befreite Franco 1934 den Falangistenführer de Rivera und seine Anhänger aus dem Alkazar in Toledo. Zwei Jahre später ist er Diktator.

„Aus einer Festung wird Franco seine Anhänger herausfahren;
Er ist der Gesandte, der bei der Spaltung nicht spasst,
Die um Riviera sind in ein Handgemenge geraten,
In einen letzten grossen Entscheidungskampf sind sie eingetreten." (IX/16)

Im Herbst 1939, Deutschland war gerade in Polen einmarschiert, studierte Frau Dr. Goebbels ein altes Buch. Es war Nacht, ihr Mann, der Reichspropagandaminister, schlief schon. Doch dann fand sie einige Aussagen, die sie so faszinierten, dass sie ihn wecken musste. Am nächsten Tag überlegte Dr. Goebbels, wie er dieses alte Buch für seine Propaganda verwenden könnte. Das Buch war die erste Gesamtausgabe der Prophezeiungen des Nostradamus von 1568, das sich Frau Dr. Goebbels aus der Staatsbibliothek Berlin geholt hatte. Ein wenig später bekam der bekannte deutsche Nostradamus-Exeget N. Alexander Centurio diese Originalausgabe in die Hände. Der zuständige Bibliotheksrat meinte: „Eben ist dieses Werk aus der Reichskanzlei gekommen“. Zwischen den Seiten 58 und 59 lag noch ein Lesezeichen, ein Vierzeiler war rot angestrichen:

„In der Nähe des Rheins der norischen Berge
Wird ein Grosser geboren aus dem Volk, das zu spät gekommen ist;
Er wird das Weichselland und den Donauraum verteidigen.
Man wird nicht wissen, wie er schliesslich endet.“ (III/58)

Goebbels muss wohl seinen Führer erkannt haben. „Das Volk, das zu spät gekommen ist“, das ist die spät entstandene deutsche Grossmacht, ist das geschröpfte Deutschland nach dem ersten Weltkrieg. Adolf Hitler wurde am 20. April 1889 in Braunau am Inn geboren, dem „Rhein der norischen Berge“, in der römischen Provinz Noricum. Und bis heute ist sein Tod noch immer nicht zufriedenstellend geklärt. Man hat seine Leiche nicht identifizieren können, wie Stalin zugab, Gerüchte sprechen davon, dass er vielleicht doch fliehen konnte.

„Im äussersten Osten Westeuropas wird armen Eltern ein Kind geboren werden.
Es wird durch die Macht seiner Zunge grosse Menschenmassen verführen,
und in den Reichen im Osten wird der Lärm, den er verursacht,
immer lauter zu hören sein.“ (III/35)

Hitler entstammte kleinen Verhältnissen, sein Vater, Alois Schicklgruber, war Zollbeamter. Seine Karriere verdankte er seinem diabolischen Rednertalent. Seine Forderung nach „Lebensraum im Osten“ findet sich schon in seinem Buch „Mein Kampf“ und war seine Motivation für den Polenfeldzug.

Nostradamus nennt den Führer beim Namen - nennt ihn „Hister“, was sowohl auf seine Herkunft (Ister=Donau) wie auf seine hysterischen Reden bezogen werden kann, oder „Hadrie“ als Andeutung der Initialien H.A., aber auch als Anspielung auf den römischen Kaiser Hadrian, der Krieg gegen die Juden führte. Der Seher wusste auch, dass sein Werk im NS-Staat propagandistisch missbraucht werden würde:

„Die Werke des grossen Propheten werden beschlagnahmt,
sie werden unter Tyrannenhände kommen:
Den Herrscher werden sie hinsichtlich seiner Unternehmungen zu
Trugschlüssen verleiten.
Seine Raubzüge werden ihn bald um die Ruhe bringen.“ (II/36)

Im Mai 1941 liess Hitler alle Astrologen von der Gestapo verhaften und die Centurien des Nostradamus beschlagnahmen. Nur der schweizer Astrologe Krafft entging dieser Razzia, wurde von Dr. Goebbels in die Dienste des Regimes gestellt, um Nostradamus für Hitler auszuwerten, bevor auch er in Ungnade fiel und im KZ starb.

Goebbels hatte ihn aufgefordert, das Werk des Propheten zu fälschen. Wo Nostradamus „den grossen Führer aus Armenien“ beschrieb, sollte Krafft „Arminien“ schreiben, aus Russland das Arminsland Deutschland, aus Stalin Hitler machen:

„Einverleiben wird er (Hitler) in Grossdeutschland
Brabant und Flandern, Gent, Brügge und Bologna.
Im geheuchelten Waffenstillstand wird der grosse Führer aus Armenien Wien und Cölln (Neukölln, aus dem Berlin entstand) berennen.“ (V/94)

Der offizielle Grund für die Beschlagnahmung der Centurien war tatsächlich seine „Vorwegnahme der Ereignisse“, es sollte verhindert werden, dass seine Feinde durch sie Einblick in die Pläne Hitlers bekamen, die Nostradamus so exakt beschrieb. Zudem sollte das deutsche Volk nicht erfahren, dass des Führers Sache verloren war. Stattdessen gab der britische Geheimdienst 80.000 Pfund dafür aus, die Deutschen mit Hilfe des Propheten von der Hoffnungslosigkeit ihres Widerstandes zu überzeugen.

Hitlers Ende im Führerbunker wurde von Nostradamus genau beschrieben. Und er wusste, dass auf das Dritten Reich ein geteiltes Deutschland folgen würde:

„Die Festung des Belagerten wird wegen des Beschusses
in die Tiefe verlegt werden;
der Verräter wird lebendig begraben sein.
Nie zuvor wird den Sachsen (Deutschen) eine so erbärmliche Spaltung wiederfahren sein.“ (IV/40)

Der zweite Weltkrieg endete mit der Kapitulation Japans, das sich nach Abwurf der Atombomben auf Hiroshima und Nagasaki als unterlegen erwies. Aber mit Hiroshima hatte auch das Atomzeitalter seinen Anfang genommen, in dem die USA („die Normannen“) die Vormacht beanspruchten.

„Zeitabschnitt 45: Der Himmel wird brennen,
Feuer nähert sich der grossen neuen Stadt:
Urplötzlich züngelt die grosse Flamme hierhin und dorthin und wird hochspringen,
Wenn die Normannen den Beweis erbringen wollen. „ (VI/97)
„Nahe dem Hafen werden in zwei Städten Plagen wüten,
wie sie nie zuvor ein Mensch gesehen hat.
Hunger, Seuchen dazu, Menschen, vom Schwert zu Boden geworfen,
werden den unsterblichen Gott um Hilfe anflehen. " (II/6)

Doch zurück zu dem Brief des Propheten an König Heinrich II., in dem er so genau den Ablauf des 20. Jahrhunderts beschreibt. Dort heisst es über die Zeit nach dem 2. Weltkrieg:

„Nach diesen Ereignissen wird die unfruchtbare von zwei Völkern aufgenommen, deren Macht grösser ist, als die der Dame. Zunächst durch das erste, das in der Macht dessen steht, der alle Macht besass, dann durch ein zweites, und schliesslich durch ein drittes, das seine Macht im Osten Europas bis hin zu den Pannoniern ausbreiten wird, wo es erst geschlagen und unterliegen wird. Durch Unternehmungen auf dem Meere wird es sich bis nach Sizilien ausdehnen, über die Adria hinweg bis Griechenland und bis Germanien wird es unterliegen. Die barbarische Sekte, die sich überall ausgebreitet hatte, wird stark bedrängt und verjagt werden."

1940 wurde Frankreich durch Hitler („der alle Macht besass") besetzt, dann von Engländern und Amerikanern befreit. Und noch einmal wird die „unfruchtbare Dame", die Republik, besetzt werden. Es wird zum dritten Weltkrieg kommen, Russland wird die Invasion wagen und unterliegen. Es wird das wirkliche Ende der „barbarischen Sekte", des Kommunismus bedeuten, der bald in Russland wieder aufkommen wird. Über seine Entstehung schreibt Nostradamus, indem er seine düstere Vorhersage über das Schicksal Frankreichs erläutert:

„Das grosse Reich des Antichristen beginnt im Gebiet des Attila und Xerxes. In einer unabsehbar grossen Zeit werden die Anhänger des Antichristen herabsteigen, so dass das Kommen des heiligen Geistes, der auf dem 48. Breitengrad heraufsteigt, Auswanderungen machen wird. Er flieht vor den Greueln des Antichristen, der den Krieg gegen die Monarchie eröffnen wird, und zwar gegen den König, der der grosse Stellvertreter Jesu Christi auf Erden ist und gegen seine Kirche. Sein Reich wird eine zeitlang bestehen, da die Umstände günstig sind. Vorher aber wird eine Sonnenfinsternis vorausgehen, die dunkelste und finsterste, die es je seit der Schöpfung der Welt und seit dem Leben und Sterben Jesu Christi bis heute gegeben hat. Es wird im Monat Oktober sein, wo man die grosse Verlagerung beobachten wird, so dass jedermann glaubt, die Schwerkraft der Erde habe ihre natürliche Bewegung verloren und die Welt sei in ewige Finsternis geschleudert"

Mit der „Sonnenfinsternis" im Monat Oktober ist wohl eher das Sonnenwunder von Fatima am 13. Oktober 1917 gemeint, das der „Oktoberrevolution" vom 6./7. November 1917 unmittelbar vorausging.

Auf sie geht Nostradamus auch in seinen Vierzeilern und Voraussagen ein. Für ihn war sie, nach der französischen Revolution, der zweite grosse Schritt der Menschheit in den Abgrund, auf einem Weg, der in einer Katastrophe enden muss. Auf die „unfruchtbare Dame", die Republik, folgt „die elende Tochter" der französischen Revolution, die russische Revolution, aus der „das neue Babylon", die Sowjetunion entstand:

„Vom Slawenvolk hört man Gesänge, Lieder und Bitten.
Solange Fürsten und hohe Herren Menschen ins Gefängnis warfen:
In Zukunft geschieht das durch Dummköpfe ohne Verstand,
ihre Worte werden wie göttliche Offenbarungen aufgenommen." (I/14)

Die Sowjetpropaganda machte LENIN zum „Genie der Revolution", Stalin liess sich als „Koryphäe der Wissenschaft" feiern. Der Personenkult nahm unter seiner Herrschaft Ausmasse an, die sich nur noch mit dem Führerkult im nationalsozialistischen Deutschland vergleichen lassen. Nostradamus nennt in seinen Voraussagen konkret die Oktoberrevolution als Geburtsstunde der Sowjetunion. Und er erwähnt die Hinrichtung der Zarenfamilie, die so lange ungeklärt blieb:

„Oktober: Hier ist der Monat, der so fürchterlich ist durch die Schrecken, die er bringen wird. Alle unter der roten Fahne werden Tod, Krankheit, Hungersnot und Bürgerkrieg hervorrufen. Die Gegner werden zum Exil verurteilt werden, und man wird den Tod der Grossen, der ein Geheimnis bleiben wird, nicht überprüfen können." (Vorhersage 89)

Dass er tatsächlich auch in der von mir oben zitierten Stelle aus seinem Brief an König Heinrich II. auf die Schrecken der bolschewistischen Revolution bezug nimmt, geht aus den nächsten Zeilen hervor:

„Dem Ereignis im Frühling vorausgehend und in seiner Folge kommt es zu aussergewöhnlichen Veränderungen, Königreiche werden umgestürzt, die Erde wird erschüttert, das neue Babylon steigt empor, die elende Tochter, gestärkt durch die Schändlichkeit des ersten Brandopfers; bestehen wird sie nur 73 Jahre und 7 Monate, dann wird aus dem Stamm von jener, die so lange unfruchtbar war, vom 50. Grad her der aufsteigen, der die ganze christliche Kirche erneuern wird."

Mit dem „Ereignis im Frühling" ist eindeutig die Abdankung von Zar Nikolaus II. am 15. März 1917 als Folge der St. Petersburger Märzunruhen und der Machtübernahme des Arbeiterrates (Sowjets) gemeint. Zu dieser Zeit tobte in Europa noch der erste Weltkrieg, durch den es in Russland zu verheerenden Versorgungsengpässen kam, und so ist es völlig korrekt, zu schreiben, dass die Sowjetunion aus der *„Schändlichkeit des ersten Brandopfers (Weltkriegs)"* geboren wurde. Fast auf den Tag genau 73 Jahre und 7 Monate nachdem der dritte Sowjetkongress am 25. Januar 1918 die „Russische Sowjetrepublik" als „Föderation nationaler Sowjetrepubliken" gründete, nämlich am 24. August 1991, trat Michail Gorbatschow als Generalsekretär der Kommunistischen Partei der Sowjetunion zurück. Hier also zog Nostradamus ganz deutlich den Bogen in unsere Zeit, in die Neunziger Jahre des 20. Jahrhunderts. Wer aber ist dann der grosse Erneuerer der „ganzen christlichen Kirche", der aus einem „so lange unfruchtbaren" - d.h. machtlosen, unterdrückten - „Stamm" sprich Volk und „vom 50. Grad her" aufsteigen wird? Ein Blick in den Atlas verrät uns, dass der 50. Breitengrad etwa auf der Linie Amiens-Mainz-Prag-Krakau verläuft - und eben aus Krakau stammt der Mann, der tatsächlich die Kirche speziell in Osteuropa wie kein anderer erneuerte und den man mit gutem Recht als die Schlüsselfigur im Vorfeld der Öffnung des Ostens bezeichnen kann: Papst Johannes Paul II., der polnische Pontifex, der vor dem historischen Konklave von 1978 Erzbischof von Krakau war! Seit seiner Wahl zum Papst war Karol Wojtyla zum Hoffnungsträger für die Menschen in Osteuropa und insbesondere die unabhängige polnische Gewerkschaft Solidarnosc (Solidarität) geworden. Die Danziger Werftarbeiter waren sich seiner Unterstützung sicher, als sie 1980 streikten und ein Zeichen setzten, dem sich auch die Kommunisten beugen mussten. Mehr noch, er vermittelte offen, als es im Frühjahr 1988 erneut zu einer Streikwelle in Polen kam, ein Funke, der sich bald zu einem Steppenbrand ausbreitete, und Unruhen in ganz Osteuropa auslöste, in deren Folge die kommunistischen Regimes, eines nach dem anderen, wie Dominosteine fielen. Kein Papst der Geschichte hat so tiefgreifend die Welt verändert wie Karol Wojtyla aus Krakau. Eben diese Ereignisse, die grosse Wende der Jahre 1989-91 aber hatte Nostradamus vorausgesagt:

„Und grosser Friede, Einigkeit und Eintracht werden zwischen einigen der Kinder der durch verschiedene Herrschaft erschütterten und getrennten Parteien bestehen: ein solcher Friede wird dann geschlossen werden, dass die Begründer und Förderer der Kriegspartei, die die Verschiedenheit der Religionen (Ideologien) als Vorwand für ihre Kriege benutzten, in dem tiefsten Abgrund angekettet werden. Das Reich des Tollwütigen, der den Weisen spielte, wird dann wiedervereinigt werden."

Schon 1984 schrieb ich: „Der *'Tollwütige, der den Weisen spielte'*, das ist Adolf Hitler, sein Reich ist Deutschland - Nostradamus prophezeit die Wiedervereinigung." Das war damals noch in weiter Ferne, unvorstellbar ebenso die weltweite Euphorie, als die Mauer fiel und ein „Wind der Veränderung" durch Europa wehte: Die alten kommunistischen Regimes wurden 1989-91 in meist friedlichen Revolutionen entmachtet, die ersten freigewählten Parlamente bildeten die Regierungen, während den alten Machthabern in nicht wenigen Ländern der Prozess gemacht wurde. Es war eine Zeit des Aufbruchs, der Hoffnung, des tiefen Vertrauens, dass jetzt endlich Frieden auf dem kriegsgebeutelten Kontinent Europa einkehren würde. Auch die Religion kam wieder zu ihrem Recht. Die Zahl der zugelassenen neuen Kirchengemeinden stieg von dreien im Jahre 1985 auf 2815 in den ersten neun Monaten des Jahres 1989 an. Am 14. Oktober 1990 wurde die erste orthodoxe Messe seit der Oktoberrevolution in der Basiliuskathedrale auf dem Roten Platz in Moskau gefeiert. Die erste Reise von Papst Johannes Paul II. nach Polen im Juni 1991 wurde zu einem regelrechten Triumphzug:

„Die Länder, Dörfer, Städte, Reiche und Provinzen, die den ersten Weg (Monarchie) verlassen haben, um sich zu befreien, und die sich damit selbst in eine viel tiefere Knechtschaft (Kommunismus) begaben, werden heimlich dieser Freiheit (Wertlosigkeit) überdrüssig sein. Sie werden beginnen, nach dem völligen Verlust der christlichen Religion, abgestossen von der linken Seite, sich nach rechts zu wenden. Die lange unterdrückte Geistlichkeit wird zusammen mit der heiligen Schrift wieder in ihre alten Ehren eingesetzt werden, so dass, nachdem auf den grossen Hund (Lenin) der grösste Bluthund folgen wird (Stalin), der alles zerstört, auch das, was vorher fortbestanden hatte, die Tempel wieder wie zu alten Zeiten errichtet werden und die Geistlichkeit ihren ursprünglichen Stand zurückerlangt..."

Tatsächlich war der Neubau der Dreifaltigkeitskathedrale von Moskau das grösste und ehrgeizigste Bauprojekt der russischen Metropole in den Neunzigern. Dabei wirft der Seher kein gutes Licht auf den orthodoxen Klerus: *„...doch diese wird beginnen, zu huren und zu prassen und tausendfach Unrecht zu tun.“*

Ich muss gestehen, dass ich 1984 nur ahnen konnte, was diese Zeilen bedeuteten. Ich verstand, dass Nostradamus das Ende des Kommunismus und die Wiedervereinigung Deutschlands prophezeite, aber ich wusste auch, dass er eine Invasion aus dem Osten voraussagte. So schloss ich, obwohl dies so nicht in seinem Text stand, dass dieser Einmarsch, der dritte Weltkrieg, der Wende vorausgehen müsse. Mein Irrtum zeigt: Nostradamus ist so präzise, dass es gefährlich ist, ihn interpretieren zu wollen; am Ende kommt doch alles so, wie er es prophezeite. Daher halte ich mich in dieser revidierten Neuausgabe von 1998 an seinen genauen Wortlaut. Denn erst jetzt ist erkennbar, wie genau er die Weltlage zu Ende des 20. Jahrhunderts kannte und analysierte.

Der grosse Seher beschreibt die moderne Welt in allen Einzelheiten. Er stellt die Errungenschaften und Gefahren moderner Technik dar, weiss vom Vormachtstreben der beiden Grossmächte und beschreibt, wie der neue Krisenherd im Nahen Osten entsteht. Das Frankreich de Gaulles, des „Galliers“, wie er ihn nennt, ist ebenso Thema wie das Schicksal der Kennedy-Brüder, der verstärkte Einfluss der Araber in Europa, die Attentate auf Päpste und Präsidenten. Er warnt uns aber auch, dass Wirtschaftskrisen und Naturkatastrophen zu revolutionären Unruhen führen können, dass falsches Gerede vom Frieden nur Kriegsvorbereitungen deckt, dass alles auf einen dritten Weltkrieg hinausläuft.

„Sind die Plagen vorüber, wird kleiner die Welt;
eine lange Zeit werden die Menschen friedlich leben in ihren Ländern.
Sie werden sicher reisen am Himmel, über Land und Meer,
doch dann werden wieder beginnen die Kriege.“ (I/63)

Nostradamus lässt keinen Zweifel daran, dass der Nahe Osten der entscheidende Krisenherd unserer Zeit ist. Mit der Gründung des Staates Israel 1948 wurde die alte biblische Prophezeiung erfüllt, dass Gott am Ende aller Tage sein Volk wieder im Gelobten Land sammelt. In Details schildert der Seher die Gründung des Staates Israel mit all seinen Geburtswehen und die arabische Aggression gegen den Judenstaat:

„Neuankömmlinge werden in ein Land kommen, ohne es erobern zu müssen,
werden aus unfruchtbaren Ländern Felder machen.
Häuser, Felder und Städte werden mit Feuer aufgebaut
bis Not, Seuchen und Kriege mit den Arabern sie lange von der Arbeit abhalten.“
(I/19)

Ihr ursprüngliches Staatsgebiet bekamen die jüdischen Siedler auf Beschluss der UN-Vollversammlung zugeteilt. Doch dieses Land genügte ihnen bald nicht mehr. Im

Sechstagekrieg (5.-10. Juni 1967) besetzte Israel die Halbinsel Sinai, das Westjordanland und die Golanhöhen.

„Durch ein neues Gesetz werden neue Gebiete
in der Gegend von Syrien, Judäa und Palästina besetzt werden.
Noch bevor die Sonne ihren Umlauf beendet hat
(vor der Sommersonnenwende am 21. Juni)
wird die Macht der Araber zusammenbrechen." (III/97)

Es folgte sechs Jahre später der arabische Gegenschlag, der Yom-Kippur-Krieg. Am 6. Oktober 1973 war ganz Israel in den Synagogen versammelt, um Yom Kippur, das Sühnefest, zu feiern. Am Mittag heulten die Sirenen: Fünf ägyptische Divisionen überrannten die israelischen Grenzbefestigungen der Bar-Lav-Linie. Gleichzeitig griff im Norden Syrien an. Der Konflikt forderte 3000 Todesopfer. Er bedeutete für Israel eine so tiefe Wunde, dass die legendäre Premierministerin Golda Meir sich nach schärfsten Kritiken aus eigenen Reihen im April 1974 genötigt fühlte, zurückzutreten:

„Das Volk, das alle Schicksalsschläge überwunden
und weder Feuer noch Wasser gescheut hat,
wird in dem Land so nah der Wiege des Christentums
durch einen Angriff Ägyptens überrascht werden...
Die Republik (Israel) wird trauern wegen des Todes (der israelischen Soldaten);
die Mutter und Schützerin (Golda Meir) wird wegen des vergossenen Blutes die Macht aus den Händen geben.
Sie wird mit ihrem Minister (Mosche Dayan) dafür verantwortlich gemacht werden, dass Kinder zu Waisen wurden.
Von den Ägyptern werden die Festungen, Dörfer und Städte überrascht werden.
Doch Gott der Allmächtige wird sie vor dem Schlimmsten bewahren."
Wie durch ein Wunder erlitt Israel keinen noch grösseren Schaden. Aber für Nostradamus war der Yom-Kippur-Krieg mehr als ein Schlag gegen den Judenstaat gewesen. Für ihn war er der Anfang eines Krieges gegen Israel, der - so der Prophet- 27 Jahre, bis 1999, dauern wird:
„Der dritte Antichrist (die arabische Welt - der erste Antichrist war Stalin, der zweite Hitler) wird es (Israel) dreimal überfallen,
27 blutige Jahre wird sein Krieg dauern.
Die Ungläubigen tot, gefangen, im Exil.
Das Blut menschlicher Körper rötet das Wasser,
(Bomben)Hagel fällt auf die Erde." (VIII/77).

Mit dem zweiten Überfall ist möglicherweise der Angriff Israels durch irakische Scud-Raketen während des Golfkrieges im Januar 1991 gemeint. Der dritte Angriff steht noch aus.

„Die unfruchtbare Synagoge (das verfolgte Judentum)
wird aufgenommen zwischen den Ungläubigen (Arabern).
Von der Tochter Babylons (Irak) droht ihr Verfolgung.
Unglück und Trauer werden ihre Flügel stutzen." (VIII/96)

Es gibt noch einen zweiten Hinweis darauf, dass der Konflikt Ende 1999 seinen Höhepunkt erreichen könnte. Dabei nimmt Nostradamus die Annäherung der USA und der damaligen UdSSR zum Zeitmassstab, als deren Ausgangspunkt der Washingtoner Gipfel vom Dezember 1987 gerechnet werden darf. Der „persische Führer" ist entweder ein fanatischer Khomeini-Nachfolger oder Saddam Hussein, denn auch der Irak war in der Antike Teil des Persischen Reiches:

„Die zwei werden nicht lange verbündet sein.
Innerhalb von 13 Jahren werden sie sich dem Barbarismus des persischen Führers beugen.
Das wird zu grossen Verlusten auf beiden Seiten führen." (V/78)

Auch der vielleicht berühmteste Vers des Sehers verweist auf einen Krieg im Sommer 1999:

„Im Jahre 1999, im siebten Monat (nach dem julianischen Kalender)
erscheint am Himmel ein grosser Schreckenskönig (Sonnenfinsternis).
Er wird den grossen König der Mongolen wiedererstehen lassen,
davor und danach wird Krieg herrschen." (X/72)

Über diesen Vierzeiler und die Natur des „Schreckenskönigs" ist viel gerätselt worden. Dabei ist die Lösung so einfach. Denn wenn Nostradamus ein grosses Himmelsereignis irgendwann im „Juli 1999" ankündigt, dann liegt nichts näher, als dass er damit die grosse europäische Sonnenfinsternis meint, die sich am 11. August 1999 ereignen wird - dem 29. Juli nach dem julianischen Kalender! Da der Gregorianische Kalender erst 1582 eingeführt wurde - also 16 Jahre nach dem Tod des Propheten - ist sicher, dass er das Ereignis nach dem „alten" Kalender berechnete. Für die Menschen seiner Zeit war eine Sonnenfinsternis der „König aller Schrecken", ein Vorzeichen für Unheil. Bei dem „grossen König der Mongolen" könnte es sich um einen neuen russischen Staatschef handeln, der das Riesenreich zu neuer Grösse führen will. Der letzte Satz spricht für sich selbst.

Auch das Ringen um den Frieden in Nahost wird von Nostradamus beschrieben. So würdigt er die Friedensbemühungen des ermordeten ägyptischen Staatspräsidenten Anwar el-Sadat, der den ersten Friedensvertrag mit Israel unterzeichnete und damit die offizielle Kriegserklärung der arabischen Staaten aufhob, die diese bei der Gründung des Judenstaates im Jahre 1948 ausgesprochen hatten:

„Der falsche Wirbel, der den Unsinn verbirgt, wird in Byzanz (Vorderasien) eine Änderung des Gesetzes (UN-Beschluss) fordern.

Von Ägypten wird ein Mann ausgehen, der darauf besteht, dass man dieses Edikt (Kriegserklärung) zurücknehmen wird. Er wird die Werte und Normen verändern." (I/40)

Ob sich der folgende Vers auf Sadat oder den ebenfalls ermordeten israelischen Ministerpräsidenten Yitzhak Rabin bezieht, wissen wir nicht:

„Der unsinnige Zorn des wütenden Kampfes wird die Brüder veranlassen,
endlich ihre Waffen auf den Tisch zu legen (zu verhandeln):
Doch seltsam (angesichts ihres Friedenswillens*), einer wird tödlich verwundet..."*
(II/34)

Ganz gewiss auf das unvollendete Friedenswerk Rabins bezieht sich der folgende Vers:

„Der Grosse wird fallen, ehe sein Werk vollendet ist..."

Was darauf folgt, verrät uns der folgende Vers. Aufgrund von Verträgen mit den Palästinensern müssen von jüdischen Siedlern bewohnte Gebiete geräumt werden. Die Regierung Netanyahu reagiert darauf mit immer neuen Provokationen, die schliesslich zur Eskalation führen. Die Friedensgespräche scheitern, die Folge ist ein Krieg:

„In einem stark umstrittenen Gebiet (Westjordanland)
werden die bewohnten Gebiete unbewohnbar sein.
Die Regierungsmacht wird Unfähigen übertragen werden,
Tod und Zwietracht wird herrschen zwischen Brüdern (Juden und Palästinensern)."
(II/95)

Auch die anderen Protagonisten in dem kommenden Kampf um Israel beschreibt Nostradamus, nämlich den Irak und den Iran. Dabei nennt er ausdrücklich den Golfkrieg von 1991 als Vorspiel der kommenden Katastrophe, der wiederum eine Folge des Irak-Iran-Konfliktes war, der von 1980 bis 1988 andauerte. Saddam Hussein war nach diesem achtjährigen Krieg finanziell so ausgeblutet, dass er die Weltbank und seine Nachbarländer um einen Milliarden-Kredit bat. Als ihm dieser nicht gewährt wurde, holte er sich das Geld und marschierte in Kuwait ein:

„Ausgelöst durch die Gegensätze in den Gegenden von Babylon
entsteht ein grosses Blutvergiessen.
Unheil zu Land, im Meer, in der Luft und am Himmel.
Hunger, Herrschaften, Seuchen, Durcheinander." (I/55)

„Er wird einziehen, hässlich, böse, niederträchtig
und Mesopotamien (Irak) tyrannisieren.
Er macht alle zu Freunden der ehebrecherischen Dame
(des Islam, der die Polygamie erlaubt).
Über dem Land liegt das schreckliche, schwarze Gesicht." (VIII/70).

Es ist unklar, ob sich der letzte Vers auf Saddam Hussein oder seinen ehemaligen Kriegsgegner Ayatollah Khomeini bezieht. Tatsächlich war Khomeinis „Islamische Revolution" im Iran Auslöser von fundamentalistischen Bestrebungen in allen Moslem-Staaten. Und genau aus dieser Stimmung zog Saddam Nutzen, als er zum „Heiligen Krieg" gegen die Amerikaner aufrief. Dabei ist es eine Ironie der Geschichte, dass gerade Hussein vom Westen Waffenhilfe erhielt, um gegen den Mann zu kämpfen, dessen religiösen Fanatismus er bald darauf zu kopieren schien: Eben Ayatollah Khomeini, der durch die Geiselnahme in der US-Botschaft in Teheran 1979 schon sehr früh seinem militanten Anti-Amerikanismus Ausdruck verlieh. Da die Entwicklung im Iran nicht wenig im Vorfeld der Golfkrise bewirkt hat, widmet ihr Nostradamus gleich drei Vierzeiler:

„Revolution, Hunger und Krieg werden in Persien kein Ende nehmen,
wenn der allzugrosse Glaube den Monarchen verrät,
dessen Ende in Frankreich beginnen wird durch einen Propheten,
der sich an einen versteckten Ort zurückgezogen hat." (I/70)

Als in Persien die Revolution ausbrach, hielt sich der Ayatollah noch in seinem Reihenhaus in Neauphle-le-Chateau bei Paris versteckt, ehe er am 1. Februar 1979 inTeheran eintraf. Tatsächlich war es das einfache und tiefgläubige Volk, das sich mit der Reformpolitik des westlich orientierten Schahs Reza Pahlevi nicht identifizieren konnte, stattdessen sein Heil wieder in der Religion der Väter suchte. Der Schah, der seinen Sohn als seinen Nachfolger auf dem Pfauenthron sehen wollte, konnte der Revolution nicht Herr werden. Der religiöse Fanatismus hatte die Menschen verblendet, die von ihm ernannte Militärregierung unter General Azhari verhärtete die Fronten nur.

Doch Khomeini brachte seinem Volk weder Frieden noch Wohlstand. Seit seiner Machtergreifung ist das Land nur ärmer geworden, in einigen Provinzen wurde wieder gehungert. Naturkatastrophen vergrösserten das Elend. Hinzu kamen die Säuberungsaktionen des Regimes, der Krieg gegen die Nachbarn. Auch nach seinem Tod änderte sich daran nur wenig.

„Durch die Verachtung, die man dem König (Schah) entgegenbringt,
wird seine Widerstandsmöglichkeit geschwächt sein.
Es wird ihm schaden, wenn er die Waffen einsetzen will, durch die der Vater auf die Würde (den Nachfolgeanspruch) seines Sohnes hinweisen wollte.
Es wird in Persien so gehandelt, wie die Priester es wollen." (X/21)

„Lange erwartet (im Iran) wird er nie mehr
nach Europa zurückkehren, wenn er in Asien erscheint.
Als geweihter Priester des Islam
wird er (Khomeini) alle Könige des Orients überragen." (X/75)

Und dann kam der Golfkrieg.

„Eines Tages werden die beiden grossen Mächte (Grossmächte) Freunde werden.

Ihre Macht wird sich noch steigern.
Das neue Land (USA) wird auf dem Höhepunkt seiner Macht sein,
wenn der Mann des Blutes die Zahlen (der Gefallenen) meldet.“ (II/89)

Nostradamus datiert den Konflikt ziemlich genau. Er sagt, es wird die Zeit nach dem Ende des Kalten Krieges, d. h. nach dem Dezember 1987 (Washingtoner Gipfel) sein. Tatsächlich befanden sich die USA unter dem säbelrasselnden Republikaner Bush auf dem Höhepunkt ihrer Macht, und tatsächlich forderte der Golfkrieg auf irakischer Seite Millionen Tote. Doch in seinem Brief an König Heinrich II. wird der Seher noch präziser. Er lässt den Aufmarsch „der Machthaber und Superheere“ „zugunsten der freien Stadt“ unmittelbar auf die deutsche Wiedervereinigung („Das Reich des Tollwütigen... wird wieder vereinigt werden“) und die Selbstbefreiung Osteuropas folgen! So heisst es, unmittelbar folgend auf seine oben zitierte Kritik am orthodoxen Klerus:

„Und so nähert sich neues Unheil; dann nämlich, wenn die Welt in höchster und erhabenster Würde erstrahlt, rüsten die Machthaber und die Superheere... (und) wird sie (die Welt) sich unter den Schutz des (Kriegsgottes) Mars stellen und Jupiter (Frieden und Wohlstand) aller Ehren und Würden berauben - alles zugunsten der freien Stadt, die in einem anderen kleinen Mesopotamien gegründet wurde...

Zur grossen Schande der Niederträchtigen werden die Greueltaten bestritten. Die Enthüllungen bleiben im Nebel des getrübten Lichts.“

Die „freie Stadt“ ist natürlich das kleine, unabhängige Kuwait. Kuwait, das „kleine Mesopotamien“, liegt an der Mündung von Euphrat und Tigris und ist, geographisch gesehen, eine Verlängerung des Irak an die Golfküste, ein Teil Mesopotamiens, der unter britischem Protektorat stand, bis er 1961 in seine volle Unabhängigkeit entlassen wurde.

Die Führer der westlichen Welt waren bereit, das Risiko eines eskalierenden Golfkrieges inmitten einer Friedensepoche auf sich zu nehmen. Dabei war der Golfkrieg ein Krieg der totalen Medienkontrolle. Trotz der völligen Verwüstung des Irak durch amerikanische Bomben zeigten die westlichen Fernsehprogramme nicht die Opfer, darunter Millionen Zivilisten, sondern nur die Computerspiele der Zerstörungsmaschinen. Weitere Details zum Golfkrieg liefern die Vierzeiler des Propheten:

„Über die freie Stadt des grossen islamischen Meeres (Golf)
die noch den Stein im Magen trägt,
kommt die englische Flotte im Schutz des Nebels
um mitzumischen bei der grossen Eröffnung des Krieges.“ (V/35)

„Die freie Stadt“ ist auch hier wieder Kuwait. „Die noch den Stein im Magen trägt“, verweist wohl auf den schwarzen Stein der Kaaba zu Mekka und damit auf die Grenzlage Kuwaits zwischen dem Irak und Saudi-Arabien. Ob nun mit der „englischen Flotte“ die US-Flotte - zur Zeit des Nostradamus waren Teile

Nordamerikas britisches Kolonialgebiet - oder die ihrer britischen Verbündeten gemeint ist, sei dahingestellt.

„Die grosse Bande und die Partei, die das Kreuz trägt,
stellen sich in Mesopotamien (Irak) auf.
Vom nahen Fluss (Euphrat) tauchen leichte Truppen auf.
Sie sehen in diesem Gebiet ihren Feind.“ (III/61)

... heisst es weiter über den Vormarsch der alliierten Landtruppen. Die modernen Kreuzritter sind natürlich die Amerikaner, die sich zum Sheriff der Welt, zum Hüter der „neuen Weltordnung“ ernannt haben und deren Präsident George Bush tatsächlich mit Kreuzzugsparolen aufwartete.

„Viele Menschen werden kommen
um mit den grossen Politikern zu sprechen,
die den Krieg gegen sie planen.
Sie werden nicht angehört werden.
Wehe! Wenn nicht Gott der Welt den Frieden bringt.“ (VIII/104)

Alle Bemühungen der Friedensbewegung, alle Versuche zur Vermittlung verliefen erfolglos. Nostradamus spielte auf den Slogan „kein Blut für Öl“ an, als er schrieb:

„Der Preis für den sabäischen Tropfen (Erdöl)
wird seinen Höchststand erreichen,
Menschenfleisch wird während des Sterbens
zu Asche verbrannt.“ (V/16)

Mit der Präzision eines Kriegsberichterstatters schildert der Prophet die nächtlichen Luftschlachten, die Bombardierung Bagdads, die Explosionen, die Angst vor dem Giftgas. Zutreffend ist auch seine Beschreibung der Gasmaske, die fast schon zum Symbol des Golfkrieges wurde: „Ein Wesen, halb Schwein, halb Mensch.“

„Nachts glauben sie, die Sonne gesehen zu haben,
wenn man das Wesen, halb Schwein, halb Mensch, wahrnimmt.
Lärm,. Gesang. Man beobachtet, wie am Himmel eine Schlacht geschlagen wird
und brutale Bestien hört man sprechen.“ (I/64)

Da Nostradamus in den folgenden Zeilen seines Briefes die Ereignisse einer kommenden Weltkatastrophe schildert, ist anzunehmen, dass der Golfkrieg der letzte internationale Konflikt war, der dieser vorausging. Das hiesse, dass der Countdown für Harmageddon seit 1991 läuft. In seinen Vierzeilern finden wir dagegen noch den Hinweis, dass unmittelbar nach dem Golfkrieg in „Dalmatien“ ein Bürgerkrieg ausbrechen wird:

„Im (durch die Ölpest) schwarz gefärbten Meer der islamische Konflikt,
wenn das Blutvergiessen Dalmatien erbeben lässt,
wenn der Anführer der Moslems
seinen grossen Sieg feiern wird.“ (IX/60)

Tatsächlich versuchte Saddam Hussein, seine Niederlage im Golfkrieg seinem Volk als Sieg zu verkaufen. Fast zeitgleich, im Januar 1991, entsandte Belgrad bewaffnete Milizen nach Kroatien: Der Balkankrieg, der zur Teilung Ex-Jugoslawiens führte, begann.

Was prophezeit Nostradamus für die Jahrtausendwende? Welcher Krieg wird um 1999 toben? Schauen wir wieder in den prophetischen Brief an König Heinrich II., so finden wir vier Ereignisse vorausgesagt:

1. Einen allgemeinen Glaubensabfall. Eben das war auch Thema der „dritten Botschaft" von Fatima: „Satan wird in die höchsten Ränge der Kirche eindringen", Bischöfe und Kardinäle gegeneinander aufwiegeln. Bei Nostradamus lesen wir: *„Den Schlüsseln der Kirche wird es an der Liebe Gottes mangeln, und mehrere unter ihnen werden vom wahren Glauben abfallen, und von den drei Sekten (Katholiken, Orthodoxe, Kopten) wird die mittlere durch ihre Priester in Verfall geraten. Die erste gänzlich in Europa, die dritte im grössten Teil Afrikas durch die Armen im Geiste (Moslems) ausgerottet..."*

2. Soziale Unruhen: „Der Plebs wird sich dauerhaft erheben, wird die Anhänger der Gesetzgeber verjagen..."

3. Den dritten Weltkrieg: „...und es wird scheinen, als seien die Königreiche durch die Ostvölker geschwächt, als habe Gott der Schöpfer Satan aus dem Höllengefängnis befreit, um den grossen Gog und Magog entstehen zu lassen, welcher eine so abscheuliche Spaltung der Kirchen verursachen wird, dass Rote und Weisse zu keinem Urteil finden können, weil ihnen Augen und Hände fehlen; die Macht wird ihnen strittig gemacht werden. Dann wird die Kirche mehr Verfolgungen erleiden als je zuvor. und während dieser Ereignisse wird sich eine so grosse Seuche ausbreiten, dass zwei Drittel der Menschheit umkommen werden; (Einsatz von Giftgas? Atomkrieg?) dergestalt, dass man nicht mehr erkennen wird, wem die Felder und Häuser gehören, und auf den Strassen der Stadt das Gras kniehoch stehen wird: die Geistlichkeit wird jeder Art von Unheil ausgesetzt sein, und die Krieger werden sich dessen bemächtigen, was aus der Sonnenstadt (Paris), von Malta und den Stöchaden gekommen ist, und die grosse Kette des Hafens, der seinen Namen vom Seestier hat (Marseille), wird geöffnet werden. Und man wird einen neuerlichen Einfall an der Meeresküste unternehmen, um Castulum (Spanien) von der ersten Einnahme durch die Mohammedaner zu befreien."

4. Im Zentrum des dritten Weltkriegs wird der Kampf um Israel stehen: „Und ihre (der Araber) Angriffe werden nicht erfolglos sein, und der Ort, der einstmals von Abraham bewohnt wurde (Israel) wird von Männern erstürmt werden, die die Jovialisten verehren. Und jene Stadt Achem wird von allen Seiten von starken Heeren umzingelt und angegriffen. Ihre Seestreitkräfte werden durch die Völker des Westens geschwächt werden. Und über dieses Reich werden grosse Verwüstungen einbrechen, und die grössten Städte werden entvölkert werden, und

wer hier einrückt, wird der Rache des erzürnten Gottes nicht entgehen. Und das Grab, das Stätte grosser Verehrung ist (das hl. Grab in Jerusalem), wird lange Zeit unter offenem Himmel liegen, und Sonne und Mond werden darauf scheinen. Und der heilige Ort wird zum Stall für grosse und kleine Herden gemacht und für profane Dinge hergerichtet werden."

5. Der Krieg wird eskalieren, es kommt zum Einsatz von Atomwaffen: „In welch unheilvolle Bedrängnis werden die schwangeren Frauen geraten! Und es wird die Mehrheit der Hauptführer des Ostens (Russland) in Unruhe versetzt und von den Völkern des Nordens und Westens (NATO) geschlagen und gemordet; die Besiegten werden getötet und in die Flucht getrieben und die Kinder vieler Frauen gefangen, so dass sich die Prophezeiung des Königlichen Propheten erfüllt: Auf dass er die Klagen der Gefangenen höre und die Söhne der Getöteten befreie.

„Gross wird nun die Unterdrückung der Fürsten und Gouverneure des Königreiches sein, auch die derer am Meer und im Osten, und ihre Sprachen werden vermischt zu einer grossen gemeinen Sprache... und alle Könige des Ostens werden verjagt, besiegt, vernichtet, nicht allein durch die Heere der Könige aus dem Norden... und dann werden zwei Heere aus dem Norden die Völker des Ostens besiegen, und dieses Ereignis wird so viel Lärm und kriegerischen Aufruhr bringen, dass der ganze Osten in Angst vor diesen Brüdern erzittern wird, die keine Brüder des Nordens sind."

Damit endet die Prophezeiung für König Heinrich II., es folgen allgemeine Ausführungen zur Astrologie, aber auch nochmalige Erläuterungen der Prophezeiung, wobei es heisst:

„Kurz vor dem 7. Jahrtausend (seit Erschaffung der Welt, nach damaliger Vorstellung ca. 4000 v.Chr., gemeint ist also etwa das Jahr 2000!) *wird die Heilige Kirche Jesu nicht mehr von den Ungläubigen aus dem Norden (Italiens, also Russland) bedrängt sein; dann nähern sich auf der Welt grosse Feuersbrünste; wie aus meinen Berechnungen und Weissagungen aber zu sehen ist, besteht die Welt noch viel länger."* Es droht also nicht das Ende der Welt, im Gegenteil, Nostradamus sieht eine tausendjährige Friedenszeit voraus:

„Dann schliesst Gott mit den Menschen einen allgemeinen Frieden, und dieser wird ungefähr 1000 Jahre dauern; die Macht der Kirche wird auf ihrem Höhepunkt sein, bis sie dann wieder uneins werden wird."

Diese Rekonstruktion der Ereignisse entspricht dem, was Nostradamus-Experten schon vor Jahren aus den Vierzeilern des Propheten rekonstruierten. Bereits vor 40 Jahren wiesen sie darauf hin, dass der dritte Weltkrieg in Israel ausbrechen könnte:

„Der Anlass zum Krieg zwischen Ost und West wäre im Nahen Osten gegeben", erklärte schon 1959 der führende französische Nostradamus-Exeget Dr. Max de Fontbrune. Und er fügte hinzu: „Im Irak, Iran oder in Palästina".

In seinem ersten Buch von 1938 hatte Dr. de Fontbrune bereits korrekt einige Ereignisse des 2. Weltkriegs, den Einmarsch der Deutschen in Frankreich und die

Rückkehr General de Gaulles vorausgesagt, ein Grund, weshalb sein Buch unter den Nazis verboten und er auf die „schwarze Liste“ der Gestapo gesetzt wurde.

In seinem letzten Aufsatz, der Zusammenfassung der uns bevorstehenden Ereignisse vom 20. Februar 1959, deutete er Nostradamus wie folgt:

„Die Hauptereignisse der bevorstehenden Weltkrise: allgemeine Kriege und Revolutionen, die völlige Zerstörung von Paris durch Feuer und die Zerstörung eines Teil von Marseille durch eine Flutwelle, grosse Erdbeben, eine Pestepidemie, der zwei Drittel der Menschheit zum Opfer fallen, die Vertreibung des Papstes aus Rom, eine Kirchenspaltung und in Frankreich eine Verschwörung gegen das rote Regime...

Anscheinend beginnen diese Ereignisse mit einem Krieg zwischen Ost und West... Es ist sehr wahrscheinlich, dass dieser Krieg wie jener von 1939-45 in zwei Phasen ablaufen wird. Die zumindest in Europa siegreichen Roten schieben ihre Machtsphäre bis Frankreich vor, diktieren einen Frieden und sagen der Kirche und dem Papst, der gerade noch rechtzeitig fliehen kann, den Kampf an.

In diesem Augenblick erscheint ein Komet, der so nahe an der Erde vorbeizieht, dass sie seinen mit Steinen geladenen Schweif durchzieht.

Diese Meteoriten, die wunderbare Rache des Himmels, stürzen an den Orten zur Erde, wo die Truppen der Roten Revolution und die russische Flotte im Mittelmeer konzentriert sind... die feindliche Marine ist mit einem Schlag vernichtet. Gleichzeitig wird eine revolutionäre Armee im Viereck Auch, Condom, Lectoure und Mirande zermalmt.

Nach diesen Katastrophen, die die Kampfmoral der Franzosen wieder stärken, beginnt der Krieg von Neuem: eine französische Armee kann die Provence zurückgewinnen. Sie kommt von Spanien über den Le-Perthus-Pass und die Rhone aufwärts und jagt die feindlichen Truppen im Laufschritt vor sich her...

Vermutlich gehört die Zerstörung von Paris zur zweiten Phase des Konfliktes, kurz bevor der Papst aus Rom vertrieben wird. Die Erdbeben (im Frühling) tragen zur Niederlage des Feindes bei.“

Dr. de Fontbrune ist nicht der einzige bedeutende Nostradamus-Forscher der die Verse des Propheten so deutet. „Nach Ansicht von Pater Innocent Rissaut“, zitiert A. Voldben den namhaften italienischen Nostradamus-Exegeten, „werden rote Revolutionstruppen zehn Monate lang die Oberhand gewinnen. Sie werden Norditalien, Sizilien, Spanien, Deutschland bis an den Rhein und dann Frankreich besetzen. Paris wird in Brand gesteckt und für immer vernichtet werden. In den roten Armeen werden sich ausser Russen auch Deutsche, Türken und Araber befinden. Rom wird verwüstet werden. Geistliche werden niedergemetzelt. Der Papst wird in Gefangenschaft gesetzt werden und beim Brand des Vatikans sterben. Auch ein Kardinal wird getötet werden“, so der Pater Rissaut 1948. Und er ist sich sicher, dass der dritte Weltkrieg zum Atomkrieg eskaliert: „Der fürchterliche Krieg wird vom Norden und vom Osten ausgehen und zwei Jahre dauern. Raketen werden eingesetzt werden. Nachdem die zehn Siegesmonate der östlichen Eroberer vorbei sein werden, wird eine neue Waffe in Aktion treten: 'Der Blitz aus dem Himmel', wie Nostradamus sie nennt, und sie wird die wichtigsten Städte Amerikas, Englands, Russlands und der Balkanstaaten verwüsten. Der Krieg zwischen Ost und West wird mit ungeheuren Verwüstungen zu Ende gehen.“

Bild 24: Vito Campanell:Die apokalyptischen Reiter

4.Kapitel: Der Krieg, vor dem wir seit zwei Jahrtausenden gewarnt werden

Fortschreitende Naturzerstörung

„Gluthitze am Mittelmeer, Dürre in Texas, Sturzfluten in China und Korea - Naturkatastrophen bedrohen Teile der Menschheit. Gleichzeitig bahnen sich globale Wirtschaftskrisen an, verursacht durch kriminelle Banker. Währungschaos in Russland, Wirtschaftskrisen in Asien. Sogar Ungläubige sprechen vom ersten Höhepunkt einer Apokalypse“, meldete am 19. August 1998 der „schwarze Brief“, ein Informationsdienst für den katholischen Klerus. Von „Zeichen einer grossen Unordnung“ sprach auch die sonst eher konservative „Welt“ vom 5. August 1998. „Grosse, landweite Katastrophen mehren sich, und die Heimsuchung zentriert sich vor allem in Asien. Waldbrände in Indonesien, eine riesige Springflut auf Papua-Neuguinea, Überschwemmungen am Jangtse. Brandrodungen, die Verklappung von Müll und Bauschutt in die Flüsse sprechen für schuldhafte Gründe, aber diese glatte Logik geht den Betroffenen nicht ein. Feuer, Flut und Beben gelten als Zeichen. Der Aufruhr der Natur hat mythische Bedeutung. Er spricht für ein universales Durcheinander, hebelt die gewohnte Ordnung aus“, erklärte der Chefkommentator des Springer-Verlages, Herbert Kremp.

„Wetterbericht als Kriegsreport“, betitelt die „Welt am Sonntag“ nur Tage später (am 16.8.98) ihren Katastrophen-Bericht. An diesem August-Wochenede waren 240 Millionen Menschen direkt von der sechsten Flutwelle in China betroffen, nur einer von siebzehn „Kriegsschauplätzen“ des Konfliktes „Erde gegen Mensch“, von dem die Zeitung berichtete:

Australien: Hohe Meerestemperaturen und Süsswassermassen nach extremen Regenfällen zerstören die Korallenriffe vor Queensland.

USA: Der milde, feuchte Winter löste eine Heuschreckenplage in Nevada und Arizona aus. Die südlichen Bundesstaaten litten seit Wochen unter einer Hitzewelle, in Florida tobten Buschbrände. Ende Juni suchten Stürme und Tornadoes den Mittelwesten heim, während die stärksten Regenfälle seit Menschengedenken in vielen Staaten zu Hochwassern führten. Kurz darauf - Ende September - suchte der Jahrhundert-Hurrikan „George“ den Südosten des Landes heim, sorgten weitere Regenfälle für Fluten in den Südstaaten.

China: Staubstürme im Norden vernichteten die Ernte. Regenfälle verursachten eine der grössten Überschwemmungen der Geschichte. Am Jangtse wurden über 50 Millionen Menschen obdachlos.

Türkei: Rekordtemperaturen von über 40 Grad in weiten Teilen des Landes.

Spanien: Hitzewelle und ausgedehnte Waldbrände speziell im Nordosten des Landes.

Kuwait: Hitzewelle von fast 50 Grad.

Russland: Rekordtemperaturen von 37 Grad. Riesige Waldbrände in Ostsibirien.

Syrien: Temperaturextreme zwischen 38 Grad am Tage und 11 Grad nachts.

Zypern: Waldbrände durch Hitzewelle von mehr als 40 Grad.

Indonesien: Seit Herbst 97 grösste Waldbrände der Geschichte, verursacht durch extreme Trockenheit und Brandrodung. Wochenlang lag das Inselreich unter einer dichten Smogglocke.

Griechenland: Hitzewelle mit über 40 Grad, ausgedehnte Waldbrände in weiten Teilen des Landes.

Brasilien: 20.000 Quadratkilometer Wald im Norden des Staates durch Feuer vernichtet.

Bangladesch: Die Regenfälle im Juli zogen zwei Drittel des Landes in Mitleidenschaft, durch Fluten werden zehn Millionen obdachlos.

Mitteluropa: Überflutungen in Polen, der Slowakei, Tschechien, Österreich und Ungarn forderten über 100 Tote.

Sri Lanka: Überschwemmungen zerstörten die Häuser von 12.500 Menschen.

Indien: Höchste Temperaturen seit 50 Jahren. Hunderte Tote durch Erschöpfung und Austrocknung.

Neuseeland: Regenrekord auf der Nordinsel: 70 Liter pro Quadratmeter in wenigen Stunden.

In der letzten Oktoberwoche 1998 folgte dann die Mega-Katastrophe in Mittelamerika. „Die Apokalypse“, titelte die „Bild-Zeitung“, „Das ist das jüngste Gericht“ zitierte der seriöse SPIEGEL: Der Hurrikan „Mitch“ verheerte in sieben schrecklichen Tagen sintflutartiger Regenfälle - es fielen täglich bis zu 350 Liter pro Quadratmeter - Nicaragua und Honduras. Innerhalb weniger Stunden wuchsen Bäche zu Flüssen und Flüsse zu wilden Strömen an, die alles, was sich ihnen in den Weg stellte, mit sich rissen: Elendshütten und Betonbauten, Fahrzeuge, Strassen, Brücken und Strommasten. Experten sprechen von „der schlimmsten Naturkatastrophe des Jahrhunderts“. Millionen wurden zu Opfern der Naturgewalten: „Die Ernte ist vernichtet, die ersten Leichen brennen, die Angst vor Seuchen wächst. Als sei das alles noch nicht genug, brach ein Vulkan aus, schockte ein Erdbeben die Überlebenden“. Eine Woche nach der Katastrophe beklagte man über 25.000 Todesopfer, 2,8 Millionen wurden obdachlos. „Honduras gibt es nicht mehr“, klagte Präsident Carlos Flores, „nur noch Inseln inmitten von Wassern“, durch Erdrutsche geteilt. Nicht anders in Nicaragua: Verzweifelte Eltern banden ihre Kinder an den Baumwipfeln fest, während sie selbst gegen die Fluten kämpften. Hubschrauber suchten die aus dem Wasser ragenden Baumkronen ab, um all jene

Katastrophenopfer, die tagelang Hunger und Durst ausgehalten hatten, „einzeln zu pflücken". Nicaraguas Verteidigungsminister Pedro Chamorro schlug vor, die Gegend um den Casitas-Fluss abzusperren und zum „nationalen Friedhof" zu erklären.

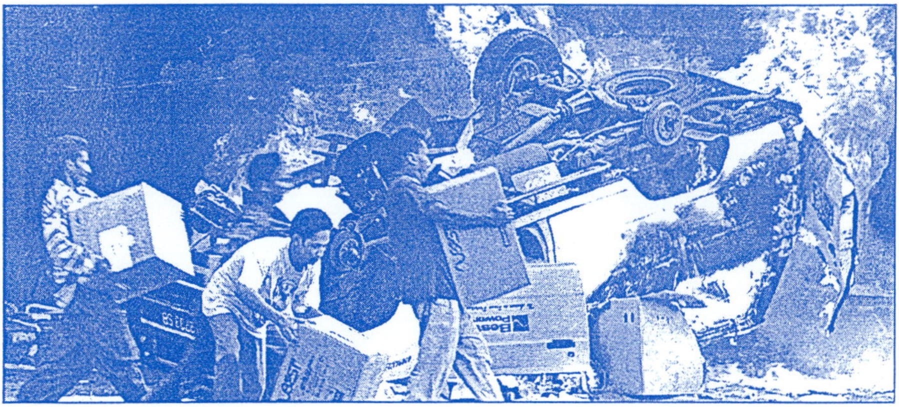

Bild 25: Plünderungen als Folge der Wirtschaftskrise in Jakarta: Drohen ähnliche Zustände in Europa?

Vergleichsweise harmlos waren da die Regenstürme und Orkanböen des Tiefs „Xylia". die etwa zeitgleich über Deutschland hereinbrachen. In Schleswig-Holstein und Ostdeutschland verursachten orkanartige Winde und Regen Millionenschäden und forderten zwei Todesopfer. In Baden-Württemberg regnete es bis über 100 Liter pro Quadratmeter und setzte 70 Prozent des Nobelkurortes Baden-Baden unter Wasser. Auch den Anliegern des Rheins stand das Wasser „bis zum Hals" nach dem regenreichsten Oktober seit Beginn der Messungen.

Es ist unübersehbar: Die Welt ist aus dem Gleichgewicht geraten. Eine Gesellschaft, die den Götzen des Materialismus opfert, die den Nihilismus zu ihrer Religion erkoren hat und ihren grenzenlosen Egoismus auslebt, hat sich entschieden, ihren Schöpfer ebenso zu ignorieren wie die Gesetze der Schöpfung. In ihrer Zügellosigkeit und Gier beutet sie ihre Mitmenschen ebenso aus wie die Natur ihres Heimatplaneten. Da das Bewusstsein das Sein bestimmt, war es nur eine Frage der Zeit, bis sich das innere Chaos im Menschen in seiner Umwelt widerspiegelt. Jetzt ist es soweit, und weltweit toben die Katastrophen. Noch zieht man es vor, sie einem Phantom zuzuschreiben, der „globalen Erwärmung" oder dem Klima-Unhold El Nino, ignorierend, dass auch diese nur Sympton, nicht Ursache einer aus dem Gleichgewicht geratenen Schöpfung sind. Dass sich in der Atmosphäre nur jenes Chaos widerspiegelt, das in unseren Städten herrscht, der weltweite Anstieg der Kriminalität, der Massenmord an ungeborenen Kindern, die Ausbreitung sexueller

Perversionen, wird dabei gerne übersehen. Es fiel dem Menschen schon immer schwer, die Verantwortung für sein Schicksal zu erkennen.

Bild 26: Das Erdbeben von Kobe

„*Das Ende der Welt naht, wenn die Bäume sterben*", lautet eine alte Indianerprophezeiung aus Nordamerika, die wir bereits im ersten Teil erwähnten; sie ist nicht der einzige prophetische Hinweis auf das Waldsterben. Schon vor fast 200 Jahren sah der bayrische „Waldprophet" MÜHLHIASL eine Zeit, in der das Baumkleid des Waldes so armselig und voller Löcher sein werde „*wie eines Bettelmanns Rock*". „*Vom Hühnerkobel bis zum Rachel wird man durch keinen Wald mehr gehen*", beschreibt er seine Heimat, den Bayrischen Wald, kurz vor dem Dritten Weltgeschehen". Noch 1973 schien die Aussage des bergischen Hellsehers Josef GIEBEL, in nicht allzuferner Zeit werde „*der Wald, der das Bergische Land bedeckt, absterben*", schlechtweg unsinnig.

JAKOB LORBER warnt davor, dass verheerende Naturkatastrophen folgen könnten, wenn die „Lichtungen der Wälder" zunehmen. „Stürme werden ganze Länder zugrunde richten", „Hungersnöte entstehen ... die Erde wird unfruchtbar werden".

Damit könnte die Vision Lorbers wahr werden, dass „durch die Vernichtung der Wälder den Stürmen und Gewittern leichter Eingang gestattet wird und sich selbst die klimatischen Verhältnisse einzelner Länder dadurch gänzlich ändern". „Es ist schon möglich, dass mit den Zeiten die Menschen grosse Dinge erfinden können und also auch auf die Natur der Erde einzuwirken anfangen, so dass diese ordentlich 'leck' werden muss. Die Folgen davon werden keine angenehmen sein."

Durch Störung der natürlichen „Wettermaschine" werden die Niederschläge nachlassen, *„die Flüsse so wenig Wasser haben, dass man leicht durchgehen kann"* (IRLMAIER), während Südeuropa verstärkt unter einer Dürrekatastrophe leiden wird, deren Anfänge sich bereits in den letzten Jahren - speziell im Hitze-Sommer 1998 - abgezeichnet haben:

„Vom 48. Breitengrad bis an die Grenzen des Wendekreises des Krebses wird eine so grosse Dürre ausbrechen, dass in den Meeren, Flüssen und Seen die Fische in fieberhaften Zügen kochen werden." (NOSTRADAMUS, V/98)

Auch die HOPI vertreten den Standpunkt, dass der Raubbau des Menschen an der Natur das Gleichgewicht, die Harmonie unseres Planeten Erde gefährdet. „Was wir der Erde antun, wird auf uns zurückfallen", erklärte ein Mitglied der indianischen Friedensdelegation im November 1983 auf der Pressekonferenz in Bonn, „der Mensch ist nur ein Teil der Erde, nicht ihr Besitzer. Wenn er weiterhin ohne Rücksicht auf ökologische Zusammenhänge die Erde ausbeutet, gräbt er sich sein eigenes Grab. Nur wenn er lernt, Pflanzen und Tiere zu achten, kann die ökologische Katastrophe verhindert werden." Nach Auffassung der HOPI beginnt die Natur uns zu warnen; durch Erdbeben, Vulkanausbrüchen, Flutkatastrophen, Orkane, Dürren. Durch Bergbau und die Zutageförderung von Bodenschätzen bestünde die Gefahr, dass die Erde aus dem Gleichgewicht kommt; die Folge wäre ein Polsprung. Die HOPI sind der Überzeugung, selbst auf einem „spirituellen Zentrum" der Erde, das zugleich erdmagnetische Relevanz hat, zu leben; die „black mesas" in Arizona, so versichern sie, seien „der weibliche Pol" des blauen Planeten, Tibet hingegen, die Heimat des Dalai Lama, das männliche Gegenstück. In den Tiefen der Colorado-Berge liegen Uran und Steinkohle; der Grund, weshalb Präsident Carter sie zum „nationalen Opferungsgebiet" zur Sicherung der Energieversorgung erklärt hatte, Amerikas grösster Bergbaugesellschaft die Fördererlaubnis erteilte. Ein Schritt, der nach den Uberlieferungen der HOPI tiefgreifende Folgen haben könnte. Ihre Prophezeiungen erklären, warum: *„Dieses Zentrum... ist der Mittelpunkt, um das Leben auf der ganzen Erde im Gleichgewicht zu halten. Aber wenn jemand eindringt und beginnt, es zu zerstören, wird alles zerstört werden."* (1) Vielleicht antwortet die Erde aber auch nur auf unseren Eingriff in ihre Struktur; oder diese *„Dürren, Hungersnöte, verderbende Ernten, Orkane, Fluten,Erdbeben,... und feurigen Eruptionen"* sind *„grosse Prüfungen"* zur *„Busse für die Greueltaten"* unserer Generation, wie VERONIKA LUEKEN bereits am 21. August 1976 verkündete. (2)

Auch Erdbeben und Vulkanausbrüche nehmen weltweit zu. Seit Anfang der Neunziger Jahre verzeichnen Geologen eine vermehrte Aktivität des Popocatepetl, des grössten Vulkans Mexikos. Seit Herbst 1998 spukt er in kilometerhohen Säulen Asche und glutrote Felsbrocken, die immer wieder Buschfeuer an seinen Hängen verursachten. Experten befürchten eine Explosion des „rauchenden Berges" -so sein Name in der Azteken-Sprache Nahuatl- mit verheerenden Folgen: Sein Umland ist dicht besiedelt, eine Eruption könnte sich auch auf das nur 70 km entfernte Mexico City auswirken, mit ca. 20 Millionen Einwohnern eine der drei grössten Städte der Welt. Mehrfach schon musste der internationale Flughafen der Hauptstadt nach Ascheeruptionen geschlossen werden. Zeitgleich erwachte auch der Vulkan Colima im Nordwesten des Landes, stiess eine gigantische Rauchsäule aus. Auch der Ätna auf Sizilien brach 1998 erneut aus, nach Ansicht von Seismologen rührt sich auch der Vesuv, zu dessen Füssen die Grossstadt Neapel liegt, wieder. Und am 21. Dezember 1998 wurden auch die Vulkane Islands wieder aktiv...

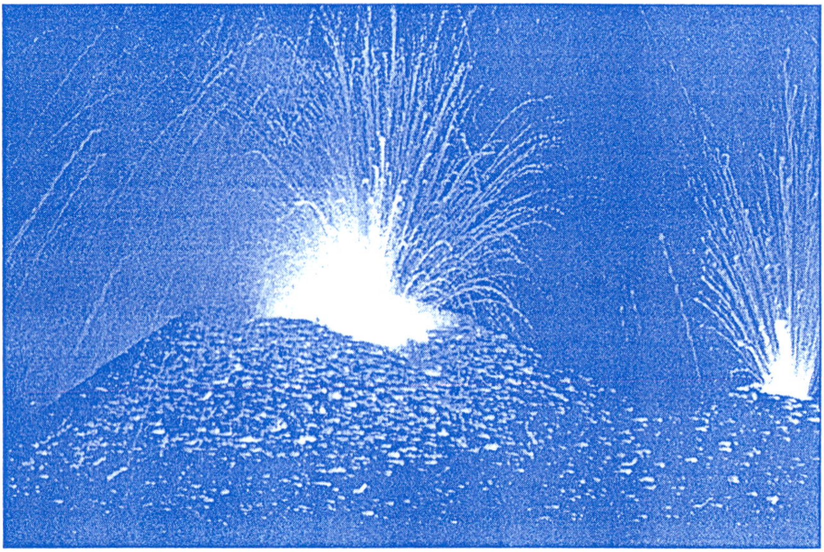

Bild 27: Vorzeichen der Apokalypse: Ätna-Ausbruch 1976

Zudem kam es in den letzten drei Dekaden zu einer dramatischen Zunahme von Erdbeben auf der ganzen Welt. Zwischen 1970 und 1979 gab es 51 Erdbeben von einer Stärke von über 6,0. Im Jahrzehnt zwischen 1980 und 1989 waren es 86. Doch in den fünf Jahren von 1990 bis 1994 wurden bereits über 100 Erdbeben von 6,0 oder stärker gemessen. Und auch das wurde vorhergesagt...

Erde im Aufruhr

„Ich sah grosse Vulkane ausbrechen, ich sah Erdbeben und ich sah verwüstete Städte und zerstörte Autos überall", beschrieb der 1992 verstorbene Chippewa-Medizinmann Sun Bear in MAGAZIN 2000 (81/82, 1989) seine apokalyptischen Visionen von der Zukunft der Erde. *„Ich sah kleine Gruppen von Menschen, die von einem Ort zum anderen zogen. Und während sie das Land durchstreiften, lebten sie in Höhlen oder Ruinen und versuchten, einander zu wärmen. Wenn sie einander begegneten, fragten sie nicht, ob der andere ein Buddhist oder ein Christ ist. Sie taten sich zusammen. Sie hatten überlebt, und das war alles, was zählte. So wusste ich, dass grosse Erdveränderungen bevorstünden."* Als Michael Hesemann ihn 1991, kurz vor seinem Tod, interviewte, ergänzte er: *„Die Geister sagten mir, dass bis zum Jahre 2012 Dreiviertel der jetzigen Erdbevölkerung nicht mehr hier sein werden. Sie werden den Katastrophen zum Opfer fallen."*

Edgar Cayce war ein Wunderheiler. Kamen die Kranken zu ihm, so versetzte er sich in Trance; und dann fiel es ihm wie Schuppen von den Augen. Genau konnte er das Leiden seiner Patienten diagnostizieren, geeignete Heilmittel empfehlen. Doch Edgar Cayce sah noch mehr. Für ihn wurden die Menschen, die zu ihm kamen, zu einem offenen Buch. Er konnte exakte Angaben über ihre Vergangenheit, sogar über ihre letzten Leben, ihre vergangenen Inkarnationen machen; und er sah ihre Zukunft.

Für Edgar Cayce, der 1945 im amerikanischen Virginia Beach starb, war die Zukunft der Erde von Umwälzungen und Katastrophen bestimmt. Amerikanische Parapsychologen nehmen dabei seine Aussagen sehr ernst - schon zu seinen Lebzeiten hat sich oft genug gezeigt, dass der „schlafende Prophet" mehr wusste, dass er wieder einmal recht gehabt hatte.

Dieser aussergewöhnliche Mann gilt als „das grösste Medium aller Zeiten". Geboren 1877 in Hopkinsville/Kentucky demonstrierte er schon früh seine Fähigkeiten. Als Kind hatte er, als er eines Tages im Wald spielte, eine Vision: Er müsse sein Leben lang den anderen helfen. Seine Schulaufgaben erledigte er, indem er auf seinen Büchern schlief: Zeitlebens war er ein guter Schüler. Bei allen lebendigen Dingen konnte er eine Aura, ein Energiefeld erkennen; und oft genug sprach er mit verstorbenen Freunden und Verwandten. Er lernte, sich in Trance zu versetzen - und schliesslich erhielt er die Gabe, Krankheiten zu diagnostizieren und die nötigen Heilmittel zu nennen. In 14.000 aufgezeichneten „Readings" - eben seinen Trance-Diagnosen - finden sich unzählige Angaben über Vergangenheit und Zukunft der Erde. Und tatsächlich bewahrheitete sich bereits ein Teil seiner Prophezeiungen.

So sagte er voraus, dass 1968 oder 69 die ersten Teile des versunkenen Inselkontinents Atlantis im Gebiet der Bahamas wiederauftauchen würden. Tatsächlich entdeckten Archäologen 1968 Ruinen einer uralten Zivilisation vor der Küste der Bahama-Insel Bimini. Am 9. April 1932 erklärte er auf die Frage, wann die vorausgesagten Erdumwälzungen beginnen würden: *„Wenn es zu ersten Zuständen* *dieser Art im Südseegebiet kommt, wie dem offensichtlichen Sinken oder Auftauchen der Erde, oder zu Katastrophen im gegenüberliegenden Teil der Erde, im Mittelmeer, im Ätnaraum. Dann werden wir wissen, dass es begonnen hat.“*

Am 1. Januar 1976 brach der Ätna aus, der erste einer Reihe von Ausbrüchen, deren vorerst letzter im Oktober 1998 stattfand; und eben an diesem 1.1.1976 erschütterte ein Erdbeben der Stufe 6,8 auf der nach oben offenen Richter-Skala die Hebriden-Inseln im Südpazifik. Der Anfang einer Reihe von Naturkatastrophen? Tatsächlich hat seitdem die Anzahl der Erdbeben rapide zugenommen. Und das sagte Cayce im einzelnen: *„Die Erde wird im westlichen Teil Amerikas aufbrechen. Der grösste Teil Japans wird in der See versinken. Der nördliche Teil Europas wird sich in einem Augenblick verändern. Land wird von der Ostküste Amerikas auftauchen. Es wird zu Umwälzungen in Arktis und Antarktis und als Folge zu einem Polsprung kommen.... Das geschieht zwischen ‘58 und ‘98, bevor Sein Licht in den Wolken erscheint.“* (19.1.1934)

„Teile der Ostküste bei New York oder New York City selbst, werden verschwinden.... Die Wasser der Grossen Seen werden sich in den Golf (von Mexiko) ergiessen ... dieses Gebiet (Virginia Beach) gehört zu den sicheren Gebieten... ebenfalls Teile von Ohio, Indiana, Illinois und die südlichen und östlichen Regionen Kanadas: Während der Westen grösstenteils zerstört wird.“ (13.8.1941)

„Die Erde wird an vielen Stellen aujbrechen. Zu den ersten Veränderungen kommt es im Westen Amerikas. Es wird offene Gewässer im Norden Grönlands geben. Neues Land wird in der Karibik gesehen werden, und trockenes Land wird auftauchen. Südamerika wird von oben bis unten durchgeschüttelt werden.“

Am schlimmsten betroffen wird die Westküste der USA sein - das Gebiet um den St.-Andreas-Graben in Kalifornien, für das Geologen seit Jahren mit einer Wiederholung des grossen Erdbebens von San Francisco von 1906 rechnen. Anzeichen dafür, dass die Erde in Kalifornien wieder aktiv wird, gibt es seit einiger Zeit. Am 3. Mai 1983 zerstörte ein Erdbeben ein Drittel der kalifornischen Stadt Coalinga. Am 24. April 1984 liess ein Erdbeben, das Nord- und Mittelkalifornien erschütterte, mehrere ältere Häuser von den Fundamenten kippen. Insgesamt verursachte es einen Schaden von 2,6 Millionen DM, 21 Menschen wurden leicht verletzt. Das Epizentrum des Bebens der Stärke 2,6 auf der nach oben offenen Richter-Skala lag nach Angaben des seismologischen Institutes der Universität Berkeley etwa 80 km südöstlich von San Franzisco, nahe der Ortschaft San Jose. Am 17.1.1994 fand das bisher grösste Erdbeben in Los Angeles mit einer Stärke von 6,6 auf der Richterskala statt. Es forderte 61 Todesopfer, 5000 Verletzte und zerstörte ganze Stadtteile. 20.000 Menschen wurden obdachlos, der Sachschaden betrug über 30 Milliarden Dollar. Für Cayce war dies freilich nur ein Auftakt zu grösseren Katastrophen: *„Wenn grössere Aktivitäten im Vesuv oder Pelee auftreten, dann können die südliche Küste Kaliforniens und Gebiete zwischen dem Salt Lake und den südlichen Teilen Nevadas innerhalb von drei Monaten eine durch Erdbeben hervorgerufene Überschwemmung* *erwarten.“* Genau das aber sagten auch die HOPI-Indianer aus Arizona voraus. Häuptling White Bear: *„Amerika wird wieder sinken. San Francisco, New York und Phoenix werden unter Wasser sein. Nur Höhen über 1.800 Meter werden verschont werden. Auch Europa wird sinken.“*

„We are the Earthquake Generation“ - „Wir sind die Erbebengeneration“, unter diesem Titel veröffentlichte 1978 der amerikanische Geologe Jeffrey Goodman jüngste Forschungsergebnisse über kommende geologische Weltkatastrophen. Goodman demonstriert, dass die Wissenschaft seit 1956 eine allmähliche, seit 1976 aber eine rapide Zunahme vulkanischer und seismischer Katastrophen zu verzeichnen hat. Dass Geologen für die kommenden Jahre mit einem weiteren Ansteigen, mit verheerenden Katastrophen rechnen, ist kein Geheimnis. In Kalifornien weiss man, dass jeden Tag mit dem grossen Erdbeben zu rechnen ist; in Japan liessen die Zivilschutzbehörden im September 1981 den Notstand üben. Denn, so der SPIEGEL vom 7.9.1981, „der Ernstfall kommt mit Sicherheit”, sagen Japans Bebenforscher. ”Das Land zählt zu den am häufigsten erschütterten Staaten der Welt, ein gewaltiges Erdbeben - meint Professor Hiroshi Wakita von der Tokio-Universität -‘könnte jederzeit passieren’.“ Wann, da stehen die Wissenschaftler vor einem Fragezeichen. Möglicherweise die einzige derzeit mögliche Antwort lieferte Goodman nach Veröffentlichung seines Buches nach. Der Geologe begann die Zusammenarbeit mit mehreren Sensitiven, mit Medien wie einst Cayce, die sich auf die bevorstehenden Umwälzungen konzentrieren sollten. Dazu zählten BEVERLY JAGGERS; sie konnte die Herkunft von Sandproben in verschlossenen Briefumschlägen genauestens bestimmen. BELLA KARISH, die medial Einzelheiten über den Ablauf geologischer Prozesse im Erdinnern angab, CLARISA BERNHARDT, die bereits Stärke, Zeit und Ort mehrerer Erdbeben exakt angegeben hatte. RAY ELKINS, Geistheiler; und ARON ABRAHAMSON, der in medialer Versenkung ungewöhnlich konkrete Angaben machte. Zusätzlich befragte die Psychologin SUSAN HARRIS medial begabte Patienten in Hypnose über die Zukunft.

Nach Abschluss dieses ungewöhnlichen Forschungsprojektes entstand - so Goodman - ein „zusammenhängendes und geologisch sinnvolles Bild zukünftiger Ereignisse“. „Es war faszinierend, wie oft sich die Angaben der Medien überschnitten, wie gut sie zusammenpassten.“ Erstmals in Deutschland veröffentlicht wurde Goodmans verblüffende Studie im Herbst 1981 in der Zeitschrift ESOTERA (Nr. 10 u. 11/8 1). Übereinstimmend sahen alle Medien für den Westen der USA eine neue Küstenlinie, das Imperial Valley im Süden des Landes soll sich mit Wasser füllen, der Colorado-River verändert danach seinen Lauf. Ein Teil des heutigen Kaliforniens würde überflutet, ein anderer Teil vom Festland abgetrennt. Die Küste Oregons und Washingtons hingegen bleibt stabil, obgleich sich später ein Meeresarm durch Oregon bis Idaho schlängeln soll. Erdbeben im Atlantikraum sollen New York vom Kontinent wegdriften lassen, Teile Manhattans versinken im Meer, während Washington nur durch leichte Beben erschüttert wird.

England und Irland werden überschwemmt, während vor der Küste Portugals neues Land auftaucht. Zu schweren Erdbeben kommt es im mittleren Osten, in einem Streifen von Persien über die Türkei bis hin nach Griechenland, Jugoslawien und Italien. Die Erdachse wird sich leicht verschieben. In der Nordsee taucht Land auf, Erdbeben erschüttern Skandinavien; Dänemark wird von Deutschland getrennt.

Indonesien wird von schweren Überschwemmungen heimgesucht, der Krakatau bricht erneut aus. Japan und Hawaii gehen im wesentlichen verloren, während in anderen Pazifikgegenden neues Land auftaucht. Das alles soll sich in den Jahren um die Jahrtausendwende vollziehen.

Tatsächlich machen der Treibhauseffekt und seine Folge, der weltweite Anstieg des Meeresspiegels, ein solches Szenario für die Zukunft - wenngleich nicht in dem vorhergesagten Zeitraum - möglich. Zu ähnlichen Ergebnissen kam der Amerikaner Chet B. Snow, der Ende der Achtziger Jahre ein spektakuläres Forschungsprojekt leitete. Snow war Zivilangestellter der US-Luftwaffe, als er 1983 die Psychologin Dr. Helen Wambach aufsuchte, um ein psychosomatisches Rückenleiden behandeln zu lassen. Dr. Wambach war Reinkarnationstherapeutin und versetzte ihre Klienten in Hypnose, um sie in jene Vorleben zurückzuführen, in denen sie die Ursache für heutige Leiden und Störungen sah; eine Methode, die als „Regression“ bekannt ist. Zu diesem Zeitpunkt experimentierte sie damit, Menschen auch in die Zukunft zu führen - in spätere Lebensphasen und zukünftige Inkarnationen -, was sie „Progression“ nannte. Nachdem sie Snow von seinem Leiden befreit hatte, erzählte sie ihm von ihren Versuchen und bot ihm an, ihn seinen Geburtstag im Jahre 1998 erleben zu lassen. In Hypnose sah sich Snow im US-Staat Arizona. Ein eisiger, schneidender Wind wehte über die sonst drückendheisse Wüste, schmerzte in seinem Gesicht, durchdrang ihn bis auf die Knochen. „Was tue ich hier“, fragte er sich, um auch gleich die Antwort zu wissen: *„Es war der Juli des Jahres 1998 und die Welt war aus den Fugen geraten“*. Fasziniert von dieser Erfahrung gab Snow seinen Luftwaffenjob auf, studierte Psychologie, promovierte, bekam eine Zulassung als Hypnosetherapeut und eröffnete eine Privatpraxis für Regressionstherapie. Drei Jahre nach Dr. Wambachs Tod 1985 konnte er ihre Arbeit fortsetzen - und, gemeinsam mit seinem Kollegen Prof. Leo Sprinkle, in Seminaren über 1000 Menschen durch hypnotisch induzierte Trance in die Zukunft führen. Sein Buch „Zukunftsvisionen der Menschheit“ erschien 1989 (die deutsche Ausgabe 1991) und enthält ein grausiges Szenario. Wie Dr. Snow im Sommer 1992 in einem Interview mit MAGAZIN 2000 erklärte:

„In den nächsten 10, 20 Jahren kommt es zu gewaltigen Erdveräbderungen... Wir erleben bereits die vorausgesagten Veränderungen der Wettermuster rund um die Erde. Aber als die Progressionen stattfanden, in den 80er Jahren, ahnte noch niemand, was da auf uns zukommt. Das zweite, was die Menschen sahen, war ein Verlust wirtschaftlicher Stabilität. Das Geld sollte an Wert verlieren, Kredite teurer und schwer erhältlich werden, Veränderungen der westlichen Struktur der westlichen Welt bevorstehen, alles auf eine Rezession zusteuern. Weiter sagten sie Streiks,

Aufstände und Bürgerkriege in Europa voraus, auch den Bürgerkrieg in Jugoslawien, den wir derzeit erleben, und die Zersplitterung Indiens. Der nächste Schritt sind gewaltige Erdveränderungen, die damit beginnen, dass rund um den Planeten ein „Ring aus Feuer" entsteht, es in diesem Gebiet immer häufiger zu Erdbeben und Vulkanausbrüchen kommt. Besonders Japan und die Westküste der USA, aber auch Südamerika und die Philippinen werden betroffen sein. Das ist um 1998."

Heute wissen wir, dass Snows Datierung falsch war. Heisst das aber auch, dass die vorhergesagten Ereignisse nicht eintreffen? Nicht unbedingt, wenn sich nur der „Zeitplan" verschoben hat. So stehen wir 1998/99 erst am Anfang der korrekt vorausgesagten weltweiten Wirtschaftskrise, auf die Bürgerkriege in vielen Ländern Europas folgen sollen. Bei dem Erwachen der mexikanischen Vulkane im Herbst 1998 könnte es sich sehr wohl um die Vorstufe der Entstehung eines „Ringes aus Feuer" rund um den Pazifik handeln. Es kann also durchaus noch alles eintreffen, wenn auch in vollem Ausmass erst im nächsten Jahrzehnt. So wusste auch Snow schon 1992, dass die Erdveränderungen auf jeden Fall bis zum Jahre 2012 andauern, *„wenn ein immenser Aufbruch zu einem Neuen Bewusstsein stattfindet."*

Die Zeit vor dem Krieg

Arbeitslosigkeit, soziale Unruhen, eine Welt-Wirtschaftskrise, vermehrter Atheismus und Materialismus, eine steigende Anzahl von Naturkatastrophen, der schwelende Krieg in Nahost und auf dem Balkan, das alles sind Vorzeichen, auf die die Seher und Propheten seit zwei Jahrtausenden immer wieder hingewiesen haben. Dass diese Zeiterscheinungen heute auch dem rationalsten Denker Kopfzerbrechen bereiten, ist kein Wunder. Immer mehr Menschen werden sich der drohenden Weltkrise bewusst.

Dabei begann alles so gut. Nach dem Fall der Mauer zwischen Ost und West und der Demokratisierung Osteuropas und Russlands schien die Möglichkeit eines Krieges in weiteste Ferne gerückt. Zwar brach bald darauf der Golfkrieg aus, gefolgt von dem grausamen Bürgerkrieg in Ex-Jugoslawien, doch all dies schien uns nicht zu betreffen. Der Weltfrieden schien gesichert. Erst mit der Ermordung des israelischen Friedensstifters Yitzhak Rabin am 4.11.1995 und dem darauffolgenden Wahlsieg des hardliners Benjamin Netanjahu zum neuen Ministerpräsidenten des Judenstaates wendete sich das Blatt sichtbar. Plötzlich schien der Frieden in Nahost, der mit dem Washingtoner Abkommen zwischen Rabin und Palästinenser-Führer Yassir Arafat vom September 1993 in so greifbare Nähe gerückt war, wieder unerreichbar.

„Der dritte Weltkrieg bricht aus, wenn das Gerede vom Frieden seinen Höhepunkt erreicht hat" (DE LA VEGA).

„Einerseits bereitet man sich auf den Frieden vor, andererseits auf den Krieg. Nie zuvor wurde um beides so gerungen." (NOSTRADAMUS, IX/52)

Ob im Fall der gescheiterten Kosovo-Initiativen oder dem Nahost-Friedensgipfel von Washington: immer schaut es erst so aus, als sei der fragile Frieden gerettet, bis es dann doch ganz anders kommt. Alle wollen den Frieden, heisst es, aber niemand ist bereit, Kompromisse einzugehen.

Bild 28: Der Fall der Mauer

„Man wird zusammenkommen und über den Frieden reden,
die mächtigen Könige (Präsidenten, Premierminister) und ihre Minister,
aber man wird sich nicht einigen können,
da sich keiner mehr unterordnen will als der andere.“ (NOSTRADAMUS, VIII/102)

Im Ringen um den Frieden, das so charakteristisch für unsere Zeit ist, schenkt NOSTRADAMUS der warnenden Stimme des Papstes besondere Bedeutung. Während die Päpsteprophetie des Hl. MALACHIAS dem Wojtyla-Papst die Bezeichnung „de labore solis“ („von der Arbeit der Sonne“) zweist, nennt NOSTRADAMUS ihn „Pol Mansole“, wobei „Mansole“ (manus=Arbeit; sol=die Sonne) dieselbe Bedeutung haben dürfte. Mit „Pol“ aber weist er gleichermassen auf den Namen „Paul“ wie die polnische Herkunft von Johannes Paul II. hin.

Als Franzose erwähnt NOSTRADAMUS insbesondere die historische Ansprache des Papstes vor der Arbeiterschaft in Saint Denis bei Paris, einem der Höhepunkte seines Frankreich-Besuchs im Juni 1980, zu Beginn seines Pontifikats also, in der er auch ausdrücklich die Friedensproblematik ansprach. „Mit einer unversöhnlichen Anklage gegen die atomare Rüstung schloss Johannes Paul II. seine Ansprache an die Arbeiterschaft“, schrieb damals die Pariser Zeitung LE MONDE (vom 3.6.1980), „die Welt von heute, hob er hervor, sei mit der ständigen Gefahr der Zerstörung des Menschen durch den Menschen konfrontiert; immer bedrohlicher werde vor allem die Zunahme atomarer Waffen... im Namen der moralischen Kraft, die ihr innewohne, müsse die grosse Gemeinschaft der Arbeiter sich die Frage stellen, wie es dazu kommen konnte, dass die kreative moralische Kraft sich in eine zerstörerische Kraft verwandelt habe, in Hass, in neue Formen des kollektiven Egoismus, der die drohende Möglichkeit des Kampfes aller gegen alle, einer monströsen Selbstzerstörung der Menschheit, heraufbeschwöre.“ Wenn NOSTRADAMUS von St. Denis spricht, zieht er einen weiten Bogen über die wichtigsten Ereignisse seines Pontifikates, Ereignisse, zu denen der Papst seine Mahnung immer wieder wiederholte: Die massenhafte Brandrodung in Südamerika und Südostasien, die Ermordung von Sadat und Rabin, die Konfrontationen zwischen den USA und Lybien in den Achtziger Jahren, den Golfkrieg, die scheinbare Schwäche Russlands - Ereignisse, die, alle zusammen, ihre Schatten über die Vorkriegszeit warfen und Entwicklungen vorzeichneten, die schliesslich zum Kriegsausbruch führen könnten:

„Durch Verseuchung und Feuer werden die Früchte der Bäume zugrunde gehen, wenn es Anzeichen für Öl im Überfluss gibt. In Denis wird man auf den (Heiligen) Vater nicht hören. Grosse werden sterben (Sadat und Rabin). Doch wenige Ausländer werden umkommen, wenn die islamischen Streitkräfte durch ihren Angriff die Grenzen gefährden werden (im Golfkrieg).“

„Den Himmel weinen zu sehen, ruft Schmerzenschreie hervor. Die Marine trifft ihre Vorbereitungen. Der neue Hannibal (Gaddafi) verfolgt seine arglistigen Pläne. Der Papst landet (!) in Denis. Die Armee wird verspätet eingreifen, weil man nicht gewusst haben wird, was sich im Geheimen anbahnte, während man sich noch vergnügte. ”

„Der (russische) Kuppler wird alle in die Irre führen. Weder die Erben der Blutigen (französische Revolution) noch die Wölfe (Deutschen) werden auf meine Botschaft hören, wenn der Papst während seines Pontifikats zur Herrschaftszeit der (5.) Republik auf die Kriegsgefahr aufmerksam machen wird. Um diese Zeit steht dir (Frankreich) das grösste Unheil bevor. Danach wird die Sonne wiederkehren.“

(NOSTRADAMUS, Voraussagen 125 und 11, Sechszeiler 46) (4)

Der Papst wiederholte seine Warnungen bei unzähligen Gelegenheiten. „Wenn irgendein Thema die Rolle der Kirche in der Welt in dieser Zeit definiert, dann ist es ihr Dienst am Frieden und der Menschlichkeit“, erklärte Kardinal Roger Etchegaray am 8. Juni 1998 auf der Konferenz irakischer Christen in Bagdad, an der er im Auftrag des Papstes teilnahm, „und wenn es eine Region gibt, in der dieser Dienst heute am dringendsten gebraucht wird, dann ist es der Nahe Osten.“

Die Propheten sind sich einig. *„Erinnere dich, Mein Kind, wenn die Welt schreit 'Friede! Friede', weisst du, dass das Ende nicht mehr fern ist."* (VERONIKA LUEKEN) (5). *„Der Tag des Herrn kommt wie ein Dieb in der Nacht. Wenn die Leute sagen: Frieden und Sicherheit (!), dann kommt plötzlich Verderben über sie, wie die Wehen über eine schwangere Frau, und es gibt kein Entrinnen"*, heisst es in der Bibel (6). *„Schon arbeiten die Mächte an der Vollziehung dieses grossen Weltkrieges ... oft wird die Wahrheit verhehlt."* (VERONIKA LUEKEN) (7).

„Der Friedensvertrag wird gebrochen werden, Freundschaftsbündnisse (NATO?) durch Uneinigkeit vergiftet werden. Der wiederauflebende Hass wird allen Glauben und alle Hoffnung zunichte machen, es wird zu keiner Einigung kommen." (NOSTRADAMUS, XII/59)

Auf den Punkt bringt es der alte Jasper:

„Abends wird man sagen: Friede, Friede ... und Morgens stehen die Feinde schon vor der Türe". (8)

Soziale Unruhen und Revolutionen in Europa

Die derzeitige Wirtschaftskrise wird sich zuspitzen, die Zahl der Arbeitslosen steigen, die Regierungen verschiedener europäischer Staaten vor dem Bankrott stehen; dieses Klima der Unsicherheit, das nach Aussagen der Seher die nächsten Jahre herrschen wird, ist zugleich Nährboden für neue soziale Unruhen, die, von aussen gesteuert, bald zu blutigen Revolutionen führen. Am schlimmsten werden die Aufstände in Frankreich und Italien sein, während Deutschland und England mit Streiks und Demonstrationen noch relativ glimpflich davonkommen. LORBER sagte für die Endzeit „übermässige Teuerung" und Arbeitslosigkeit voraus. „Viele Menschenhände (werden) arbeitslos ... (wenn) die Menschen zu einer grossen Klugheit und Geschicklichkeit in allen Dingen gelangen und allerlei Maschinen erbauen werden, die alle menschlichen Arbeiten verrichten können wie lebende, vernünftige Menschen und Tiere". BUCHELA sah „harte Zeiten" und „innere Unruhen" kommen, DE LA VEGA sprach von"einschneidenden wirtschaftlichen Ereignissen", und dem drohenden Staatsbankrott, in AMSTERDAM war von „Wirtschaftskrieg, Boykott, Währungskrisen" die Rede, und NOSTRADAMUS prophezeite die Inflation als Folge der Wirtschaftskrise speziell für Frankreich.

All diese Voraussagen scheinen sich derzeit zu erfüllen. „Krise Global" titelte DER SPIEGEL am 12. Oktober 1998, um gleich darauf zu fragen: „Kippt der Börsencrash die Weltwirtschaft?". Tatsächlich ist es nur eine Frage der Zeit, bis die Krise, die bislang Südamerika und Südostasien heimsuchte, auch auf Europa und Nordamerika übergreift. „Vergangene Woche prophezeite die Bank J.P.Morgan als erstes US-Geldinstitut der weltgrössten Volkswirtschaft eine Rezession im kommenden Jahr. Es sei ein Trugschluss zu glauben, dass der Westen 'eine Oase des Wohlstands' inmitten einer turbulenten Weltsituation bleiben könnte, warnte der amerikanische Notenbankpräsident Alan Greenspan.

Die deutschen Top-Banker pflichten bei: *'Wenn der Himmel einstürzt, können auch die Tauben nicht mehr fliegen'*, sagte Albrecht Schmidt, Vorstandssprecher der Hypo-Vereinsbank. Sollte es nicht bald wieder aufwärtsgehen, erwartet der Chef des zweitgrössten deutschen Kreditinstituts niedrigere Gewinne, weniger Wachstum und neue Arbeitslose in Deutschland. ... *'Es gab noch nie eine so pessimistische Stimmung wie dieses Jahr'*, sagt Bernd Fahrholz, der im Vorstand der Dresdner Bank das Firmenkundengeschäft verantwortet."

Ein weiterer Faktor kann die Weltwirtschaft am 1.1.2000 endgültig in den Abgrund stürzen. Denn an eben diesem Tag droht ein weltweiter Kollabs der Computernetze, ein Problem, das unter dem Schlagwort „Y2K" (Year 2 Kilo = Jahr 2000) weltweit zur tiefsten Besorgnis führte. Denn die Weltwirtschaft ist vollständig von computergesteuerten Informationsübermittlungen abhängig: Die Banken, die Börse, die Nahrungsmittelversorgung, Schiffs-, Flug- und Eisenbahnverkehr, die Fabrikation in allen Bereichen, kurzum: die gesamte moderne Zivilisation. Ohne Computerdaten geht nichts mehr. Beim Jahreswechsel 2000 werden erstmals seit Erfindung des Computers nicht zwei Jahreszahlen verändert, sondern gleich vier. Eben darauf sind viele Computerprogramme und zahllose Chips nicht eingestellt. Weil sie in den siebziger Jahren entstanden, als die Speicherkapazitäten noch begrenzt waren, sparten die Programmierer ohne weise Voraussicht, reduzierten die Schreibweise des Datums auf zwei Ziffern für die Jahreszahl. Nachfolgende Entwickler bauten darauf auf, um die Kompatibilität mit den älteren Systemen zu erhalten. Und bis vor kurzem zog man es vor, das Problem ganz einfach zu ignorieren, bis das magische Datum immer näher rückte. Denn für die Computersysteme findet in der Nacht vom 31.12.99 kein Übergang in das nächste Jahrtausend statt, sondern der Sprung zurück an den Anfang: zum 01.01.00, den 1. Januar 1900. Das könnte zu einem verheerenden Durcheinander führen.

Noch weiss niemand, wie die verschiedensten Computerprogramme auf diese Anomalie reagieren werden. Den Schaden zu beheben wäre zu teuer - Experten schätzten die Kosten schon 1996 auf über 600 Milliarden Dollar - und ausserdem reicht die Zeit längst nicht mehr aus. Zudem müssten alle Computer auf dem Planeten umgerüstet werden, was schier unmöglich ist.

Die Folgen sind geradezu apokalyptisch. Energieversorgung, Handel, Verkehr und die Weltwirtschaft könnten von einem Tag auf den anderen zusammenbrechen. Millionen von Kunden könnten im Vorfeld befürchten, dass ihr Geld auf den Banken nicht mehr sicher ist, weil der „Milleniums-Virus" ihre Kontostände eliminiert. Schon jetzt plant die amerikanische Bundesbank den Druck von zusätzlichen 50 Milliarden Dollar, um dem möglichen Ansturm gerecht zu werden - was wiederum zu einer Inflation führen könnte. In Europa müssen die Banken zusätzlich noch mit der Umstellung auf den Euro fertigwerden. Der totale Crash droht. Am 4. Februar

1998 kündigte US-Präsident Clinton in einer offiziellen Stellungnahme zur Y2K-Problematik Massnahmen an, um „das Y2K-Problem möglichst gering zu halten“ und räumte diesen „höchste Prioritätsstufe“ ein. Eben das aber war bereits ein Eingeständnis, wie ernst das Problem ist. Wer den Schaden bloss „gering halten will“, gesteht schon seine Hilflosigkeit ein...

Mittlerweile haben zwei NATO-Mitgliedstaaten, Kanada und Grossbritannien, die allgemeine Mobilmachung ihrer Truppen und Reservisten für die Zeit um den 1.1.2000 angeordnet. Das Militär soll bei Versorgungsengpässen drohende öffentliche Unruhen verhindern, aber auch bei Ausfall der medizinischen Versorgung erste Hilfe leisten. Die Errichtung von Feldlazaretten in allen Grossstädten ist geplant, da für das Funktionieren der Krankenhäuser nicht garantiert werden kann - schliesslich wird mit Stromausfällen gerechnet. Eine Reihe von Fluggesellschaften hat bereits alle Flüge für den 1. Januar 2000 gestrichen: Zu gross das Risiko, dass die Flugleitsysteme ausfallen. Es besteht also keine Frage mehr, dass es zu einem weltweiten Kollaps der Infrastruktur und, daraus resultierend, zu einer Weltkrise kommen wird.

Zu welchen Folgen der Zusammenbruch der Weltwirtschaft führen kann, zeigt sich in Indonesien, einem der einstigen Boomländer Südostasiens. „Das plötzlich hereingebrochene Elend schürt die Gewaltbereitschaft“, berichtete der SPIEGEL, „Vor allem auf Java kommt es häufig zu kollektiven Wutausbrüchen und spontanen Raubzügen. Die Menschen räumen Supermärkte und Lager aus, überfallen Garnelenfarmen, holzen Teakholzplantagen ab und verwandeln Golfplätze in Reisfelder.“ Werden die Massenverarmung in Lateinamerika, das Elend in Russland in dem zu erwartenden Hungerwinter 1999 zu ähnlichen Unruhen und Gewalttaten führen? Wird die weltweite Y2K-Krise am 1.1.2000 die gesamte Welt in den Abgrund, in das Chaos stürzen? Und wie wirkt sich der Zusammenbruch der Infrastruktur und die daraus resultierende plötzliche Armut auf Westeuropa aus, allemale, wenn in den jetzt noch wohlhabenden Staaten Westeuropas plötzlich das soziale Netz nicht mehr funktioniert? Um NOSTRADAMUS zu zitieren:

„Kurz nach der Verknappung der zwei edelsten Metalle, die zwischen April und März eintreten wird, welche Teuerung!' (NOSTRADAMUS, III/5)

„Man wird dem verlorenen Reichtum nachweinen und bedauern, die gewählt zu haben, die sich immer wieder irren. Sie werden kaum noch Anhänger haben, da diese von ihren Reden enttäuscht sein werden.“

„Aufgrund der Geldentwertung wird man die Achtung vor der Regierung verlieren, und die Völker werden sich gegen ihre Regenten auflehnen; Frieden durch eine neue Tatsache; geheiligte Gesetze werden korrumpiert. Niemals zuvor erlebte Paris so schwere Wirren.“ (NOSTRADAMUS, VII/35; VI/23)

„In dem Ort, wo Hieron (König von Syrakus auf Sizilien) seine Schiffe bauen liess, wird eine so heftige und plötzliche Revolution ausbrechen, dass kein Stück Erde vom

Angriff verschont bleiben wird. Nach den Olympischen Spielen wird die Revolution Bologna erreichen." (NOSTRADAMUS, VIII/16)

Unruhen auch in England: „Grossbritannien, England eingeschlossen, wird von revolutionären Bewegungen überschwemmt werden. Die neue italienische Partei wird den Kampf eröffnen, und sie werden sich zum Widerstand gegen sie zusammenschliessen." (NOSTRADAMUS, III/70)

„In ganz Europa wird ein fürchterlicher Bürgerkrieg ausbrechen ... Blut wird in Strömen fliessen." (FRANZISKANER) (9)

„Es werden sich in Frankreich zwei Parteien bilden, die sich auf Leben und Tod bekämpfen werden. Die eine wird zahlreicher sein als die andere, doch die schwächere wird siegen.... Paris wird gänzlich zerstört werden.... Wenn England anfängt, in seiner Macht erschüttert zu werden, so wird man einer allgemeinen Katastrophe nahe sein...." (PATER NECTOU) (10)

MÜHLHIASL erwähnt, dass auch in Deutschland „*in den Städten alles drunter und drüber geht*", wenn auch nicht in dem Masse, wie in Frankreich und Italien. Zur selben Zeit kommt es auch in Afrika zu revolutionären Unruhen. (11)

VERONIKA LUEKEN beschreibt ihre Vision von dieser Phase so:

„An der rechten Seite des Himmels erscheint nun eine ganz grosse Landkarte -die Umrisse von Afrika -ich erkenne es. Unsere Frau sagt: 'Uneinigkeit und Streit; Uneinigkeit und Streit mit dem Kommunismus'. Die Umrisse Afrikas verschwinden jetzt, und man sieht jetzt einen Umriss erscheinen, ich erkenne es als Westeuropa. Und Unsere Frau sagt wieder: 'Uneinigkeit und Streit. Uneinigkeit und Streit mit dem Kommunismus'. Da erscheint ein Umriss von Italien... 'Uneinigkeit und Streit, und Blut wird in den Strassen fliessen bei der Revolution'." (12)

Was die Seher voraussagten: Seit Mitte der Neunziger Jahre ist in ganz Europa ein politischer Linksruck zu beobachten. Nach Siegen von Sozialisten und Labour in Italien, Frankreich und England gewann im September 1998 in Deutschland eine Rot-Grüne Koalition die Bundestagswahl. Einen Monat später, im Oktober 1998, vollzog sich in Italien der nächste Schritt: Die politisch erfolgreiche Koalition der linken Mitte unter Ministerpräsident Romano Prodi scheiterte, als ihr die Kommunisten der PRC die Unterstützung entzogen. Damit droht die relative Sicherheit, die Prodi schuf, um die Maastricher Kriterien für den Euro zu erfüllen, zu zerbrechen. Der Kommunist D´Alema wurde zum neuen Ministerpräsidenten gewählt, sein Parteifreund Diliberto wurde Justizminister; mit 21 % ist seine Partei die stärkste politische Macht im Lande.

Die Seher wussten: Es folgen Jahre des politischen Chaos, in denen die Kommunisten immer wieder Aufstände anzetteln. Das Zentrum der Unruhen wird Rom sein. Die Kommunisten werden in der Ewigen Stadt die Macht ergreifen - und ihr erstes Angriffsziel ist der Papst. Es ist durchaus möglich, dass der Auslöser dazu das

Heilige Jahr 2000 ist, das mit den Feiern des Weihnachtsfestes 1999 beginnt. Schon heute sehen die meisten Römer dem Ansturm von 20 Millionen Pilgern aus aller Welt auf eine Stadt, die täglich vor dem Verkehrskollaps steht, mit grosser Sorge und Unmut entgegen. Profitieren werden nur wenige, vornehmlich Gastwirte und Strassenhändler. Die meisten Pilger werden in Bussen kommen, in billigen Unterkünften übernachten, nur wenig Geld in der Ewigen Stadt lassen. Hinzu kommt, dass Rom von allen italienischen Städten den grössten Anteil an Nicht-Kirchenangehörigen hat. Viele Gotteshäuser der Ewigen Stadt sind auch an Sonntagen eher dünn besucht. Viele Römer wenden sich von der Kirche ab - und so ist es sehr gut möglich, dass sich die Lage zuspitzt, wenn sie den Papst für die Opfer verantwortlich machen, die das Heilige Jahr von ihnen abverlangt:

„In Rom wird es bald ein Blutbad geben. Rom wird unter einer Revolution leiden. Und warum, meine Kinder, warum kommt diese Züchtigung über die Heilige Stadt? Weil sie sich von Gott abgewendet hat." (13)

„Im Stiefelland bricht eine Revolution aus, in der sie alle Geistlichen umbringen", bestätigt IRLMAIER, „ich sehe Priester mit weissen Haaren tot am Boden liegen. Hinter dem Papst ist ein blutiges Messer, aber ich glaube, er kommt ihnen im Pilgerkleid aus." (14)

„Ich will euch ein Zeichen zur WARNUNG geben, wenn es soweit ist: Wenn ihr seht, wenn ihr hört, dass in Rom eine Revolution im Gange ist - wenn ihr seht, dass der Heilige Vater flieht, Zuflucht sucht in einem anderen Land, wisst ihr, dass die Zeit reif ist." (VERONIKA LUEKEN) (15)

Der Papst flieht aus Rom

„Italien wird ein einziges Revolutionsfeld. Der Vatikan wird ausgeräuchert. Der Papst wird in blasser Angst vor dem Kommunismus übers Meer fliehen. Alle Kunstschätze des Vatikan werden verschleppt, gestohlen und geraubt. Hekatomben von Blut werden dabei fliessen. Die Schweizer Garde wird trotz der Flucht des Papstes ihren Widerstand unter Blutopfern versuchen und dabei zu Grundegehen." (ONIT) (16)

Die stigmatisierte Nonne ELENA AIELLO hatte Karfreitag 1961 eine „schreckliche Vision" von der Papstflucht: „Eine grosse Revolution ist in Rom im Gange! Sie dringen in den Vatikan ein. Der Papst ist allein; er betet. Sie ergreifen den Papst. Sie wenden Gewalt an. Sie werfen ihn auf den Boden. Oh Gott! Sie treten ihn!" (17)

„Mord in Rom. 3-4 Meter hohe Berge von Leichen von Geistlichen und Bürgerlichen. Der Papst ... flieht mit zwei Kirchenfürsten auf Nebenwegen..." (KUGELBEER) (18)

NOSTRADAMUS widmet der Papsfflucht mehrere Vierzeiler. Dabei soll neben der blutigen Revolution in Rom auch eine drohende russische Invasion Johannes Paul II. veranlassen, den Vatikan aufzugeben:

„Die Bewegungen der Streitkräfte aus dem Norden
werden den Papst zur Flucht veranlassen; sie werden die Mauern aus Gips,
Kalk und Sandstein zum Einsturz bringen und in Asche verwandeln.
Die Revolution, die ihm zur Falle werden sollte, wird eine letzte Hilfe
sein und sich ihrer Front entgegenstellen."
„Innerhalb von fünf Tagen wird die Kirche vertrieben werden;
einer wird fliehen und den Polen (!) in Stich lassen.
Falsche Gerüchte werden Hilfe ankündigen,
und dann wird das Oberhaupt den (Heiligen) Stuhl verlassen."
„Sehr nahe dem Tiber lauert der Tod; kurz davor gab es eine grosse Invasion.
Das Oberhaupt der Kirche wird in den Kielraum gebracht,
wenn die (Engels-)Burg und der (Vatikan-)Palast in Flammen aufgehen."
„Der grosse Stern wird sieben Tage lang brennen, am Himmel werden zwei Sonnen
zu sehen sein. Der grosse Bluthund wird die ganze Nacht schreien,
wenn der Pontifex Maximus (der Papst) in ein anderes Land ziehen wird."

(NOSTRADAMUS, IX/99, X/3, II/93, II/41)

Papst Pius X sah in einer Vision *„den Papst aus dem Vatikan fliehen"*, die FELDPOSTBRIEFE erwähnen, dass er in Italien *„als Verräter hingestellt wird"*, und Jacinta von FATIMA klagte auf dem Sterbebett: *„Armer Heiliger Vater.... Sie werfen Steine nach ihm"*. Seine Flucht dauert laut DON BOSCO und MUTTER STIEGLITZ etwa 200 Tage, bis er wieder nach Rom zurückkehrt. Vorher, da sind sich IRLMAIER, KUGELBEER, MUTTER STIEGLITZ und die FELDPOSTBRIEFE einig, wird er zu Kriegsende ein Hochamt im Kölner Dom feiern.

Wenn die Zeit reif ist

Die Flucht des Papstes ist, wie eine Reihe von Sehern bestätigt, derAuftakt zum Dritten Weltkrieg. Dem geht ein Himmelszeichen, eine Warnung voraus. *„Der Himmel wird weiss wie Schnee"*, meinte Jacinta von FATIMA, *„es wird wie Feuer sein. Es wird euer Fleisch nicht verbrennen, aber wir werden es am Körper und in der Seele fühlen! Alle Nationen, jeder - wird es fühlen. Niemand ist da ausgenommen"*, ergänzte Conchita von GARABANDAL. Enzo von PORTO STEFANO wurde offenbart, dass *„die Erde dabei erschüttert wird.... Der Himmel wird frei von Wolken sein, in allen Teilen der Welt wird man dieses merkwürdige Phänomen sehen können."*

Bild 29: Papst Johannes Paul II.

VERONIKA LUEKEN hatte dazu folgende Vision:

„Es ist, als würde alles am Himmel explodieren - der Blitz! Es ist sehr heiss, sehr warm. Es fühlt sich an, als würde es brennen. Nun - der Himmel ist sehr weiss... Farben: Blau- und Rottöne, wie bei einer Explosion. JETZT- diese Stimme, diese Stimme .... Eure Warnung vor der Züchtigung—Blitz, Feuer, und eine Stimme in eurem Innern!" (19)

Auch andere Seher beschreiben das kosmische Ereignis: „Wenn das Weltabräumen unmittelbar bevorsteht, wird es ein grosses Himmelszeichen geben." (MÜHLHIASL)

„Alle glaubten, sie sähen Sterne. Dabei handelt es sich um eine Art Glut - wie Millionen weissglühende herabfallende Leuchtkugeln - die sich über gelblich, dann rötlich färbend, im Osten beginnend, zu Boden fiel. Wo sie auftrat, verbrannte fast alles Brennbare." (KREMSER BAUER)

Vielleicht ist „die Warnung" das Himmelsphänomen, auf das NOSTRADAMUS in 11/41 anspielt; auch VERONIKA LUEKEN setzt es zeitlich mit der Papstflucht gleich. Alles deutet darauf hin, dass der Dritte Weltkrieg Ende April/Anfang Mai beginnt. Ihm geht in Deutschland ein *„fruchtbares Jahr mit viel Obst und Getreide"* (IRLMAIER) voraus, und auch *„in diesem Jahr, wo der Krieg losbricht, wird ein so* *schönes Frühjahr sein, dass im April die Kühe schon in vollem Grase gehen*" (JASPER). Vielleicht ist damit auch die Weissagung der germanischen Mythologie erfüllt: „*Das Ende der Welt naht, wenn ein Winter kommt, der ein Sommer ist*" (EDDA).

Die Krise in Nahost

Der derzeitig andauernde Nahost-Konflikt wird der Auslöser des Dritten Weltkriegs sein; die Interessensphären beider Grossmächte werden kollidieren, die erste Atombombe, glauben wir DE LA VEGA, in Syrien fallen. Es ist eine amerikanische Bombe.

Die Seher sind sich einig, dass hier der Dritte Weltkrieg seinen Anfang nimmt. „*Er beginnt dort, wo die Flamme der Kultur zuerst auf die Erde kam*", prophezeien die HOPI, und die UGHA MONGULALA formulieren es so: „*Die Katastrophe wird dort beginnen, wo einst Samon (Salomon?) sein grosses Reich errichtet hatte. In diesem Land wird ein Krieg ausbrechen, der langsam auf die ganze Erde übergreift*". Dass es jedoch nicht dazu kommen muss, wenn die Politiker besonnen reagieren, wird bei VERONIKA LUEKEN deutlich: „*Syria has the key*", betont sie, „*Syrien hat den Schlüssel zur Lösung des Weltfriedens oder zum dritten Weltkrieg*".

Bild 30: US-Soldat im Golfkrieg

Tatsächlich drohte die Türkei unlängst Syrien mit einem Krieg. Im Oktober 1998 marschierte die türkische Armee an der 880 Kilometer langen Grenze zu Syrien auf, während das Parlament in Ankara dem syrischen Staatschef Assad „eine letzte Frist" setzte. Das Land gilt den kurdischen Partisanen der PKK als Zuflucht, deren Ausweisung die Türkei forderte. „Ich warne nicht nur Syrien, ich warne die Welt. Das kann so nicht weitergehen", erklärte der türkische Staatspräsident Süleyman Demürel. Die türkischen Medien prahlten wie weiland das wilhelminische Deutschland zur Zeit Kaiser Wilhelms: Die „rotznäsigen Syrer" sollten „im Wasser ersaufen", schrieb die Tageszeitung „Hürriyet" und erklärte den Krieg zum Spaziergang: „Zu Mittag sind wir in Damaskus!" Assad reagierte. In einer vertraulichen Bortschaft an US-Präsident Clinton warnte er, dass ein Angriff der türkischen Armee auf sein Land zu einem „vollständigen Zusammenbruch des Friedensprozesses" in der Region führen werde. Dem stimmte der ägyptische Präsident Hosni Mubarak zu, der vor einer „Kettenreaktion mit verheerenden Folgen für den gesamten Nahen Osten" warnte. Fast alle arabischen Staaten stellten sich auf die Seite Syriens. Denn die Araber vermuten Israel hinter der Aggression. Seit 1996 besteht ein enges Bündnis und eine militärische Zusammenarbeit zwischen den beiden Staaten. Als Partner hält man gemeinsame Manöver ab, die Türken lassen ihre F-16-Kampfjets in Israel modernisieren, israelische Piloten üben im weiten Luftraum über Anatolien. Für die Araber ein Alptraumszenario, die Syrer fühlen sich umzingelt. Die Araber hassen die Türken, die sie während des Osmanischen Reiches unterdrückten, die Türken verzeihen den Arabern bis auf den heutigen Tag nicht den Aufstand während des 1. Weltkriegs. Damals hatte sie der junge britische Offizier Thomas Edward Lawrence („Lawrence von Arabien") aufgestachelt, die Türken mit britischer Unterstützung aus der Levante zu vertreiben.

Bild 31: Rollen gen Westen? Russische Panzert

Kommt es zu einem Krieg, so stehen zwei Riesenheere einander gegenüber. Syrien unterhält mit 320.000 Soldaten eine der grössten stehenden Armeen des Nahen Ostens; die türkischen Streitkräfte sind mit 640.000 Mann sogar doppelt so stark. Zudem könnten hunderttausende von Zivilisten einberufen werden. Weiter verfügt Syrien über 1000 Kurz- und Mittelstreckenraketen, die auch mit chemischen Sprengköpfen bestückt werden können. Zudem rechnet man in Damaskus mit russischer Unterstützung. Die Türkei wiederum ist NATO-Partnerstaat...

All das ereignet sich im Oktober 1998, während am Wye-River bei Washington der Friedensgipfel zwischen PLO-Chef Yassir Arafat und Israels Ministerpräsident Benjamin Netanjahu zu einem, wenn auch knappen, Erfolg führte. Die Welt jubelte, der Frieden in Nahost schien gerettet. Doch eben das könnte ein Trugschluss gewesen sein. Denn schon in den ersten zwei Wochen nach der Rückkehr von Netanjahu und Arafat kam es zu drei Terrorakten radikaler Palästinenser gegen Israelis, woraufhin Netanjahu eine Verabschiedung des Friedensabkommens durch das Kabinett auf unbestimmte Zukunft verschob. Und die Lage blieb kritisch im Heiligen Land. Als Präsident Clinton im Dezember 1998 in den Gaza-Streifen flog, um dabei zu sein, wenn der PLO-Führungsstab seine Kriegserklärung gegen Israel aus der PLO-Charta strich, wurde ihm zugejubelt. Nur vier Tage später, als seine Truppen Bagdad bombardierten, brannten seine Bilder und amerikanische Flaggen in den Palästinensergebieten - ein Symbol dafür, wie zerbrechlich der „Frieden" im Nahen Osten ist. Der auf Clintons Gaza-Besuch folgende Nahostgipfel am Grenzübergang Eres scheiterte, weil keine Seite nachgeben wollte. Wütend verliess PLO-Chef Arafat den Konferenzraum, nachdem er Israel bezichtigt hatte, das Wye-Abkommen nicht zu erfüllen, und liess die beteiligten Parteien ratlos und zornig zurück. Tatsächlich scheiterte der Gipfel, weil Israels Premier Netanjahu bei seinen orthodoxen Koalitionspartnern Punkte sammeln wollte. Denn seit dem Kompromiss von Wye kämpft er um das eigene politische Überleben. Als am 21. Dezember 1998 die Knesset gegen eine Aussetzung des Wye-Abkommens stimmte, mussten Neuwahlen ausgeschrieben werden. Die Zukunft Israels ist damit ungewisser denn je zuvor. Nur Tage zuvor erlebte die Weltöffentlichkeit vor den Augen der Fernsehkameras die Neuauflage des Golfkrieges, dieselben Bilder von nächtlichem Bombenhagel wie sieben Jahre zuvor. Als alles vorüber war, schwor Saddam Hussein Vergeltung. Immer mehr arabische Staaten reagierten mit Unverständnis auf die amerikanische Aggression, Rotchina und Russland protestierten lautstark, letzteres sogar mit dem Abzug seiner Botschafter aus Washington und London. Zum zweiten Mal in diesem Jahrzehnt steht die Welt vor einer Nahostkrise, die sich sehr bald als Zeitbombe erweisen könnte.

Belgrad im Oktober 1998, auf dem Höhepunkt der Kosovo-Krise: „Je näher ein militärischer Schlag der Nato gegen Serbien rückt, umso schriller und absurder klingt die Kriegshysterie in Belgrad", schreibt der SPIEGEL am 16.10.98. Sie hat längst die Regierung erfasst, die bereits von einem dritten Weltkrieg faselt, in denen „wir Deutschland auch dieses Mal schlagen, wie alle seine Verbündeten, die über unser

Territorium herfallen wollen“, wie der stellvertretende Regierungschef Vojislav Seselji erklärte. Die 1,6 Millionen Einwohner der Hauptstadt werden währenddessen auf Luftangriffe vorbereitet. In Belgrad gibt es bereits 1500 Luftschutzkeller, die Regierung gab umfangreiche Anweisungen heraus, wie die Bevölkerung sich im Angriffsfall zu verhalten hätte. Und auch zum Gegenschlag ist man bereit. Kamikaze-Piloten wollen solange die amerikanische Flotte bombardieren, bis sie aus der Adria abzieht. Und in Moskau bestellte Verteidigungsminister Pavle Bulatovic das moderne Luftabwehrsystem S-300, vor dem die NATO sich fürchtet.

Bild 32: Wird er die Welt in Unglück stürzen? Diktator Saddam Hussein

Tatsächlich droht der NATO aus Moskau ganz andere Gefahr. Schon im Juni 1998 drohte der russische Präsident Boris Jelzin, dass „ein dritter Weltkrieg“ ausbrechen könnte, wenn die NATO Serbien angreift. Für die Russen sind die Serben ein „Brudervolk“, das es um jeden Preis zu unterstützen gilt. So kam es im Sommer 1998 zu Gesprächen zwischen Jelzin und dem jugoslawischen Präsidenten Slobodan Milosevic. Sollte Jelzin gestürzt werden und wieder eine kommunistische Regierung die Macht ergreifen, ist ein militärisches Vorgehen gegen die NATO und speziell gegen Deutschland durchaus denkbar.

Auch das aber war noch vor einem Jahr unvorstellbar. Es war der eigentliche Grund, weshalb dieses Buch seit Ende des Kalten Krieges nicht wiederaufgelegt wurde: Zu unwahrscheinlich klang das von den Sehern ausgesprochene Szenario eines russischen Einmarsches in Deutschland und Westeuropa. Nach Ende des Kalten Krieges galt die Gefahr als gebannt. Stattdessen sprach man von der Aufnahme Russlands in die NATO - oder der Auflösung des westlichen Verteidigungsbündnisses, das plötzlich keinen Feind mehr hatte.

Bild 33: Die Rückkehr der Kommunisten in Russland: Demonstration in Moskau im Herbst 1998

Doch seit dem Zusammenbruch der russischen Wirtschaft im Sommer 1998 ist alles ganz anders. Er führte, nach den Jahren der Freiheit, zur Vorstufe einer erneuten Machtübernahme der Kommunisten. Boris Jelzin ist schwerkrank, nur noch eine Marionette, längst nicht mehr Herr der Lage. Es ist nur noch eine Frage der Zeit, bis er stirbt, ermordet wird oder freiwillig zurücktritt, seit er sich am 28. Oktober 1998 offiziell aus dem politischen Tagesgeschäft zurückzog. Fest steht auch für ihn, dass ohne die Kommunisten, die fast 50 % der Parlamentssitze innehaben, in der Duma keine Politik mehr zu machen ist. Der neue starke Mann, Premier Primakov, war Leiter der Auslandsspionageabteilung des Sowjet-Geheimdienstes KGB. Schon im September 1998 kehrte das Land teilweise zur kommunistischen Planwirtschaft zurück. Erste Vorzeichen: Einschränkung des Dollar- und Devisenhandels, staatliche

Kontrolle von Wirtschaft und Finanzen. Ein Teil der Lohnschulden des Staates konnte durch Erhöhung der Geldmenge bezahlt werden. Die Folge war eine Inflation, der Wertverfall des Rubels. Westlichen Kreditgebern dagegen wurden Rückzahlungen verweigert. „In Russland herrscht eine revolutionäre Situation“ erklärte KP-Chef Gennadij Sjuganow dem SPIEGEL, „90 % aller Russen wünschen eine andere Politik und wissen auch, wie sie auszusehen hat... Ich bin sicher, die Wiedergeburt einer neuen Union ist nur eine Frage der Zeit.“ Diese „neue Union“ muss ihre Stärke demonstrieren. Schon immer war ein Krieg ein Mittel, von innenpolitischen Problemen abzulenken, ein Volk zu einen und zur Opferbereitschaft zu zwingen.

Bild 34: Der kranke Jelzin mit Russlands neuem Mann: Ex-KGB-Chef Primakov

Eben das wissen auch die Türken. Der „Schwarze Brief“, ein Mitteilungsblatt für den katholischen Klerus, schrieb dazu am 14. Oktober 1998: „Zwei deutsche Besucher der türkischen Hauptstadt, die gerade zurückgekehrt sind, hörten von hohen türkischen Offizieren noch eine ganz andere Version. Danach plant die Regierung zwar einen Angriff gegen Syrien, das wirkliche Ziel sei aber der Kosovo, wo die Türken einen russischen Angriff erwarten. Man wolle diesem Abgriff zuvorkommen. Da Syrien im Falle eines Krieges mit der Türkei von den Russen Beistand aufgrund eines Abkommens erwartet, würde eine Konfrontation mit den Russen unvermeidlich sein.“ Andererseits ist auch die Türkei alles andere als ein stabiler Staat, droht hier der Aufstand der fundamentalistischen Moslems gegen die pro-westliche Regierung.

Zeitgleich verbündete sich Russland mit dem Iran im Krieg gegen Afghanistan, das von den noch fanatischeren „Gotteskriegern“ der Taliban beherrscht wird. Wie der SPIEGEL am 16.10.98 berichtet: „Die Kämpfe im Westen Afghanistan entspannen die Lage an den Grenzen zu Usbekistan und Tadschikistan, wo gleichfalls Taliban-Einheiten stehen und den islamischen Fundamentalismus ins Gebiet der ehemaligen Sowjetuniom tragen können. Moskau hat sich deshalb Teheran als neuen strategischen Verbündeten gesucht.“ In Teheran aber bildet sich derzeit „eine neue Front gegen den ‘Grossen Satan USA’“, wie die WELT AM SONNTAG am 18. Oktober 1998 meldete. Der harte Flügel der Mullahs gibt im Iran wieder den Ton an und verwandelt den „Hauch von Frühling“, den westliche Beobachter schon witterten, „in eine neue Eiszeit“. Der Afghanistan-Konflikt trägt dazu nur bei, denn, so die WamS: „Die entscheidende Unterstützung dieser angeblichen ‘Koranschüler’ (der Taliban), deren Willkür-Regime in schiere Barbarei ausgeartet ist, kam vom amerikanischen Nachrichtendienst CIA. Für die Ölkonzerne aus USA ging es darum, das ‘schwarze Gold’ der ehemaligen Sowjetrepubliken in Zentralasien unter Umgehung Russlands und Persiens über die afghanische Trasse einer Pipeline Herat-Kandahar nach Pakistan und an den indischen Ozean umzuleiten.“ So ist es zumindest möglich, dass auch der Mullah-Staat in den Konflikt mit einbezogen wird, wie die Seher behaupten.

Lassen wir NOSTRADAMUS den Verlauf des kommenden Krieges beschreiben:

„Im schwarzen Meer der islamische Konflikt, wenn das Blutvergiessen Dalmatien erbeben lässt, wenn der Anführer der Moslems seinen grössten Sieg feiern wird.“

„In der Hafenstadt Pula wird am Nikolaustag die (russische) Gefahr Dalmatiens Küsten erreichen. Das Wehgeschrei des Anführers der Türken wird durch die Strassen hallen.“

„Der grösste Angriff wird vom dalmatischen Hafen Zera ausgehen und Istanbul gelten. Unter den Feinden wird ein Blutbad stattfinden, und es wird kein Vertrag zustande kommen. Zwei Drittel des Landes werden erbeutet und geplündert werden.“

„Quer durch ganz Asien wird eine Einziehung der Güter stattfinden, besonders in der Türkei, wo ein Verrat sinnender moslemischer Anführer unter dem Vorwand der Befreiung Blut vergiessen wird.“

„Die dem Einflussbereich Russlands angehörenden Länder werden durch einen grossen Krieg die Berge erschüttern und in derganzen Türkei Gefangene beiderlei Geschlechts machen, so dass an einem Morgen Schreie von einem Land zum anderen erschallen werden. „ (NOSTRADAMUS, IX/60; IX/30; VII/83; III/60; VI/70)

„Die Türkei wird durch das Oberhaupt Persiens aufgewiegelt werden.“

„Mit Feuer und Waffen wird er nicht weit vom Schwarzen Meer entfernt aus Persien kommen, um Trabzon zu erobern. Phatos und Lesbos werden erzittern."
(Trabzon und Phatos sind zwei türkische Städte am Schwarzen Meer)

„In Persien steht fast eine Million Soldaten bereit, und der zurückgekehrte Satan wird in die Türkei und nach Ägypten einmaschieren."

(NOSTRADAMUS, X/86, V/27, V/25)

„Der Russe bemüht sich, möglichst rasch durch den Balkan zur Adria vorzudringen", heisst es bei MUTTER STIEGLITZ, und auch JOHANSSON wusste, dass es einen *„neuen Balkankrieg"* im Vorfeld des Dritten Weltkrieges geben würde. Während die iranischen Truppen erst den Osten der Türkei sicher in Griff haben, greift der Warschauer Pakt von dort aus über das Mittelmeer ihren Westen an. Die Russen siegen, erobern schliesslich in Panzerschlachten die Türkei und den besiegten Iran, wie MUTTER STIEGLITZ und JOHANSSON prophezeien. Die neue Position - Türkei, Syrien, Irak, Iran im Norden, der Sowjet-Verbündete Libyen im Westen, Äthiopien im Süden, Amerika und sein Verbündeter Israel in der Mitte veranlasst die USA zu einer schärferen Gangart. Und die Prophezeiung HESEKIELs von der Endzeitschlacht von Harmageddon hat sich erfüllt:

„Nun mehr will ich an dich, Gog, Fürst von Ros, Mesech und Thubal! Ich will dich heranlocken und dir Haken in die Kinnbacken legen und dich ins Feld ziehen lassen mit deiner ganzen Kriegsmacht... Perser, Äthiopier und Libyer befinden sich unter ihnen... das Haus Thogarma aus dem äussersten Norden mit all seinen Scharen:... am Ende der Jahre sollst du überein Land kommen, das sich vom Kriege erholt hat, das aus vielen Völkern gesammelt worden ist auf den Bergen Israels, die da verödet lagen." (Hes. 38, 3ff.)

Der Tod des Grossen

Ein weiteres Zeichen für den bevorstehenden Ausbruch ist die Ermordung eines prominenten Politikers, den die Seher nur „den Grossen" oder „den Hochgestellten" nennen. Es könnte sich dabei um den amerikanischen Präsidenten, aber auch um das Staatsoberhaupt eines anderen Staates handeln.

„Der Grosse wird niedergestreckt werden am Tage von einem Donnerschlag,- ein schlimmer Tod, vom Träger einer Bittschrift angekündigt. Gemäss der Weissagung wird der andere zur Nacht fallen." (NOSTRADAMUS, I/26)

Aus der amerikanischen Reaktion auf die Attentate auf zwei amerikanische Botschaften in Nairobi und Daressalam im August 1998 lässt sich erahnen, wie schnell eine solche Situation eskalieren kann. Es folgte ein unmittelbarer Vergeltungsschlag mit Luftangriffen auf den Sudan und Afghanistan, der wiederum von den meisten UNO-Mitgliedsstaaten scharf verurteilt wurde. Islamische Fundamentalisten unter Führung des Terroristenchefs und Milliardärs Osama Ibn

Ladin drohten mit einem weltweiten Terror-Krieg seiner „Moslem-Bruderschaft" gegen die USA. Da Ibn Ladin in der gesamten islamischen Welt operiert, steht offen, gegen welches Land dann der nächste US-Vergeltungsschlag gerichtet ist. Anfang Oktober 1998 meldete die ägyptische Zeitung „El Hajat", dass Ibn Ladin von russischen Militärs Atomsprengköpfe gekauft hätte.

Sollte tatsächlich der amerikanische Präsident einem Attentat der „Moslem-Bruderschaft" zum Opfer fallen, ist sicher, dass ein verheerender Vergeltungsschlag die Folge sein wird. Welches islamische Land auch immer das Ziel sein wird, die US-feindlichen Staaten - Irak, Iran, Syrien und Lybien - würden sich mit ihm solidarisch erklären. In einer ohnehin schon durch diverse „köchelnde" Konflikte brisanten Weltlage könnte eben dies der Auslöser für den Dritten Weltkrieg sein. Die so euphorisch gefeierten „Friedensabkommen" von Washington und Wye River sind da blitzschnell vergessen...

Als IRLMAIER davon sprach, dass vor Kriegsbeginn der „dritte Hochgestellte" ermordet würde, deutete man die ungenannten ersten beiden als Gandhi und Graf Bernadotte. NOSTRADAMUS hingegen sprach von den"drei Brüdern", die der Reihe nach Attentaten zum Opfer fallen, und wir neigen dazu, auch IRLMAIER so zu deuten. „Zwei Männer bringen den dritten Hochgestellten um", hatte er prophezeit, „sie sind von anderen Leuten bezahlt worden. Der eine Mörder ist ein kleiner schwarzer Mann, der andere etwas grösser, mit heller Haarfarbe. Ich denke, am Balkan wird es sein, kann es aber nicht genau sagen." Da nach IRLMAIER das Attentat dem Einmarsch der roten Truppen unmittelbar vorausgeht, muss es auf (etwa) Ende April datiert werden; „kurz nach Ostern", wie es bei NOSTRADAMUS heisst:

„Ein grosser König (Staatsoberhaupt) unter den Händen eines jungen Mannes kurz nach Ostern.
Verwirrung, auf Messers Schneide.
Ewigkeit. Traurige Zeit, das Feuer an der Spitze des Stabes (Gewehr)
Drei Brüder sollen verwundet und ermordet werden." (IX/36)

Laut Schönhammer resümierte IRLMAIER: *„Alles ruft Frieden, Shalom! Da wird's passieren - Ein neuer Nahostkrieg flammt plötzlich auf, grosse Flottenverbände stehen sich im Mittelmeer gegenüber - die Lage ist gespannt. Aber der eigentlich zündende Funke wird im Balkan ins Pulverfass geworfen: Ich sehe einen 'Grossen' fallen ... dann geht es Schlag auf Schlag.* „(20)

Einmarsch der Russen

„Anfangen tut der vom Sonnenaufgang. Er kommt schnell daher. Die Bauern sitzen beim Kartenspielen im Wirtshaus, da schauen die fremden Soldaten bei den Fenstern und Türen herein. Ganz schwarz kommt eine Heersäule herein von Osten, es geht

aber alles sehr schnell. Einen Dreier seh' ich, weiss aber nicht, sinds drei Tag oder drei Wochen. Von der Goldenen Stadt geht es aus. Der erste Wurm geht vom blauen Wasser (Donau) nordwestlich bis an die Schweizer Grenz. Bis Regensburg steht keine Brücke mehr über die Donau, südlich vom blauen Wasser kommen sie nicht, sie biegen nach Nordwesten ab. Sein Hauptquartier hat der Feind im Naabtal in der Oberpfalz. Die Stadt Landau an der Isar leidet schwer durch eine verirrte Bombe.

Der zweite Stoss kommt über Sachsen westwärts gegen das Ruhrgebiet zu, genau wie der dritte Heerwurm, der von Nordwesten westwärts geht über Berlin. Tag und Nacht rennen die Russen, unaufhaltsam.. ' (IRLMAIER) (21)

„Russland überfällt den Süden Deutschlands" (FELDPOSTBRIEFE) (22)

„Von Straubing auf den Pilmersberg hinauf wird eine Strass gebaut. Und auf der Strass kommen sie einmal heraus, die Roten, die Rotjankerl... und über den Hühnerkobl und über den Falkenstein und über den Rachel werden sie auch kommen... die Berge werden ganz schwarz sein von Leuten... in einem Wirtshaus in Zwiesel, an einer Brücke, werden viele Leute beieinandersein, und draussen werden die Soldaten vorbeiziehen. Wenn sie aber kommen, muss man davonlaufen." (MÜHLHIASL) (23)

„Der Mittelangriff gegen Westeuropa erfolgt in drei gewaltigen Stosskeilen. Der erste wird aus dem Raum Stettin-Berlin nach Lübeck, Hamburg und die Niederlande vorstossen. Der zweite aus dem Raum Sachsen und Dresden ins Ruhrgebiet. Der dritte Stosskeil wird aus Böhmen nach Bayern hereinbrechen und zum Oberrhein streben. Eine unvorstellbare Masse von Panzern rollt an den Bergketten der Schweiz vorbei bis hinunter nach Lyon. Die Truppen der NATO sind auf einige wenige Verteidigungsräume zusammengedrängt. Die Verteidigungsräume heissen: Ruhrgebiet und Niederlande, so dann Bayern, die Alpen und die Schweiz sowie das südfranzösische Rhonegebiet". (MUTTER STIEGLITZ) (24)

„Er sah Panzer mit flachen Kuppeln. Und er sah Kettenfahrzeuge, auf denen Mittelstreckenraketen montiert waren."

(W. J. Bekh über den BAUERN AUS DEM WALDVIERTEL) (25)

„Ich sah russische Panzer in Rottenburg (Neckar) einmarschieren. Es war an einem trüben Tag, die Strassen waren feucht, Nebel lag über der Landschaft, aber es gab weder Regen noch Schnee. Als ich aufwachte, hatte ich noch immer das unheimliche Rasseln der Panzer im Ohr. Auch hörte ich das Donnern herannahender Flugzeuge." (ERNA BRANDT) (26)

„Zehn Millionen Mann werden mit 800 Panzerdivisionen von Osten gegen den Westen aufbrechen und bis Calais und Italien vormarschieren." (ONIT)

„Vom Schwarzen Meer und der grossen Tartarensteppe
wird ein Herrscher bis nach Frankreich kommen,

er wird den Kaukasus und Armenien durchqueren
und in der Türkei blutige Spuren hinterlassen. „
„Der Anführer aus dem Osten wird aus seinem Land aufbrechen,
um die Appeninen zu überqueren und nach Frankreich zu kommen.
Er wird den Himmel durchqueren und die Flüsse und den Schnee,
und sich alle Länder tributpflichtig machen."
(NOSTRADAMUS, V/54; II/29)

„Durch Ungarn, Österreich, Norditalien und die Schweiz wird die rote Sturmflut gegen Frankreich anrollen. Die dortigen amerikanischen Waffenlager werden in die Hände des Ostens fallen. Deutschland wird vom Osten angegriffen. Deutsche werden gegen Deutsche kämpfen." (JOHANSSON) (27)

„Panzer werden von Osten kommen und mit grosser Schnelligkeit gegen Westen fahren. Wo sich ihnen Hindernisse in den Weg stellen, machen sie mit grosser Übermacht alles dem Erdboden gleich. In drei Zügen ziehen sie nach Westen, an der Nordsee, nach Mitteldeutschland, um im Süden entlang der Alpen, soweit ich mich noch erinnern kann. Vor Angst fliehen die Menschen nach Westen. In Frankreich werden die Strassen von Flüchtenden und von Autos verstopft sein, und es wird kein Vor und kein Zurück geben. Männer und Frauen werden gewaltsam ins feindliche Heer einbezogen, wer sich weigert, wird erschossen. Oh, wieviel Leid kommt nach Deutschland. Viel Blut wird in den Strassen fliessen. Lebensmittel und alles, was das feindliche Heer braucht, wird der Bevölkerung enteignet. Die Panzerzüge der Russen werden bis zum Rhein kommen. Das ganze Land wird wimmeln von fremden Soldaten und jeder wird morden und die Frauen vergewaltigen, wie er will. Das Volk wird weder Eigentum noch sonst etwas besitzen, viele werden keine Wohnungen mehr haben und in Verstecken hausen." (STOCKERT) (28)

Seit Ende des Kalten Krieges ist offiziell, was Dissidenten aus dem Ostblock schon immer westlichen Geheimdiensten zu vermitteln versuchten: Die Rote Armee der Sowjetunion verfügte über gründlich ausgearbeitete Pläne für einen möglichen Einmarsch in Westeuropa. Anfang der siebziger Jahre war es der nach dem sowjetischen Einmarsch in Prag geflüchtete tschechoslowakische Generalstabschef General Seina, der erstmals offen über die Strategie des Warschauer Paktes sprach. Seine Enthüllungen wurden zuerst in der Londoner „TIMES" und im „PARIS MATCH" veröffentlicht. Im Herbst 1963 war er, wie es in den Berichten hiess, auf einer Konferenz des Generalstabes unter Vorsitz des damaligen sowjetischen Verteidigungsministers Malinovski über die russischen Pläne für den Ernstfall unterrichtet. Man legte einen 3-Phasen-Plan vor. Dabei sei es Aufgabe einer „1. strategischen Einheit", den Rhein in drei Tagen zu erreichen. Die zweite Einheit sollte das Gebiet hinter den Kämpfern besetzen; das sei Aufgabe der sowjetischen Verbündeten. Für den darauf folgenden Vorstoss nach Frankreich und England dagegen würden fast ausschliesslich russische Truppen eingesetzt werden. Das Kommando der „1. strategischen Einheit" umfasst die gesamten russischen

Fernlenkgeschosse und als Aktions-Abteilung die sowjetische strategische Luftwaffe... im Ganzen ein Aufgebot von mehr als einer Millionen Männer, davon die Hälfte russische Soldaten. Dieser Angriff, so Sejna, sei minutiös vorbereitet, man hätte bereits Millionen von Flugblättern, Anschlägen und Lebensmittelkarten in deutscher und französischer Sprache gedruckt. Eine Liste mit 10.000 Namen setzt fest, wer am ersten Kriegstag in Deutschland verhaftet wird. Die Russen könnten „über Nacht" zuschlagen. Die 29. und 39. Fallschirmspringer-Division, so ergänzte Sejna, hätten die einzige Funktion, in der Stunde „X" über Frankreich abzuspringen. Eine Gegenspionage-Einheit ist mit französischen Sitten vertraut gemacht worden; ihre Aufgabe soll es sein, am ersten Kriegstag alle Kommunikations- und Verkehrswege lahmzulegen, um die Mobilmachung der NATO zu verhindern.

Im April 1972 bestätigte ein geflüchteter sowjetischer Leutnant, dass man sich seit dem Herbst 1955 systematisch auf den „Präventivschlag" vorbereitet. Am 19.2.1984 zitierte die „WELT AM SONNTAG" freigegebene westliche Geheimdienstberichte über die Militärplanung der Sowjetunion. Wörtlich heisst es darin: „Die Strategie des Warschauer Paktes, die für eine kriegerische Auseinandersetzung mit der NATO gedacht ist, geht davon aus, die NATO-Kräfte in Deutschland mit einem massiven kombinierten Luft- und Bodenangriff zu überwältigen.... Denn durch die Besetzung der Bundesrepublik, der Benelux-Staaten und Dänemarks will die Rote Armee 'vollendete Tatsachen' schaffen, bevor die NATO Streitkräfte zur Verstärkung nach Europa bringen kann." Einem solchen Überraschungsangriff würde Westeuropa weitgehend hilflos gegenüberstehen, war das Resümee der Studie eines hohen NATO-Offiziers, die 1976 von der Londoner „TIMES" zitiert wurde. „Innerhalb von drei Stunden könnten sowjetische ... Divisionen die Elbe und innerhalb von 48 Stunden den Rhein überschritten haben." NATO-Strategen sind sich einig, dass dabei das Hauptgewicht auf den Panzerdivisionen der Sowjetunion liegen wird; schon 1981 verfügte Russland nach Angaben des „STERN" über 65.000 Panzer und in Friedenszeiten 473.200 Soldaten. Auch wenn sich diese Pläne seit der Wiedervereinigung Deutschlands und der Westanbindung Polens in Details geändert haben werden, so gilt als sicher, dass sie auch heute noch vier Invasionswege wählen würden:

- das Norddeutsche Tiefland in Richtung Hamburg und Kiel;
- den „Göttinger Korridor" in Richtung Ruhrgebiet und Niederrhein,
- die „Fulda-Senke" in Richtung Frankfurt und Eifel;
- den „Hofer-Korridor" in Richtung Süddeutschland.

Dementsprechend hatte die NATO ihre Stellungen ausgebaut, zumindest in der alten Bundesrepublik. Doch seit der Wiedervereinigung, als man an keine Bedrohung aus dem Osten mehr glaubte, versäumte man es, entsprechende Stellungen auf dem Gebiet der neuen Bundesländer auszubauen. Das gilt noch mehr für die „Pufferstaaten" Polen und Tschechien. Dort hatte man zur Zeit des Warschauer Paktes das Verteidigungssystem ganz auf den vermeintlichen Feind aus dem Westen eingerichtet, der Osten, in dem der „grosse Bruder" lebte, blieb ungeschützt. Seit der

Öffnung Osteuropas hat sich daran nichts geändert. Man wollte Russland, das schon lautstark gegen polnische und tschechische Pläne für einen NATO-Beitritt protestierte, nicht noch mehr provozieren. Das aber heisst: Polen und Tschechien sowie Ostdeutschland können ohne nennenswerten Widerstand in kürzester Zeit überrollt werden, bevor überhaupt die Bundeswehr aktiviert werden kann. Zu ersten Kampfhandlungen kommt es frühestens, wenn das Riesenheer die Rhein-Donau-Linie erreicht hat. DE LA VEGA rechnet jedenfalls damit, dass es noch auf deutschen Boden zu Konfrontationen und kriegerischen Handlungen kommen wird.

Zu Ihrer Information: Im Krisenfall können auf Beschluss des Bundestages oder der NATO mit Zustimmung der Bundesregierung die Notstandsgesetze in Kraft treten. Dazu zählen:

- das Bundesleistungsgesetz: Der Staat kann einzelne Leistungen vom Bürger verlangen, z. B. Enteignung von Grundstücken;
- das Wehrpflichtgesetz: Alle wehrfähigen Männer von 18 - 60 werden einberufen;
- Feldpostordnung;
- Dienstverpflichtung: Zwangsverpflichtung von Frauen im Sanitätsfall;
- Wirtschaftssicherstellungsgesetz: Die Zuteilung von Waren wird beschränkt, stattdessen Ausgabe von Versorgungskarten;
- Stay-Put-Freigabe: Der Aufenthalt der Bevölkerung kann beschränkt werden. Schalten Sie darum ihr Radio nach einminütigem Heulton der Sirenen ein.

Diffizil ist die Frage, ob eine Flucht zu empfehlen wäre. Wir sind der Ansicht: Nur, wenn Sie in unmittelbarer Nähe der Einmarschrouten wohnen. Das deckt sich mit MÜHLHIASL und dem alten JASPER, die rieten:

„Wenn sie aber einmal kommen, muss man davonlaufen, was man kann, und muss sich verstecken mit drei Laib Brot. Wenn man beim Laufen einen verliert, soll man sich nicht bücken, wenn man auch den zweiten verliert, macht es nichts, man kann es auch mit einem aushalten, es dauert nicht lange. " (MÜHLHIASL) (29)

„Es geht schnell vorüber, und sicher ist, wer nur einige Tage ein gutes Versteck weiss Auch die Flucht wird sehr schnell sein ... wer sich nur eine kurze Zeit verstecken kann, entrinnt der Gefahr. Man verstecke und bringe daher schon zuvor alles Fuhrwerk in Sicherheit, sonst wird man nimmer entrinnen können..“ (JASPER) (30)

Die Invasion wird nur einige Tage dauern, später sind vorwiegend Frankreich und Italien betroffen. Wer sich auf die Flucht macht, sollte das Fahrrad oder Motorrad benutzen; die Strassen werden hilflos verstopft sein, nach Berechnung von NATO-Planern von zwei Millionen PKW's! Die Flüchtlinge könnten direkt in das Kriegsgeschehen mit einbezogen werden, möglicherweise ist auch die NATO gezwungen, Gewalt gegen Zivilpersonen anzuwenden, um eine effiziente Verteidigung zu ermöglichen. Schon aus diesem Grunde sollte, wer nicht gerade an einer Einzugsroute oder im Rhein-Main-Grossraum lebt (siehe unser Kapitel: „Die ersten Bomben fallen"), in dieser Phase des Krieges die NATO-Doktrin für die Zivilbevölkerung beherzigen:"Stay put" - Bleib, wo du bist! Die Visionen von STOCKERT und im Folgenden auch von IRLMAIER zeigen nur zu deutlich, dass die Flucht mit dem Auto auf grosse Sicht hin sinnlos ist:

„Alles wird so unvermutet geschehen, dass die Bevölkerung in wilder Panik nach Westen flieht. Viele Autos werden die Strassen verstopfen - wenn sie doch zu Hause geblieben wären oder auf Landwege auswichen. Was auf Autobahnen und Schnellstrassen ein Hindernis ist für die rasch vorrückenden Panzerspitzen wird niedergewalzt." (IRLMAIER) (31)

Das Ende von Paris

„Nach sechs Tagen wird man die Stadt (Paris) angreifen.
Sie wird in einem heftigen und erbitterten Kampf 'befreit' werden.
Drei werden sie übergeben, sie wird man schonen,
der Rest wird dem Feuer und einer blutigen Schlacht zum Opfer fallen."
„Die Stadt, in der das Unterste zuoberst gekehrt worden sein wird, durch tausend Schüsse, selbst unter der Erde (Strassenkämpfe, auch in der Metro):
Sie wird erst fünf Jahre standhalten (1940-45), und danach wird alles wieder in Ordnung sein;
Dann aber wird sie den Feinden überlassen sein; nachdem die Revolution Krieg gebracht haben wird."
„Paris wird (danach) wie ausgestorben sein, kein einziger Einwohner wird mehr dort bleiben,
Kirchen werden zerstört, Frauen und Mädchen vergewaltigt.
Durch das Eisen, durch Feuer, Krankheiten und Artilleriebeschuss
wird die Pariser Bevölkerung zugrunde gehen."
(NOSTRADAMUS, III/22; Sechszeiler 3; III/84)

Nach sechs Tagen hat die Invasion den Rhein überschritten und Frankreich erreicht, wo sie auf Gefechtsstellungen der NATO trifft. Währenddessen hat der Bürgerkrieg besonders in der Hauptstadt seinen Höhepunkt erreicht. Die Hauptstadt Frankreichs wird brennen; die Russen nur noch einen Trümmerhaufen vorfinden. Von da an ist es für sie ein leichtes, den Atlantik zu erreichen und das Land zu besetzen, lediglich im Süden des Landes kann sich ein freies Restfrankreich erhalten, mit Avignon als der neuen Hauptstadt.

„Wehe dir, Stadt der Philosophen; ach unglückliche Stadt! Denn eines Tages wird der Pflugschar über deine Ruinen gehen, und ein Vater wird zu seinem Sohn sagen: 'Hier stand Paris'. Bewahre uns Gott vor dem dritten Einzug (nach den Preussen 1870/71 und Hitler 1940).

Krieger, Weiber, Kinder, Greise, alles ohne Unterschied wird der Schneide des Schwertes überliefert. Der Pariser wird selbst mit der Wut und der Verzweiflung im Herzen und erfüllt von der Lehre, welche der Moskowite uns gab, mit wütender Hand die Anstrengungen unterstützen, womit die Barbaren die Könige der Städte vernichten wollen. Brennende Fackeln werden auf die Dächer der Häuser geworfen. Ganz Paris wird nur mehr eine ungeheure Brandstätte sein. Die Brücken werden auf ihren stolzen Bögen einstürzen. Selbst der Palast unserer Könige wird die Erde mit seinen Ruinen bedecken. Der Tempel der erhabenen Beschützerin der Hauptstadt (Notre Dame) wird in Staub zerfallen. Vorstädte werden von den Flammen verzehrt, zusammenstürzen und unter ihren noch rauchenden Ruinen alle ihre Bewohner begraben. Das Geschrei der unglücklichen Sterbenden in der Todesangst wird aus dem Schutte hervordringen und jene entsetzen, die diesem furchtbaren Brande entgangen sind und nach demselben Lose seufzen. Endlich wird Paris all seiner Grösse, Pracht und Herrlichkeit beraubt." (MARIANNE LENORMAND) (32)

Bild 35: Das Ende von Paris?

„Durch die Preussen wird Paris nicht niedergebrannt werden, sondern von seinem eigenen Gesindel.“ (Maximin von LA SALETTE) (33)

„Paris wird gänzlich zerstört werden. Die Zerstörung wird so vollständig sein, dass 20 Jahre später die Väter mit ihren Kindern in den Ruinen umhergehen und, um die Neugierde der Kinder zu befriedigen, sagen werden: ‘Mein Sohn, einst stand hier eine Stadt; Gott hat sie zerstört wegen ihrer Verbrechen.“ (PATER NECTOU) (34)

„Paris wird derartig zerstört werden, dass auf seinem Boden geackert werden kann.“ (ABBE SOUFFRAND) (35)

„Die Stadt mit dem eisernen Turm wird das Opfer der eigenen Leute. Sie zünden alles an, Revolution ist und wild gehts her.“ (IRLMAIER)(36)

„Paris wird geschleift und verbrannt werden, aber doch nicht gänzlich.“
(VIANNEY VON ARS) (37)

„Deine Einwohner, Paris, werden dich verfluchen, weil du sie mit deinem
Pesthauch gesättigt hast. " (MARIA LATASTE) (38)

„Ganz Paris wird in Feuer, Aufruhr und völliger Unordnung stehen.“ (ELISABETH EPPINGER) (39)

„Der fallende Eifelturm wird in das Trümmerfeld seiner Stadt fallen.“ (ONIT) (40)

„Das Volk wird aufstehen, und den Präsidenten ermorden, wobei ein entsetzliches Blutbad entstehen wird. Mehr als die Hälfte der Stadt Paris wird in Asche verwandelt werden.“ (FRANZISKANER) (41)

„Von der Ferne werden deine Feinde sehen, wie deine Paläste in Flammen aufgehen, wie deine Wohnstätten Ruinenhaufen geworden sind, getränkt mit dem Blut deiner Helden, die nicht mehr sind.“ (DON BOSCO) (42)

Zwei Züge auf Rom

Während drei Stosskeile durch Mitteleuropa ziehen, wird ein vierter, von Jugoslawien ausgehend, nach Oberitalien eindringen. Dort spaltet er sich: Während ein Teil der Truppen den Marsch nach Südfrankreich fortsetzt, ist das Ziel für den Rest Rom.

„Man wird über die Guyenne und den Languedoc bis zur Rhone vorstossen.
Von Agen aus werden die aus Marmande und la Reolo kommenden Besetzer
auf abstossende Weise die Wälle von Marseille durchbrechen.
Der Thron wird besetzt werden, und der Konflikt wird sich (dem Sitz des) Heiligen (Vaters) Pol de Manseole (Johannes Paul II) nähern.“

„Es wird eine grosse Menge aus dem Slawenreich kommender Truppen nahen. Der grosse Zerstörer wird die alte Stadt (Rom) in Trümmern legen.
In Italien wird er furchtbare Verzweiflung herrschen sehen,

danach aber wird er das grosse Feuer, das er entzündet hat, nicht mehr löschen können." (NOSTRADAMUS, IX/85; IV/82)

„Russland wird in alle Länder Europas einmarschieren, insbesondere in Italien, und sein Banner wird aus der Kuppel des Petersdomes wehen." (HELENA AIELLO) (43)

„Die Russen und Preussen werden Italien mit Krieg überziehen. Sie werden die Kirchen als Pferdeställe gebrauchen; auch in der neuen Klosterkirche in Taggia werden sie ihre Pferde einstellen." (ROSA KOLUMBA ASDENTE) (44)

„In Italien wird sich der Kommunismus erheben, um Rom, das Herz der Christenheit, zu erobern... Maria wird den Papst und Rom vor den wilden Horden der Feinde bewahren. Ausserhalb Roms jedoch wird das Blut fliessen." (BARBARA BECHER) (45)

„Nach dem Angriff auf Paris und dem Überfall auf Rom wird auf dem Meer ein grosser Raubzug stattfinden." (NOSTRADAMUS, V/30)

„Die auf sieben Hügeln erbaute Stadt (Rom) wird nach einer Friedenszeit von Krieg, Hunger und Revolution heimgesucht werden, die weite Gebiete erfassen und selbst die antiken Ruinen und die grosse Gründung (Vatikan) zerstören werden." (NOSTRADAMUS, I/69)

Zu diesem Zeitpunkt werden sich die Fronten klar definiert haben: Auf der einen Seite stehen die NATO-Staaten einschliesslich der Türkei und Israel, auf der anderen Seite ein islamisch-russisches Bündnis. Dem wird sich auch der lybische Staatschef Oberst Gaddafi anschliessen. Wenn die Russen in Italien nur mit einem halbierten Stosskeil und nur bis Rom einmarschieren, so hat das seinen Grund: Ihr Verbündeter Oberst Gaddafi wird mit seinen libyschen Truppen die Invasoren unterstützen. Über Spanien wird er versuchen, nach Südfrankreich zu kommen, über Malta wird er mit seiner Flotte nach Italien übersetzen, von Süden her auf Rom marschieren. In den letzten Jahren hat er sich in seinem Wüstenstaat ein Waffenarsenal aufgebaut, das in der arabischen Welt seines gleichen sucht: „Nach kriegerischem Ruhm dürstet es Libyens Führer", kommentierte der SPIEGEL, und Italien war ihm immer verhasst. So berichtete am 16. Oktober 1983 die „WELT AM SONNTAG": „Der libysche Staatschef Gaddafi hat am Wochenende gedroht, Gewalt gegen Italien anzuwenden, wenn es sich gegen Wiedergutmachung sperren sollte. Libyen war von 1911 bis zum Zweiten Weltkrieg italienische Kolonie. In dieser Zeit wurden laut Gaddafi 750.000 Libyer ermordet. Gaddafi sagte, die Italiener seien 'schlimmer als die Nazis' gewesen; er werde den 'Anspruch auf Rache' nicht aufgegeben."

Interessant ist, dass NOSTRADAMUS in Verbindung mit Gaddafis Kriegszug die Mittelmeerinsel Malta erwähnt, die auf halber Strecke zwischen Libyen und Italien liegt. In den achtziger Jahren wurden die Verbindungen zwischen Maltas Premierminister Dom Mintoff und Gaddafi immer enger, der Westen befürchtet, die Felseninsel könnte zu einem zweiten Kuba werden.

Bild 36: Marco Routagno: Petersdom nach der Zerstörung Roms

„Aus dem Orient wird das afrikanische Herz kommen,
um die Adria und die Erben des Romulus in Schrecken zu versetzen.
Die libysche Flotte wird ihn begleiten,
Zittert, Bewohner von Malta und der benachbarten Felseninseln."
„In einem Staat des glücklichen Arabiens
wird ein Mächtiger nach dem Gesetz des Mohammed geboren;
Er wird Spanien drangsalieren und Granada erobern,
ebenso wie den grössten Teil der ligurischen Nation (Italien) über das Meer."
„Einer, der die infernalischen Götter Hannibals zu neuem Leben erweckt,
wird die Menschen in Schrecken versetzen.
Niemals mehr werden die Journalisten (sic) schreiben können,
dass den Römern jemals etwas Grauenvolleres widerfuhr, als das, was Babylon ihnen antun wird." (NOSTRADAMUS, I/9; V/55, 11/30)

Die ausführlichste Schilderung des Kampfgeschehens in Italien stammt von FRATER GIORGIO MARIA DA TERNI, einem italienischen Kapuzinermönch. Da FRATER TERNI der Situation der Zivilbevölkerung besondere Achtung schenkt und gleichzeitig in seiner Vision auch über die Grenzen seiner Heimat hinaus auf den Krieg in Europa schaut, drucken wir ihn ungekürzt ab:

„Neapel und andere Städte am Meer werden durch schreckliche Bombardierungen vom Meer her vollkommen zerstört werden. Zahllose wilde Horden (er nennt u. a. Russen, Slawen und Araber) werden in rascher Folge über Italien herfallen und bei Rom anfangen, das sie vollkommen ausplündern werden und das dann von Pest und Feuer gegeisselt werden wird. Dreissig Millionen Italiener werden unter zahllosen Grausamkeiten massakriert und ausgerottet werden.

Das Fest roter Fahnen auf dem Vatikan. Die Strafe Gottes über Rom wird von einem Erdbeben angekündigt werden, das viel stärker sein wird als das auf Golgatha. Die verschmutzten Wasser vom Aniene und Tiber werden Palmelaina, Tufello, Montesacro, den Salario, den Nomentano, den historischen Stadtkern, Trastevere, Trionfale und Prati unter sich begraben. Auf dem Esquilin wird der schlammige Strom das erste Stockwerk der Häuser erreichen. Unversehrt bleiben werden Ostia Lido, Monteverde Vecchio und Nuovo, Parioli, Monte Mario, die Dörfer in der Peripherie und Primavalle. Durst nach Blut und Rache. Trotz des Chaos, in dem es weder elektrisches Licht noch Versorgung oder Radio oder Fernsehen geben wird, werden alle Katholiken der verschonten Stadtviertel vor Tod, Durst und Hunger bewahrt bleiben, wenn sie nur vorher die Gotteskerzen haben weihen lassen und sie dann vor den Allerheiligsten Bildern anzünden. Zum Abschluss von soviel Heimsuchung wird als unerbittlicher Sieger die Pest hervorgehen. Ganz Latium wird von den wilden Horden der Gog und Magog, die in Nettuno landen werden, zerstört werden. Ein stark geraffter Blick über Europa:

Spanien: Madrid, San Sebastian, Cadix und Barcelona, Eisen und Feuer,
Frankreich:Paris in Asche gelegt;
Schweiz: Genf vom Erdboden verschluckt;
Österreich und Westdeutschland von Truppen, unter dem Geleit sowjetischer Panzer, besetzt." (46)

Interessant ist, dass Frater da Terni ein schweres Erdbeben ankündigt - denn in den letzten Jahren bebte immer in Mittelitalien immer wieder die Erde.

Die ersten Bomben fallen

In drei Tagen hat die Russische Armee den Rhein erreicht, nach 10 Tagen steht sie am Atlantik. Das aber heisst noch lange nicht, dass der Westen kapituliert hat. Jetzt läuft die zweite Etappe des Drei Stufen-Plans der Invasoren an, Deutschland und Frankreich sollen besetzt werden; ein Ziel, das nicht ohne Kämpfe erreicht wird. Mit

Sicherheit ist die Hauptbastion der NATO das Rhein-Main-Gebiet, in dem die wichtigsten Stützpunkte der Amerikaner liegen. Während des kalten Krieges glaubten NATO-Strategen, dass Ost-Truppen hier, in der sogenannten „Fulda-Senke“, einfallen müssten, man sprach von einer „Vormarschachse“, hatte hier die „dichteste militärische Infrastruktur“ der Bundesrepublik errichtet, plante, das Gebiet mit Atomminen zu spicken. Stattdessen geht aus den Prophezeiungen hervor, dass die Rote Armee von den vier möglichen Einfallschleusen gerade die „Fulda-Gap“ umgeht; das Rhein-Main-Gebiet wird damit zu einer „Verteidigungsinsel“ der NATO.

Wie weiter verfahren wird, geht aus dem sog. „Rogers-Plan“ hervor. Seine „Air-Land-Battle-Doktrin“ soll „einen Sieg über die Sowjetunion möglich machen“; durch einen „machtvollen Schlag“, evtl. „mit nuklearen und chemischen Waffen unterstützt“, soll der Feind „aus dem Gleichgewicht geworfen“ werden. Nach wie vor gilt die NATO-Doktrin des atomaren Erstschlags: Wird ein Partnerstaat des Nordatlantik-Bündnisses angegriffen, droht der Einsatz von Atomwaffen.

Amerikanische Bomber werden in Frankfurt starten, Kurs auf das feindliche Lager bei dem besetzten Prag nehmen, und von dort aus bis zur Adria und bis zur „*Fledermausinsel*“ Rügen „*einen gelben Vorhang aus Giftgas und Atom herunterlassen*“ (DE LA VEGA); von Israel aus wird ein zweites Bombengeschwader der US-Luftwaffe diesen ersten „gelben Vorhang” und einen breiten Streifen von der Donaumündung bis Prag ergänzen; für die Panzerkeile der Russen eine undurchdringliche Sperre.

„Die nach Europa eingedrungenen östlichen Verbände werden durch eine westliche Blitzaktion von ihren Nachschubbasen abgeschnitten. Im Rücken der vorgedrungenen Armeen des Ostens wird ein 'gelber' Vorhang heruntergelassen. Ob es sich um eine radioaktive Strahlenwand handelt? Man kann es sich nicht anders erklären, da es über diese Wand hinweg kein Vor und Zurück mehr gibt, ausser durch den Tod hindurch." (MUTTER STIEGLITZ) (47)

„Ich sah die Erde wie eine Kugel vor mir, auf der nun die weissen Tauben heranfliegen, eine sehr grosse Zahl vom Sand herauf, von Süden her (Israel). Und dann regnet es einen gelben Staub in einer Linie. Die goldene Stadt wird vernichtet, da fängt es an. Wie ein gelber Strich geht es hinauf bis zu der Stadt in der Bucht (Stettin). Eine klare Nacht wirdes sein, wenn sie zu werfen anfangen. Die Panzer fahren noch, aber die darin sitzen sind schon tot und ganz schwarz geworden. Dort, wo es hinfällt, lebt nichts mehr, kein Baum, kein Strauch, kein Vieh, kein Gras, das wird welk und schwarz. Die Häuser stehen noch. Was das ist, weiss ich nicht und kann es nicht sagen. Es ist ein langer Strich. Wer darüber geht, stirbt. Die herüben sind, können nicht hinüber und die anderen können nicht herüber, dann bricht bei den Heersäulen alles zusammen. Sie müssen alle nach Norden. Was sie bei sich haben, schmeissen sie alles weg. Zurück kommt keiner mehr." (IRLMAIER) (48)

Bild 37: US-Flugzeuge beim Gaskrieg in Vietnam

„Ganz Europa wird in einen gelben Dunst gehüllt. Alle, die diesen Dunst atmen, werden sterben. Die Häuser und Kirchen werden niederbrennen und das Vieh auf den Weiden wird an diesem Dunste sterben." (GRÄFIN BELIANTE) (49)

„Von Osten wird ein gelber Nebel aufsteigen und an dem grossen reissenden Strome haltmachen (Elbe?). Eine ungeheure Schar wird sengend und brennend durch dieses Landziehen und alles vernichten, was sich ihnen in den Weg stellt." (PATER JOHANNIDES) (50)

Sicher ist, dass bei diesem kombinierten ABC-Angriff die Neutronenbombe eingesetzt wird; sie wurde eigens dazu konstruiert, feindliche Verbände aufzuhalten, dabei aber den Schaden für den Kriegsschauplatz so gering wie möglich zu halten. IRLMAIERS Beschreibung *„Die Panzer fahren noch, aber die darin sitzen sind schon tot und ganz schwarz geworden"* scheint deutlich auf die Wirkung der Neutronenbombe hinzuweisen. Der „Gelbe Dunst" dagegen scheint weniger auf den gräulichen nuklearen „Fall-Out" hinzudeuten, als auf den Einsatz chemischer Kampfmittel. Schon in den achtziger Jahren forderte General Rogers zwei chemische Waffensysteme, „eine chemische Bombe, die tief im feindlichen Hinterland abgeworfen werden könnte und eine Granate, mit der die Allianz die angreifende rote Infaterie zu bekämpfen vermochte". WELT AM SONNTAG ergänzte: „Mit wenigen Kilo dieser Gifte können 100 Qudratkilometer eine Woche durch tötende Luftmassen und chemische Schwaden verseucht werden. Hin und wieder auch 'tödlicher Regen'genannt, kann dieses Kampfgas den menschlichen Körper völlig auflösen". Vielleicht deutet der „Gelbe Dunst" auf den bernsteinfarbenen Sprühnebel VX hin, den „gefährlichsten ... (und) beständigsten aller C-Kampfstoffe" (SPIEGEL). Er ist maximal 21 Tage wirksam. Vier Millionen Liter dieser Substanz sowie des GB-Nervengases lagern, so der SPIEGEL, „gegenwärtig in den US-Depots in Hessen, Rheinland-Pfalz und Baden-Württemberg". Das wichtigste der Lager aber liegt in Hanau bei Frankfurt - von wo aus, so DE LA VEGA, der Angriff gestartet werden soll.

„Die Flugzeuge werfen zwischen dem Schwarzen Meer und der Nordsee ein gelbes Pulver ab. Dadurch wird ein Todesstreifen geschaffen, pfeilgerade vom Schwarzen Meer bis zur Nordsee, so breit wie halb Bayern. In dieser Zone kann kein Grashalm mehr wachsen, geschweige denn ein Mensch leben. Der russische Nachschub ist unterbrochen.

Bild 38: Gaskrieg

Aber dort, wo das Hauptquartier ist, werfen's das schwarze Kastel runter, dann ist alles hin. Dann fliegen's nach Norden. In der Mitte steht ein Fleck, da lebt gar nichts mehr, kein Mensch, kein Vieh, kein Gras. Sie fliegen ganz nauf, wo die dritte Heeresmasse reinkommen ist und schneiden alles ab. Dann werden's alle umgebracht." (IRLMAIER) (51)

Auf das feindliche Hauptquartier bei Prag wird eine Atombombe abgeworfen, die „goldene Stadt" vernichtet.

„Abermals zur Kirschblüte (im Mai) wird Prag vernichtet werden. Eine Sonne wird stürzen und die Erde beben. Die Rache kommt übers grosse Wasser." (DER BLINDE JÜNGLING) (52)

„Noch dauert deine Herrschaft, mein geliebtes Prag, aber auch dir schlägt einst die letzte Stunde. Aus dem Osten wird ein Drachen kommen, schrecklich anzusehen, denn aus seinen neunmal neunundneunzig Augen werden tödliche Blitze sprühen, und seinem weit geöffneten Maule entströmt giftiger Odem.

Prag, mein liebes Prag, du wirst ein selten grausam Ende finden. Ein Hauch durcheilt deine Gassen, süss und warm; erstaunt werden ihn die Menschen fühlen. Mit grausig verzerrten Gesichtern legen sich Tausende zur Ruhe und frösteln trotz der Wärme. (Giftgas?) Es geht dem Ende zu. Zehn dumpfe Schläge der letzten Kirche dröhnen in der Luft. Langsam und trübe wälzen sich die Fluten der Moldau dahin; ein furchtbarer Orkan braust über das Land, über die Stadt. Gelbgraue Staubwolken und schwere, giftige Schwaden nehmen Mensch und Vieh den Atem. Der Hradschin steht in Flammen, in der Stadt bersten die Mauern, überall wütet das Feuer. Die Erde bebt, geschüttelt vom dumpfen Beben, tiefe Klüfte öffnen sich und verschlingen Totes und Lebendiges. Die Gräber öffnen sich, wie von Geisterhänden durchwühlt, und die Skelette lächeln ein grausam Lachen. Alles versinkt in der unergründlichen schwarzen Tiefe.

Vom Vyschrad kommt ein ungeheuer Feuerball daher, Felsen fliegen durch die Luft und über alles lodert das Feuermeer. Alles, was der Fleiss der Menschen geschaffen hat, liegt in Schutt und Asche, man hört nur mehr das Brausen des Sturmes. Das Leben ist erloschen, ich sehe nur Trümmer und Leichen. Langsam verziehen sich die Wolken, nur dort, wo einst der stolze Dom stand, sehe ich einen blutigroten Feuerball. Es ist vorbei! Prag, dein Schicksal hat sich erfüllt!

Wo sind deine Häuser, stolze Stadt? Warum spülen trüben Fluten die Gestade oder Heide? Grausig Gewürm lässt Leib und Leben erschauern. Unkraut und Sumpf, voll giftigen Odems, beherrscht die Landschaft. Ist das die Ernte der menschlichen Saat?" (SYBILLE VON PRAG) (53)

Von den Folgen dieses Atomangriffes ist auch Deutschland betroffen. Der radioaktive Niederschlag („Fall-Out") geht auf Ostbayern, das Gebiet des Bayrischen Waldes, nieder. Kein Zufall ist es da, wenn Seher aus dieser Region wie SEPP

WUDY und der MUHLHIASL in allen Einzelheiten Gefahren und Folgen der Strahlenkrankheit, des „Bankabräumens“, wie sie sie nennen, beschreiben. Der BAUER AUS DEM WALDVIERTEL diskutierte mit W.J. Bekh seine Vision dieses Ereignisses, wonach gelbliche und rötliche Glut im Bayrischen Wald zu Boden fallen würde. Auch er führt den Fall-Out auf Atombombenexplosionen in Tschechien zurück, beschreibt *„am Horizont in der Ferne im Rauch und Feuerschein der ununterbrochen folgenden Explosionen weissgelbe Lichtblitze“* und einen *„dunkelroten Feuerpilz“*. Der Atomschlag auf Prag hätte seine Folgen: Es entstünde südlich von Prag ein Riss in der Erdrinde, giftige Gase würden freigesetzt, die Erde beben. Der Osten antwortet auf diese Attacke mit der völligen Zerstörung des Rhein-Main-Grossraums. DE LA VEGA spricht vom „Zwillingsschicksal Frankfurts und Prags“, IRLMAIER prophezeit: *„Vom grossen Frankfurt bleibt kaum etwas übrig“*. Der STERN beschrieb in Heft Nr. 49/83 in einem Szenario, die Folgen eines Atomangriffs auf den Rhein-Main-Flughafen, wir wollen nur einige Ausschnitte zitieren: „Ein greller Lichtblitz zuckt auf, so hell, dass ein Beobachter noch im 25 Kilometer entfernten Hanau zeitweilig erblindet. Dem Blitz folgt ein Feuerball, der sich sekundenschnell über mehrere hundert Meter ausdehnt und alles verglüht. Unmittelbar darauf breitet sich, wie Donner nach dem Blitz, eine Druckwelle aus, unter dem Explosionszentrum am ‘Boden-Nullpunkt’ mit einer Stärke von sieben Kilogramm pro Quadratzentimeter. Innerhalb von sechs Sekunden erreicht die Schockwelle eine Entfernung von 1,8 Kilometern und legt dort alles in Trümmer: Die Flughafengebäude, die Air Base, Flugzeuge, Autos, das Tanklager mit 100.000 Tonnen Kerosin. Im neuen Terminal hat kaum einer von über 10. 000 Beschäftigten und Fluggästen eine Überlebenschance. Wer nicht verdampft oder zerschmettert wird, stirbt an einer tödlichen Strahlendosis. ... Noch in sechs Kilometer Entfernung, am Südrand der Farbwerke Hoechst, wird die Hälfte aller Bauten zerstört: Hochgiftige Chemikalien explodieren. Der gesamte Frankfurter Stadtwald im Sechs-Kilometer-Radius gerät in Brand. Die nun aufsteigende Atompilzwolke, die Rauchschwaden von Explosionen und Bränden verdunkeln den Himmel... noch sechs Kilometer entfernt werden ungeschützte Körperteile versengt und durch Brandblasen entstellt. All dies geschah innerhalb weniger Minuten. Von etwa 90.000 Menschen im Sieben-Kilometer-Umkreis der Atomexplosion sterben über 10.000, und beinahe 70.000 werden verletzt. Der Flughafen existiert nicht mehr.“ (54)

Wahrscheinlich werden bei dem Gegenschlag SS-20-Raketen mit dreifach-Sprengköpfen eingesetzt, sie können auf einen Schlag Frankfurt, Wiesbaden und Mainz auslöschen. Damit würde sich auch die MAINZER PROPHEZEIUNG erfüllen:

„Und ein grosses Unglück wird über unsere Stadt kommen. Sie wird durch Eisen und Feuer zerstört.“ (55)

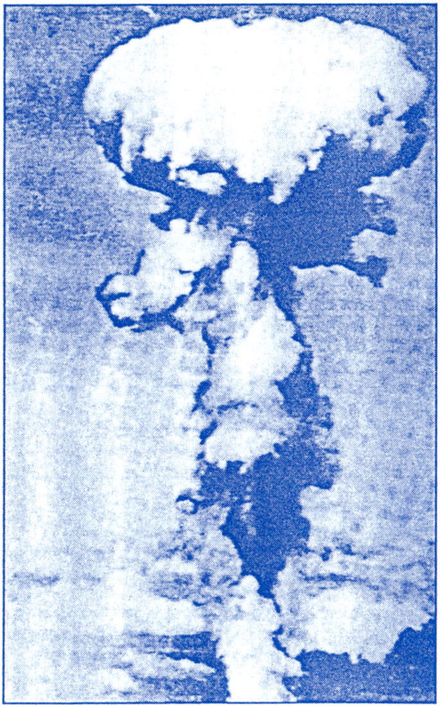

Bild 39: Atombombenexplosion in Hiroshima

Amerika wird angegriffen

Die Angst vor weiteren vernichtenden Schlägen der NATO treibt die Rote Armee dazu, ganz Europa zu besetzen, die letzten Stellungen der NATO in Skandinavien und England zu erobern. Gleichzeitig, quasi als „Ablenkungsmanöver", greift die Sowjetunion gemeinsam mit ihrem Verbündeten, der Mongolei oder Rotchina, den Westen der Vereinigten Staaten an.

„Ich sehe einen Einbruch von gelben Menschen über Alaska nach Kanada und die USA. Doch werden die Massen zurückgeschlagen." (IRLMAIER) (56)

„Sowjetische Eliteeinheiten greifen Alaska an." (MUTTER STIEGLITZ) (57)

„Russland wird einen Massenangriff gegen Amerika und Kanada richten, wodurch ein Grossteil der amerikanischen Truppen gehindert wird, dem bedrängten Europa zu Hilfe zu eilen." (JOHANSSON) (58)

„Alle sollen wissen, dass es jetzt in Russland einen Plan gibt, einen Plan gegen die Vereinigten Staaten und Kanada. Deine Nation und Kanada sind umkreist ... man bereitet, eine grosse Invasion auf die Vereinigten Staaten und Kanada vor." (VERONIKA LUEKEN) (59)

Der skandinavische Krieg

Gerade von dem schweren Schlag der Atom- und Giftgas-Attacke gegen die vorrückenden Ost-Truppen erholt, versucht das Regime in Russland, seine strategische Position durch Schaffung einer neuen Flanke zu verbessern: Man marschiert in Skandinavien ein, sichert sich damit die Herrschaft über die Ostsee, ermöglicht bisher „festgelegten" Teilen der Flotte die freie Fahrt in den Atlantik. Am ausführlichsten ist der skandinavische Krieg bei JOHANSSON beschrieben, der von einer Mitwirkung von Franzosen an der Invasion spricht. Aus heutiger Sicht scheint diese Vision einer gemeinsamen Aktion eines westlichen und eines östlichen Landes gegen die so friedliebenden Staaten Skandinaviens absurd, sieht man aber Frankreich als besetztes Land nach der Invasion, ist es durchaus denkbar, dass Franzosen für diese Aktion zwangsverpflichtet werden.

Hier, etwas gerafft, ein Überblick über JOHANSSONS Prophezeiung:

„Zu dieser Zeit (der Invasion) besassen die Sozialisten die politische Macht im ganzen Norden. Und in Schweden hielten sie die Zügel der Regierung in ihren Händen ... es war ihnen gelungen, die Heeresstärke zu verringern und grosse Einschränkungen im Verteidigungswesen des Landes vorzunehmen.... In grosser Hast wurde dann aufgerüstet.

Der Krieg: ... Bomberangriff auf Göteburg ... die heftigsten und blutigsten Kämpfe fanden westlich des Götastroms und an der Küste statt... Kapitulation Schwedens ... Über der ganzen schwedischen Westküste bis hinunter nach Hälsingborg und Malmö lag undurchdringlicher Rauch, und ich hörte, dass die hier liegenden Städte ebenfalls Luftangriffen ausgesetzt waren. Auch Stockholm wurde von Luftgeschwadern angegriffen, dieser Stadt gelang die Verteidigung jedoch besser als Göteburg... In Nordschweden fielen die Russen teils von der Landseite her über Tornea... und teils von der Seeseite, und zwar von Kvarken her ein. Die Schweden kämpften hier und unmittelbar nördlich von Stockholm mit grosser Verbissenheit und Tapferkeit, die Russen erlitten ungeheure Verluste, führten aber ständig neue Truppenmassen heran. Und schliesslich wurde ganz Nordschweden von den Russen erobert. Ich hörte, dass Gävle besonders schwer heimgesucht und ausgeplündert wurde .... Auch in Südschweden, wahrscheinlich in der Nähe des ostschwedischen Hafens Västervik, landeten die Russen ... vorher hatten sie schon Gotland und Öland erobert ... Smaland erreicht. In Norwegen fielen die Russen in den nordöstlichen Teil des norwegischen Finnmarken ein... den ersten grossen Zusammenstoss sah ich am Tanaflujd zwischen Valljok und Poschd... die Front war hier etwa 20 Kilometer lang und die Schlacht verlief äusserst blutig. Kämpfe... bei Gaggangajsarna und dem unteren Skoganvaravattnet ... in Südnorwegen, bei Oslo, kämpfen Norweger und Schweden Schulter an Schalter... Die ganze norwegischen Küste, von der Südspitze bis hinauf nach Trontheim, war Luftangriffen ausgesetzt. Drammen, Stavanger, Bergen und Oslo wurden betroffen.... Kristiansund (glich) einem wahren Trümmerhaufen.... Schwedens Niederlage besiegelte auch die Niederlage Norwegens." (JOHANSSON) (60)

In vielen Teilen bestätigt wird JOHANSSONS Schau durch die Vision von Pfarrer Birker Claesson aus Oerebro in Schweden:

„Fünf Plätze sah ich in einem Gesicht, die einen gemeinsamen Luftangriff' erlebten: Umeaä, Göteburg, Malmö, Stockholm und Västervik. Oerebro glich einem einzigen Trümmerhaufen. Jeder Ort, den ich im Geiste zu schauen bekam, wurde mir mit deutlicher Stimme genannt. So folgten Tagersta, Avesta, Sandviken, Borlänge und viele andere Orte, die grösstenteils völlig vernichtet wurden." (61)

JOHANSSON betont, dass der skandinavische Krieg nur einer der „Kriege des Bolschewismus" ist, die nach der Eroberung Frankreichs von dort aus geführt werden; mit dem Ziel, ganz Europa zu unterwerfen: *„Der Bolschewismus wird eine Zeitlang Herr über Frankreich sein, und von dort aus Krieg gegen England, Spanien und Skandinavien führen.*" (JOHANSSON) (62)

Die Schlacht um England

Sein letztes Ziel ist England, durch innere Unruhen und den neu aufgeflammten Bürgerkrieg zwischen Iren und Engländern geschwächt. Nach der Eroberung Skandinaviens hat die Rote Flotte im Norden wie im Süden Zugang zum Atlantik, und auch die ursprünglich im Schwarzen Meer stationierte Kriegsflotte, die zur Eroberung Jugoslawiens eingesetzt wurde, setzt sich in Bewegung zur Eroberung des Inselstaates.

„In England werden Lüge und Ausschweifung ihre Ziele weiterverfolgen. Die Denker werden eingesperrt und die Oppositionellen verfolgt. Eine Kriegsflotte in der Adria wird sich in Richtung der Themse in Bewegung setzen. Der Lärm des Krieges wird ein Viertel der Bewohner unsanft aus dem Schlaf reissen."

„In England wird sich die Ausschweifung unter dem Deckmantel der Lauterkeit verbergen, und das Land wird von einer Verästelung der schweren kriegerischen Konflikte getroffen werden."

„Kurz davor, kurz danach, wird England durch die Niederlage der Wölfe (Deutschen) am Boden zerstört werden.

Es wird den Krieg die Revolution beenden sehen, die Kämpfe werden neuerlich mit solcher Gewalt aufflammen, dass die Erdoberfläche mit Blut bedeckt sein wird.

Es wird ein Mangel an Brot und ein Überfluss an Waffen herrschen."
„Russland wird grosse Anstrengungen unternehmen und sich Zugang zum Ozean verschaffen."
„In England wird die Regierung wiederhergestellt werden,
und London wird vor dem Ansturm der Kriegsschiffe erzittern."
„Lange Zeit werden die Bewohner der Inseln belagert werden. Mit aller Kraft werden sie den Feinden Widerstand leisten."

(NOSTRADAMUS, Voraussage 12; IV/33; Sechszeiler 50; II/68; III/71)

Jetzt wird auch Amerika seinen Verbündeten zu Hilfe kommen, nachdem es den Angriff im eigenen Land erfolgreich zurückschlagen konnte. Laut NOSTRADAMUS wird eine U-Boot-Flotte England befreien.

„Der grosse Neptun wird von den Tiefen des Meeres her angreifen,
in das afrikanische und französische Blut fliesst,
während die Inseln blutig bleiben, weil er zu langsam war.
Das wird ihn mehr grämen, als das schlecht bewahrte Geheimnis."
„Zweimal hochgekommen und zweimal erniedrigt,
werden sowohl der Westen als auch der Osten geschwächt werden.
Nach mehreren Kämpfen wird der Gegner über das Meer gejagt kommen,
er fehlte, als er gebraucht wurde." (NOSTRADAMUS, II/78; VIII/59)

Die rote Armee wird geschlagen

Das Blatt hat sich zu ungunsten der Invasoren gewendet; die nächste Phase des Krieges ist von ihrem Rückzug, von vernichtenden Schlägen gegen die Rote Armee gekennzeichnet. Dabei kommt die Natur dem Westen zu Hilfe. Ein Komet wird aus dem Weltall auftauchen, sein Schweif streift die Erde, tausende kleiner Meteoriten prasseln auf die Erde, man spricht von einem Wunder. Schon die ersten Atombomben haben die Erde in Unruhe versetzt, jetzt brechen längst totgeglaubte Vulkane wieder aus.

„Eine neue, plötzliche und heftige Revolution wird die zwei Armeen (die sowjetische und die libysche) auflösen. Glühende Meteoriten werden vom Himmel fallen und das Meer mit Steinen füllen, was zum plötzlichen Untergang der Sieben Länder (das Bündnis der Invasoren) zu Lande und zu Wasser führen wird."
„Dafür, dass sie Tod gesät haben, werden die Sieben die tödlichen Folgen tragen müssen. Ein Hagel, Sturm, Epidemien und Raserei werden über sie kommen.
Der Herrscher des Ostens wird vom Westen in die Flucht geschlagen,
er wird seine einstigen Herrscher unterwerfen."
„Sieben Monate lang wird der Krieg sehr heftig sein und Schrecken und Tod über das Volk bringen. Die Besetzung von Rouen und Evreux wird den Fall des Königs beenden."
„Die grösste Armee, die je einmarschierte, wird in die Flucht geschlagen

und fast nicht mehr weiter vernichtet.
Erst wenn sich die Armee wiedersammelt und die Legionen reduziert sind,
wird sie vollständig aus Frankreich vertrieben werden."

(NOSTRADAMUS, III/8,- Vorhersage 40; IV/100; IV/12)

„Russland... wird aber zurückgeschlagen, weil die Natur eingreift, und da wird in Süddeutschland ein Platz sein, wo das Ereignis sein sollte, wo die Leute von der ganzen Welt hinreisen, zu schauen... und den verfluchten Menschen wird gezeigt werden, dass ein Gott besteht, der diesem Geschehen ein Ende macht."

(FELDPOSTBRIEFE) (63)

„Der Angriff der Roten Armee in Europa wird gebrochen. Mehr noch, die sowjetische Armee vernichtend geschlagen. Die Sowjetunion verliert allein in ihren Heersäulen sieben Millionen Menschen.

Die katholischen Länder haben in diesem Kampf eine entscheidende Aufgabe. Bayerische und österreichische, schweizerische und französische Truppen werden nach den Vernichtungsschlachten bei Lyon und Ulm nach Norden vorstossen, um sich an der Schlacht gegen die dort eingekreisten russischen und preussischen Verbände zu beteiligen..

Bei Ulm gibt es eine gigantische Kesselschlacht gegen die Ostarmee, die ihren Südkeil der Donaulinie entlang zur Schweiz und nach Mittelfrankreich vorgetrieben hatte." (MUTTER STIEGLITZ) (64)

„Nach dem Sieg in Lyon im (Sternbild des) Löwen
findet eine grosse Schlacht im Jura-Gebirge statt.
Gefallen und umzingelt sind sieben Millionen,
Lyon und Ulm für die Tyrannen Tod und Grab."

„Wenn der Grösste den Siegerpreis davontragen wird,
im Raum Nürnberg, Augsburg und Basel,
Durch den Heerführer im Raum Köln
wird Frankfurt zurückerobert. "
(NOSTRADAMUS, VIII/34; III/53)

„Durch eine Naturkatastrophe oder so etwas ziehen die Russen plötzlich nach Norden. Um Köln entbrannt die letzte Schlacht." (IRLMAIER) (65)

Rekapitulieren wir: Teils durch Naturkatastrophen, teils durch einen neuen westlichen Angriff geschwächt, wird die Rote Armee in mehreren Schlachten vernichtend geschlagen. In Lyon kämpft sie gegen die Armee des freien Restfrankreichs und die Amerikaner, wird besiegt und zieht bis über den Jura und Basel nach Bayern zurück. In der Nähe von Ulm werden angeblich sieben Millionen Mann von den nachrückenden Franzosen, den Amerikanern aus dem Westen und Norden, und dem schweizerisch-bayrisch-österreichischern „Alpenheer" eingekesselt und vernichtet. Lediglich Restverbänden gelingt die Flucht nach Norden, in die

Gegend südlich von Köln, wo gegen die Überbleibsel des Nördlichen und Mittleren Panzerkeils gekämpft wird. Die - wenn auch dürftige - Unterstützung aus dem Süden lässt die „Schlacht um Köln" neu aufleben; doch nach drei Tagen ist auch sie für die Russen verloren.

„Der Norden Deutschland wird bolschewistisch werden. Auch Westfalen wird in die Hände der Bolschewiki gelangen. Es werden dann schwere Kämpfe mit den (nachrückenden) Franzosen am Niederrhein stattfinden, wobei Köln hart heimgesucht wird. Aus dem Süden Deutschlands wird ein aus Süddeutschen und Österreichern gebildetes Ordnungsheer anrücken, das, anfangs klein, immer mehr Zuzug bekommen wird. Im Verein mit den rheinischen und französischen Truppen wird es die Bolschewiken, Russen und Preussen, vollständig niederwerfen. Die letzte Schlacht wird zwischen Essen und Münster stattfinden." (PFARRER AUS BADEN) (66)

„Die heilige Stadt Köln wird sodann eine fürchterliche Schlacht sehen. Viel fremdes Volk wird hier gemordet und Männer und Weiber kämpfen für ihren Glauben. Und es wird von Köln, das bis dahin noch eine Jungfrau, eine fürchterliche Verheerung nicht abzuwenden sein. Und man wird allda bis ans Fussgelenk im Blute waten.

Das ist der Blutzeit Anfang, wenn die Stadt Köln eine fürchterliche Schlacht sehen wird." (SPIELBERND) (67)

„Die Franzosen verfolgten die Preussen über den Rhein nach vielen Richtungen hin. In einer abermaligen Schlacht bei Frankfurt wurden die Preussen wiedergeschlagen. Sie zogen sich bis Siegburg zurück, wo sie zum russischen Heere stiessen. Die Russen machten gemeinsame Sache mit den Preussen. Mir schien es, dass die Österreicher den Franzosen halfen. Die Schlacht bei Siegburg war etwas nie Dagewesenes an Schrecklichkeit. Ähnliches wird nie mehr geschehen. Nach einigen Tagen zogen sich die Preussen und Russen zurück und gingen eineinhalb Meilen unterhalb Bonn auf das linke Rheinufer. Stetig vom Feind bedrängt, zogen sie sich nach Köln zurück. Die Stadt wurde beschossen, nur ein Viertel der Stadt bleibt unversehrt. Stets auf dem Rückzug, retteten sich die Reste der preussischen Armee nach Westfalen."

(ANTONIUS) (68)

Die Schlacht am Birkenbaum

„Die Schlacht wird am Birkenbaum zwischen Unna, Hamm und Werl stattfinden" (JASPER), dort, wo sich heute das Autobahnkreuz Dortmund-Unna befindet, „die Völker der halben Welt werden dort sich gegenüberstehen. Gott wird mit einem schrecklichen Sturm die Feinde schrecken. Von den Russen weren da nur wenige nach Hause kommen, um ihre Niederlage zu verkünden." (69)

„Auf der einen Seite werden alle Völker des Westens, auf der anderen alle des Ostens stehen. In fürchterlichen Scharen werden jene herankommen. Lange wird man mit unentschiedenem Glücke kämpfen bis man endlich in die Gegend des Rheines kommt. Dort wird man kämpfen drei Tage lang, so dass das Wasser des Rheines rot gefärbt sein wird, bis es bald nachher zur Schlacht am Birkenbäumchen kommt. Da werden weisse, blaue und graue Soldaten kämpfen mit solcher Macht und Wut, dass jene Scharen vollkommen aufgerieben werden, und dann wird Ruhe und Frieden sein.

Mitten in Deutschland werden sie aufeinander treffen, nachdem die Einwohner gezwungen sind, sich in die Berge und Wälder zuflüchten..... Am Birkenwäldchen nahe bei Bodberg, wird dieses schreckliche Treffen beginnen. Wehe, armes Vaterland! Drei Tage werden sie dort kämpfen; bedeckt mit Wunden werden sie sich noch gegenseitig zerfleischen und bis an die Knöchel im Blute waten. Dort wird jene Macht vernichtet, ihre Kraft zerbrochen, so dass kaum einige übrig bleiben, um die unerhörte Nachricht zu verkünden." (MÖNCH VON WERL) (70)

„Am Birkenbaume wird die Armee des Westens gegen die Armee des Ostens eine furchtbare Schlacht kämpfen und nach vielen blutigen Opfern den Sieg erringen. Die Krieger des Ostens nehmen in wilder Flucht ihre Retirade über die Haar, und wenn die Bewohner unserer Dorfschaften dann den Ort Rune an der Werter Haar brennen sehen, mögen sie nur schleunigst in den Arnsberger Wald flüchten ... und ein anderes Gefecht findet an der Ruhrbrücke bei der Obereimer statt, jedoch wird man hier nur mit Artillerie kämpfen und bei dieser Gelegenheit die drei zunächst Obereimer stehenden Häuser Arnsbergs in Brand schiessen. Einige Tage später geschieht zwischen den Kriegern aus Osten und Westen die zweite und letzte grosse Schlacht auf deutschem Boden, und zwar bei dem Dorfe Schmerlecke am sogenannten Lusebrinke. Die Heere des Ostens werden bis zur totalen Vernichtung geschlagen, und nur sehr spärlichen Überbleibseln wird es vergönnt sein, die Kunde der ungeheuren Niederlage in ihre Heimat zu bringen. Ein grässliches Wehe, Wehe Dir Hellweg! In Soest wird eine ganze Strasse bis zur alten Kirche abbrennen...." (SCHLINKERT) (71)

Die Kämpfe um die Stadt Paderborn beschreibt der JUNGE VON ELSEN:

„Die Stadt Paderborn wird acht saure Tage haben, wo der Feind darin liegen wird. Am letzten Tage wird er die Stadt plündern, aber fürchtet nichts ... denn der Feind wird nicht die Zeit haben, seine Schuhriemen zu binden, so nahe sind eure Helfer.

Auch wird man vom Liboriberg aus die Stadt in Brand schiessen wollen.... Die Franzosen werden kommen, nicht als Feinde, sondern als Freunde und Helfer." (72)

Aufschluss über weitere Einzelschicksale westfälischer Städte gibt uns die Sammlung „Die Schlacht am Birkenbaum", von Prof Friedrich zur Bonsen, aus der wir einige Passagen zitieren:

„Wenn die Büdericher auf Krautweih (15. August) aus dem Hochamte kommen, steht rings um die Kirche alles voll von Soldaten. Woher kommen sie? Vom Rheine her, durchs Sauerland... an einem Orte wird ein Pfarrer am Altar erschossen."

„Bei Stockum werden die Leute gerade am Weg arbeiten, wenn die Völker kommen ... die Bürger des Städtchens Grevenstein fliehen. „

„Wenn die Völker kommen, soll man im Sauerland auf die Berge flüchten."

„Die Bewohner des Hellwegs müssen die Haar hinauf flüchten: sobald der Kanonendonner aus der Gegend von Münster herüberrollt, dann ist es Zeit. Wer nur einen Fuss in der Ruhr hat, der ist gerettet... Flüchtet, Leute flüchtet! Man braucht nur so viel Brot mitzunehmen, als für drei Tage ausreicht. Wenn man das aufgezehrt hat, ist alle Gefahr vorüber."

„Die Stadt Unna wird man in lichten Flammen sehen, Werl ebenso und die Ostseite von Dortmund. Wehe Budberg und Sändern in diesen Tagen! Wehe Büderich!" (73)

Der atomare Schlagabtausch

Während insbesondere NATO-Strategen den „begrenzten Atomkrieg" in Europa diskutierten, werden hier zuletzt Atomwaffen eingesetzt. Die Russen haben kein Interesse daran, Gebiete zu vernichten, in die ihre eigenen Truppen gerade einmarschiert sind; nur so ist auch zu erklären, dass ihre Reaktion auf den „gelben Vorhang" auf den einen vernichtenden Schlag gegen das Rhein-Main-Gebiet beschränkt bleibt. Das Territorium der jeweils anderen Grossmacht atomar zu bombardieren, wagten weder Russland noch die Vereinigten Staaten; beide wussten, dass ein Gegenschlag des Anderen unmittelbar folgen würde.

Erst jetzt, nach der völligen Vernichtung der Ost-Truppen in Europa, die nur durch die Hilfe der Amerikaner möglich, sieht die Ost-Allianz ihre Weltmachtstellung gefährdet. Unruhen im eigenen Land zwingen sie, das Vertrauen ihrer Bevölkerung und ihre eigene Stärke durch einen letzten offensiven Schlag wiederherzustellen: Sie startet ihre Interkontinentalraketen gegen die USA. Die ganze Ostküste des Landes wird in einem Schlag vernichtet, Industriezentren dem Erdboden gleichgemacht. Besondere Aufmerksamkeit widmen einige Seher der atomaren Zerstörung von New York; wir sind uns nicht sicher, ob sie auch in diese Phase oder etwas früher einzuordnen ist.

„Als Rache erfolgt der atomare Gegenschlag gegen alle Städte der USA."

(MUTTER STIEGLITZ) (74)

„Wenn am wolkenlosen Himmel Speere und Lanzen (Raketen) gesehen werden, wird nach links hin (nach Westen hin) der grösste Schaden angerichtet." (NOSTRADAMUS, I/91)

„Es werden Feuer im Westen, Osten, Süden und Norden ausbrechen. Überall beginnen viele Feuer zu lodern, auf der ganzen Welt.“ (HOPI) (75)

„Das amerikanische Industriedreieck Detroit, Chicago, New York und deren Symbole, die Wolkenkratzer, brechen elendiglich zusammen. Kanada wird wieder einsam und verlassen wie dermal einst.“ (ONIT) (76)

„Unter den nordamerikanischen Städten wurden mir folgende als besonders betroffen bezeichnet: Chicago, Minneapolis, Washington, New York, letztere war am schlimmsten betroffen. Davon zeugten Ruinen ... alles war in Rauchwolken gehüllt, grosse und kleine Gegenstände wurden vom Sturm mitgerissen und wirbelten in Mengen durch die Luft. Zugleich brachen in vielen Stadtteilen gewaltige Feuerbrünste aus ... viele Schiffe wurden aufs Land geschleudert, andere versanken im Hafen. Nicht nur in der Stadt New York, sondern auch in ihrer weiteren Umgebung loderten grosse Brände, der Himmel glich einem einzigen Flammenmeer. Auch in den Waldgebieten Kanadas sah ich riesige Brände... die Verwüstungen durch (einen) Orkan waren in diesem Lande gewaltig.“ (JOHANSSON) (77)

Dem „Einsatz neuer Waffen“ folgen laut JOHANSSON verheerende Naturkatastrophen, Brände und Orkane, die mit gewaltigen Geschwindigkeiten den Kontinent durchziehen: *„Gewaltige Gebirgsketten, steinige Wüsten und Inseln lösten einander ab. Von diesen Gegenden zog der Orkan in nördlicher und nordöstlicher Richtung... weite Gebiete völlig verwüstet... Gebäude ... umgeweht.“* (JOHANSSON) (78)

„Russland plant, die Vereinigten Staaten und Kanada mit Raketen zu erobern. Ich sehe einen sehr grossen, schrecklichen Krieg. Ich sehe... es sieht wie ein Pilz aus. Eine gewaltige Explosion, und alles ist zerstört.“ (VERONIKA LUEKEN) (79)

Am schlimmsten ist New York betroffen, das NOSTRADAMUS die „Neue Stadt“ (New City!) am „neuen Fluss“, dem Meeresarm East River, nennt. Spricht er von „Arethusa“, so hat das eine doppelte Bedeutung. Einerseits ist die Quellnymphe Arethusa die Tochter des Meeresgottes Neptun, die USA aber nennt NOSTRADAMUS „der grosse Neptun“; Arethusa kann aber auch vom hebräischen Wort für Erde, Land „Areth“ - abgeleitet werden: Areth-USA-:

„Erdbebenglut aus der Mitte der Erde
lässt die Umgebung der neuen Stadt erzittern.
Zwei Blöcke führen einen langen Krieg.
Dann wird Arethusa einen neuen Russ rot färben.“
(NOSTRADAMUS, I/87)

„In Amerika wird eine grosse Stadt durch Raketen-Geschosse zerstört werden.“ (IRLMAIER) (80)

„Bei der Zerstörung New Yorks sah ich hingegen Einzelheiten, die man mit dem Auge niemals wahrnehmen könnte... Ich sah diese Stadt in allen Einzelheiten. Da fiel ein dunkler Gegenstand auf einer sich stets krümmenden Bahn von oben herab. Gebannt

starrte ich diesen Körper an, bis er barst. Zuerst waren es Fetzen, dann lösten sich auch diese auf... Die Häuser fielen nicht um oder in sich zusammen, sondern sie wurden meist als ganze, sich nur wenig neigend, vom Explosionsherd weggeschoben. Sie zerrieben sich dabei förmlich von unten her. Von vorne hatte es den Anschein, als würden sie näherkommend im Erdboden versinken."
(BAUER AUS DEM WALDVIERTEL) (81)

„Ich sehe jetzt in eine Strasse... und die Leute... laufen und schreien. Mütter mit ihren Kindern am Arm rennen mit vielen anderen aus der Stadt auf das Land hinaus. Und während sie zurückblicken, höre ich eine mächtige Stimme sagen: Schaut nicht zurück, nehmt eure Habe und flieht!

Oh, meine Güte, ich blicke zurück, und wie ich zurückblicke, sehe ich etwas, das wie Leiber aussieht, aber ich kann sie nicht erkennen... sie sehen aus, als wären sie verbrannt, schwarz vom Brennen.... Jetzt sehe ich - etwas ist eingeebnet worden. Es sieht aus, als wäre es eine Stadt gewesen, aber es ist platt, und Rauch steigt auf, und alles sieht aus, als wäre es eingestürzt wie ein Kartenhaus... und das Land ist gerade so, als wäre es völlig zerstört." (VERONIKA LUEKEN) (82)

„Gleichzeitig schlagen die USA atomar zurück. Weite Teile Russlands und die letzten sowjetischen Raketensilos werden zerstört. Als Folge dieser Ereignisse kommt es im Land zu einer Gegenrevolution, die das bisherige System stürzt."
(MUTTER STIEGLITZ) (83)

„Dafür, dass sie den Tod gesät haben, werden die Sieben (Invasoren) die tödlichen Folgen tragen müssen.
Ein (Bomben-)Hagel, Sturm, Epidemien und Raserei werden über sie kommen."
„Bei Sonnenaufgang wird ein grosses Feuer gesehen,
Lärm und Licht erreichen den Norden.
In einer Kugel (Bombe) wartet der Tod, Schreie werden gehört.
Tod durch Waffen, Feuer und Hungersnot."
„Feuer vom Himmel wird das Regierungsgebäude des Herrschers (den Kreml) treffen, wenn der Feuerschein des Krieges allmählich verblasst."
(NOSTRADAMUS, Vorhersage 40, II/91, IV/100)

Der atomare Schlagabtausch versetzt beiden Grossmächten den Todesstoss. Grosse Teile der USA werden nuklear verseucht sein, die Metropolen sind zerschlagen, das Land wird sich - so JOHANSSON - in vier oder fünf kleinere Staaten aufteilen. In Russland werden die ersten Unruhen nach den Niederlagen zu einer landesweiten Revolution. Der in den Grossstädten konzentrierte Regierungsapparat ist zerschlagen, die Machthaber sind mitsamt ihres Machtinstrumentes Militär entkräftet.

„In Russland bricht eine Revolution aus und ein Bürgerkrieg. Die Leichen sind so viel, dass man sie nicht mehr wegbringen kann von den Strassen. Das russische Volk glaubt wieder an Christus und das Kreuz kommt wieder zu Ehren.

Die Grossen unter den Parteiführern bringen sich um und im Blute wird die lange Schuld abgewaschen. Ich sehe eine rote Masse, gemischt mit gelben Gesichtern,es ist ein allgemeiner Aufruhr und ein grausiges Morden. Dann singen sie das Osterlied und verbrennen Kerzen vor schwarzen Marienbildern." (IRLMAIER) (84)

„*Russland wird sich wieder dem Christentum zuwenden ... die Vision allerdings kündete mir diese Entwicklung erst für die ferne Zukunft an.*" (JEANE DIXON) (85)

„*Das grosse nordische Reich wird, durch innere Kämpfe geschwächt, in viele kleine Staaten zerfallen und so zur Strafe zur Unbedeutendheit herabsinken.*" (HILARION VON TSCHENSTOCHAU) (86)

„*In Russland werden alle Machthaber vernichtet. Die Leichen werden dort nicht begraben und bleiben liegen. Hunger und Vernichtung ist in diesem Lande zur Strafe für ihre Verbrechen.*" (FELDPOSTBRIEFE) (87)

„*In Russland selbst aber bricht der Bürgerkrieg los, gerade während es furchtbare Prankenhiebe gegen die westliche Welt austeilt.*" (ONIT) (88)

Die Seher sind sich einig, dass der Atomkrieg nicht nur auf die Grossmächte begrenzt bleibt. Laut ONIT wird auch Südamerika „*die Atombomben schwer zu spüren bekommen und Südafrika wird von den USA mit Atombomben belegt werden, nachdem die schwarze Rasse unter unsagbaren Greuel die Herrschaft übernommen hat*". Am schlimmsten ist aber Europa betroffen. „*Ganze Städte werden in Schutt und Asche verwandelt*" (SCHWESTER NATIVITAS). (89)

KORKOWSKI beschreibt seine Vision vom atomaren Schlagabtausch wie folgt:

„*Ich sah mich draussen im Sommer... als plötzlich Flugzeuge den Himmel bedeckten. Sie kamen von Osten. Als ich dachte, ob der Westen überhaupt darüber Bescheid weiss, sah ich auch gleich Flugzeuge von Westen kommen. Als sie sich trafen, erzitterte die Erde von Explosionen.... Ich sah, dass viele der Flugzeuge abstürzten, und die übrigen dann alle in Richtung Osten flogen. Danach folgten Atomraketen, die hinter sich Feuerflammen hatten. Die Atomraketen stürzten in einen ca. 150 Meter hohen Berg. Nach einigen Sekunden zerfiel der Berg am Horizont, und dazwischen sah man Feuer... inzwischen konnte man die Sonne nicht mehr sehen. Alles war in Staub und Rauch untergegangen. Als sich der Rauch verzog, sah ich kein einziges Haus mehr, das völlig instand war... im nächsten Moment war ich über der Stadt Köln. Ich sah die Stadt im jetzigen Zustand, schwebte dann in Richtung Aachen und Mönchengladbach. Dort, in der Nähe der holländischen und belgischen Grenze, schwebte ich dann so hoch, bis ich die Stadt Köln mit dem Dom wiedersehen konnte. Mein Ausblick reichte weit über Belgien und Holland. Plötzlich sah ich Explosionen am Himmel und auf der Erde. Gelbe und schwarze Rauchwolken breiteten sich aus und verdunkelten bald die Sonne. Die Dunkelheit wurde nur durch helle Explosionen unterbrochen. Dann wurde es still einige Zeit, bis plötzlich ein Sturm aufheulte..*". (*KORKOWSKI*) (90)

Neben den schrecklichen Auswirkungen auf die Bevölkerung wird der Atomkrieg auch die Natur aus ihrem Gleichgewicht reissen. Vulkane brechen wieder aus, die See wird unruhig, Stürme und Orkane rasen über das Land. Der BAUER AUS DEM WALDVIERTEL sah eine „*A-Waffenzündung in grosser Höhe über der Adria*", die Überschwemmungen im Mittelmeergebiet hervorruft, JOHANSSON beschrieb Orkane und Wirbelstürme, die, dadurch hervorgerufen, über die Anliegerstaaten rasen werden. Bei diesen Katastrophen versinkt Marseille im Meer.

„*Marseille wird in der Finsternis von einer Meeresflut in einen tiefen Graben, der sich um es gebildet hat, geschwemmt.*" (KUGELBEER) (91)

„*Eine grosse Stadt im Schlamm versinkt.*" (LIED DER LINDE) (92)

„*Die schöne Stadt am blauen Wasser versinkt fast ganz im Meer und im Schmutz und Sand, den das Meer hinauswirft. Drei Städte sehe ich versinken gegen Süden, gegen Nordwesten und gegen Westen.*" (IRLMAIER) (93)

Weitaus schlimmer aber noch ist die Flutkatastrophe in der Nordsee.

Die grosse Sturmflut

„*Im September gibt es den letzten verzweifelten Versuch sowjetischer Unterseebooteinheiten, Europa atomar zu verwüsten. Bei diesem Angriff werden viele französische und deutsche Städte in ein Flammenmeer verwandelt.*"
(MUTTER STIEGLITZ) (94)

Einer der verheerendsten Schläge ist der Abwurf einer Atombombe auf die Nordsee. Wir sind uns nicht sicher, ob dieser Abwurf beabsichtigt war, vielleicht, um ein sowjetisches Unterseeboot oder sogar eine U-Boot-Flotte zu vernichten, oder ob das Flugzeug die Bombe zu früh abwarf. Letzteres behauptet der BAUER AUS DEM WALDVIERTEL: „*Diese ist gegen London gerichtet! Das Meer, das bis zu 80 Meter hoch austritt, verursacht riesige Überschwemmungen.*" (95)

„*Vom Osten her flog über die Nordsee ein Flugzeug nach Westen. Als es sich England näherte, glaubte ich, es stürze ins Meer, da es auf einmal absackte. Dabei sah ich, wie aus dem Flugzeug etwas abgeworfen wurde. Das Flugzeug flog mit grosser Geschwindigkeit weiter. Gleich darauf erfolgte eine furchtbare Detonation. Das Wasser des Meeres wurde hoch in die Lüfte geschleudert und ich sah unter mir nur noch Gischt und schäumendes, dampfendes Wasser. Weit wurde es ins Land hineingetragen und begrub alles unter sich. Von Land sah ich keine Spur mehr; ich glaubte es sei untergegangen. Dann sah ich Raketen mit gewaltiger Schubkraft dahinsausen, begleitet von Dämonen und Verwünschungen, um am Zielort alles zu pulverisieren.*" (STOCKERT) (96)

„*Ein einzelnes Flugzeug, das von Osten kommt, wirft einen Gegenstand ins grosse Wasser. Da hebt sich das Wasser wie ein einziges Stück turmhoch und fällt wieder herunter. Alles wird überschwemmt. Es gibt ein Erdbeben. Der südliche Teil Englands rutscht ins Wasser ab. Drei grosse Städte werden untergehen: eine wird im Wasser zugrundegehen (London), die zweite steht kirchturmtief im Meer (Marseille), und die dritte fällt zusammen."*

„Die Länder am Meer sind vom Wasser schwer gefährdet, das Meer ist sehr unruhig, haushoch gehen die Wellen; schäumen tut es, als ob es unterirdisch kochte. Inseln verschwinden und das Klima ändert sich. Ein Teil der stolzen Insel (England) versinkt, wenn das Ding ins Meer fällt, das der Flieger hineinschmeisst." (IRLMAIER) (97)

„Das grosse Reich im Meer, welches von einem Volke verschiedenen Stammes und Ursprungs bewohnt ist (England) wird durch Erdbeben, Sturm und Wasserflut verwüstet werden. Es wird in zwei Inseln geteilt werden und dabei zum grossen Teile untergehen." (HILARION VON TSCHENSTOCHAU) (98)

„Im Geist wurde ich in die Nähe von Drontheim geführt. Ich stand am Strand und schaute über das Meer. Plötzlich begann der Boden zu erbeben. Die Häuser der Stadt zitterten wie Espenlaub, und einige hohe Holzbauten an der Küste stürzten zusammen. Gleich darauf erscholl vom Meer herein furchtbares Getöse, und eine gewaltige Sturzwelle näherte sich mit rasender Geschwindigkeit der Küste und zerschellte an den Felswänden. In den flachen Gebieten rollte die Flut weit ins Land hinein, überschwemmte grosse Teile von Drontheim und richtete erheblichen Schaden an.... Die Überschwemmung erstreckte sich über die ganze norwegische Küste, von Südnorwegen bis hinauf in die Gegend von Bodö....

Weiter wurde ich im Geiste zu den grossen Städten an der englischen Ostküste geführt, wo die Naturgewalten den allergrössten Schaden anrichteten. Die ganze englische Ostküste stand bis weit ins Land hinein unter Wasser... Schottland musste einem besonders heftigen Aufprall ausgesetzt sein, denn es schien, als seien grosse Teile des Landes ins Meer versunken. Dann gewahrte ich London. Hier schien die Katastrophe ihren Höhepunkt erreicht zu haben....

Besonders schwer getroffen wurde Rouen, aber auch andere Städte der französischen Nordküste litten stark...

Auch grosse Teile Hollands, Belgiens und der deutschen Nordseeküste wurden schrecklich heimgesucht. Zu den Städten, die besonders grosse Schäden aufwiesen, gehörten Antwerpen und Hamburg. Letztere bekam ich zu sehen, und mir schien, als habe sie nach London am schwersten gelitten." (JOHANSSON) (99)

Nach DE LA VEGA ist das Gebiet auf einer geraden Linie von Brüssel bis zur Insel Rügen von der Flut betroffen.

Die Menschen im Atomkrieg

Am stärksten bekommt die Zivilbevölkerung die Schrecken des III. Weltkrieges zu spüren. Es beginnt damit, dass die Invasoren versuchen werden, in den besetzten Ländern die Stromversorgung zum Stillstand zu bringen, um die Bevölkerung zu isolieren. Wenn die ersten Bomben fallen, könnte ein EMP, ein „elektromagnetic pulse", alles, was elektrisch betrieben wird völlig lahmlegen; dann läuft kein Aggregat, kein Radio, kein Auto fährt.

„*Schon in den ersten Tagen der Kämpfe wird der elektrische Strom ausfallen. Schlagartig wird alles wieder von Hand gemacht werden müssen. Kein Elektroherd funktioniert mehr, kein Kühlschrank, keine Tiefkühltruhe, keine Waschmaschine, keine Geschirrspülmaschine, kein Radiogerät, kein Fernsehapparat, keine Wasserpumpe, keine Zentralheizung, keine Melkmaschine, keine Metzgerwaage, keine Kühlung im Schlachthof und beim Wirt, keine Benzinzapfsäule, kein elektrisches Licht, kein Aufzug, keine Bahn, von Schreibmaschinen, Rechenmaschinen, Computern ganz zu schweigen. Auf der anderen Seite gibt es kein Stangeneis mehr und keine Leute, die melken können, gibt es keine Ackerpferde und keine Ochsen, gibt es keine Feuerherde und keine Waschküchen mehr. Und doch: Die Schwierigkeiten... werden auf dem Lande bewältigt. Nicht in den Hochhäusern der Stadt. Dort bricht das Chaos aus. Das Wasserproblem ist unlösbar. Es fahren jedenfalls des Kraftstoffmangels wegen keine Tankfahrzeuge zur Wasserversorgung mehr durch die Strassen. Und auch auf dem Land: Wohl dem, der noch nicht an ein zentrales Wassernetz angeschlossen ist! Handbrunnen sind gefragt wie in den Wochen vor dem Ende das bare Gold.*

Was am allermeisten auffällt: Niemand ist auf die Katastrophe vorbereitet. Weder der Staat noch der Einzelne.... Am Schluss werden sich die Massnahmen überstürzen - zu spät." (MUTTER STIEGLITZ) (100)

Derzeit finden Broschüren mit Hinweisen, wie man sich auf den Krisenfall sinnvoll vorbereiten kann und wie sie regelmässig der Bundesverband für den Selbstschutz und ähnliche Organisationen herausgibt, relativ wenig Beachtung. Man verdrängt den Gedanken, dass es einmal zu einer Katastrophe kommen könnte.

Schon in der ersten Phase des Krieges, wenn die Panzerkeile das Land überrollen und kommunistische Saboteure die Stromversorgung lahmlegen, wird es in den Städten zu Panik und Chaos kommen. Man rechnet in NATO-Kreisen mit gewaltigen Flüchtlingsströmen, mit zwei Millionen PKWs, die die Strassen versperren, und letztlich die Verteidigung behindern. Schon heute übt deshalb die Polizei die Umleitung der Flüchtlingslawine, die Einrichtung von Auffanglinien mit Lenk- und Sperrpunkten, notfalls unter Einsatz von Waffen. Als besondere Aufgabe für den Krisenfall gilt die „Eliminierung von Panikpersonen", deren Verhalten zu Unruhen führen könnte.

Trotz der geplanten Gegenmassnahmen - eine Evakuierung ist höchstens in Einzelfällen vorgesehen - geht man davon aus, dass „Gebiete, die heute relativ dünn besiedelt sind, ... einen Zustrom von Flüchtlingen aus bedrohten oder verwüsteten städtischen Gebieten erhalten. Aufbaupläne sprechen von einem enormen Anwachsen der Bevölkerung in vielen abgelegenen Regionen". Allein der Versorgung wegen, die in den Städten völlig lahmgelegt ist, werden Tausende aufs Land flüchten.

„*Der Hunger treibt die Städter aufs Land. Sie wollen den Bauern das Vieh nehmen, dann muss sich der Bauer fest auf sein Sach setzen, sonst stehlen's ihm das Hemd unter dem Hintern weg.*" (IRLMAIER) (101)

„*In der Stadt wird alles drunter und drüber gehen. Der Bruder wird seinen Bruder nicht mehr kennen, die Mutter ihre Kinder nicht. Von der Stadt werden die Leut aufs Land kommen und zum Bauern sagen: Lass mich ackern, doch der Bauer wird sie mit der Pflugreutn erschlagen. Die Bauern werden sich hohe Zäune ums Haus machen und aus dem Fenster auf die Leut schiessen. Wer feine Hände hat, wird aufghängt werden. Das dauert aber nur ein oder zwei Mondlängen.*" (MÜHLHIASL) (102)

Noch schlimmer wird es in den bereits besetzten Gebieten, wahrscheinlich hauptsächlich strategisch wichtigen Punkten, zugehen. Wo die fremden Truppen „*aber kommen, da verliert das Leben seinen Wert: Es herrscht nur noch Grausamkeit und wilder Terror. Eine ungekannte Sklaverei wird das Los der Menschen werden.*" (ONKERZELE) Edward KORKOWSKI hatte eine Vision von einem russischen Lager in der Nähe von Köln:

„*Auf der anderen Rheinseite waren alles Ruinen, es brannte noch alles. Die Krieger waren ein gemischtes Volk, jedoch keine Polen oder Ostdeutschen. Viele sprachen russisch und hatten asiatische Gesichtszüge... sie errichteten Hütten und Zelte... einige Männer arbeiteten und trugen irgendwelche Gegenstände ... diese Barbaren vergnügten sich an ... jungen Frauen und Kindern auf eine Art und Weise, wie man es heutzutage nur in Sexheften sehen kann. Aber es war noch viel schlimmer ... Diese haben versucht, ohne Zwang, die extremen Wünsche dieser Barbaren auszuführen...*

Dann sah ich, dass diejenigen, die nicht mehr aufstehen konnten, von den Kriegern an den Beinen gefasst wurden und hinter eine Tür geschleppt wurden. Dort stand ein Europäer, fasste die halb Tote und schleppte sie weiter." (KORKOWSKI) (103)

Wie unzureichend wir aber wirklich auf den Krisenfall vorbereitet sind, zeigt sich erst während des atomaren Schlagabtausches. Der Zivilschutz, die Schutzmassnahmen des Staates für seine Bürger, erreicht nur einen kleinen Prozentsatz der Bevölkerung: Schutzplätze stehen in der Bundesrepublik nur für etwa 3% der über 80 Millionen Deutschen zur Verfügung. Die medizinische Versorgung würde, so Experten auf einem Ärztekongress 1981 in Hamburg, im Krisenfall sofort zusammenbrechen.

Nach einem Atomangriff sind die Städte zerstört, ein Grossteil der Bevölkerung ist direkt tot, ein weiterer grosser Prozentsatz siecht dahin, nur wenige Menschen können noch aktiv handeln, können helfen, können bei der Versorgung der Kranken mitwirken. Die Strahlenopfer zu heilen sind die Ärzte nicht in der Lage. Ihre Aufgabe ist es, die Schmerzen zu lindern, entstehende Seuchen einzudämmen. EMELDA beschreibt drastisch die Folgen eines Atomangriffs, Tote liegen auf den Strassen, niemand ist da, der sie begräbt.

„Ich sehe: Viele kleine Kinder liegen auf der Erde, auf dem Rücken, haben den Mund geöffnet, die Hände verkrampft, andere an ihrer Seite, den Kopf auf einen Arm gelegt. Wieder andere liegen auf einem grossen Haufen zusammen, sie scheinen alle tot zu sein. Zwischen ihnen andere kleine Kinder, sie weinen.... Ich habe viele Menschen in Strassengräben liegen gesehen, auf Böschungen im Todeskampf... Ich sah eine Stadt in Trümmern. Es blieben nur wenige Häuser stehen.

Ein grosser Lärm wird vernehmbar, dann Schreie. Viele Frauen verlassen schreiend die Häuser, kleine Kinder klammern sich weinend und schreiend an sie. Sie werfen sich lang auf die Strasse hin und alles stürzt ein. Die Erde tut sich auf. Es steht geschrieben: Es wird kein Obdach sein.“ (EMELDA) (104)

Die Überlebenden eines Atomangriffs werden ihr Leben lang Spätfolgen zu befürchten haben. Der Graue Star ist davon der harmloseste: Bösartige Geschwulste, Krebsgeschüre, können noch nach Jahren auftauchen, das schlimmste aber: „Innerhalb der folgenden 100 Jahre werden 6,4 bis 16,3 Millionen Kinder mit genetischen Defekten geboren“, wie Professor Dr. Herbert Begemann 1982 auf einer Ärztetagung in Berlin prognostizierte. Da könnte DE LA VEGAS Schreckensvision wahr werden:

„Die Kapitulation der Ärzte und die Monster (Missbildungen). Die Not der Schwangeren und Säugenden. Ihre Konzentration in Lagern zu reihenweiser Zwangsabtreibung, sowie Euthanasierung der Neugeborenen - wer sich dagegen wehrt, wird ebenfalls ermordet.“ (DE LA VEGA) (105)

Während des NATO-Planspiels „Square Leg“ im September 1981, als man die Auswirkungen einer Atombombenexplosion über London durchspielte, wurden Pläne über eine „zivil-militärische Zusammenarbeit“ bekannt. Strahlenkranke wurden in diesem Planspiel in ein Lager gesperrt - offiziell als „Erholungszentrum“ bezeichnet - , das von bewaffneten Einheiten und Stacheldraht gesichert wurde. Dazu befragt, erklärte der Präsident der britischen Ärztevereinigung "Faculty of Community Medicine“ dem STERN: „Vielleicht wird man entscheiden müssen, die Todkranken auszusortieren und schnell zu beseitigen - eine Aufgabe, für die Militär oder Polizei wohl geeigneter wären als die Ärzte“. In den Trainingsprogrammen der Ärzte für den Katastrophenfall ist die „Triage“ vorgesehen - die Selektion der Verletzten in solche, bei denen die Behandlung ohnehin zwecklos ist, und solche, die verarztet werden sollen. Pläne für eine Zwangsabtreibung sind bisher noch nicht bekannt geworden.

Aber IRLMAIER weiss, dass *„nach der Katastrophe die Gesetze, die den Kindern den Tod gebracht haben, ungültig werden"*.

Eines der grössten Probleme in der medizinischen Versorgung der Überlebenden liegt darin, dass es kaum „Notdepots" mit Medikamenten geben wird, dass Krankenhäuser, Arztpraxen, Apotheken ebenso zerstört sein werden wie alle übrigen Gebäude; und dass der Prozentsatz der überlebenden und einsatzfähigen Ärzte und Sanitäter genauso gering sein wird, wie in der übrigen Bevölkerung. „Für viele tausend Schwerverwundete wird es keine entscheidende oder fühlbare Hilfe geben", begann Professor Dr. Herbert Begemann seine Darstellung der Folgen eines Atomkriegs auf einem Berliner Ärztekongress 1983. „Die Schreie nach Wasser waren das in Hiroshima am meisten Gehörte. Mitmenschliche Hilfe auf primitivster Stufe - den Dürstenden zu tränken - wird der verbliebene und oft nicht mehr zu realisierende Rest abendländischer Humanitas sein. Die Einsamkeit der Geschlagenen und ihre Hoffnungslosigkeit, verlassen ob einer von Menschen gemachten Öde des Grauens, können nur Apathie und schwerste Depressionen erzeugen. Der rasche Tod ist die einzige Chance derer, die sich nicht mehr vom Fleck rühren können. Desolater Gemütszustand, Unterernährung, Hunger, Durst, Verlust von Heimat, Verwandten und Freunden, schlechte Unterbringung in überfüllten Notquartieren werden unter den Überlebenden bald zum Ausbruch von schweren Infektionskrankheiten und Seuchen führen.... Durchfallerkrankungen unterschiedlichsterArt, wie Typhus und Cholera, aber auch infektiöse Hepatitis, schwere Pneumonien, Septikamien und Blutvergiftungen werden massenhaft auftreten. Tuberkulose, Diphterie und wahrscheinlich sogar die Pest ... werden wieder aufflammen." (106)

Tatsächlich wird gerade die Pest von einigen Sehern ausdrücklich genannt.

„Der würgende Gestank der Leichen und das lautlose Wüten der Pest", heisst es bei DE LA VEGA, der damit gleichzeitig auf die Ursache der Seuchen anspielt: Katastrophale hygienische Verhältnisse locken Insekten und Ratten an. „Die hohe Sterblichkeit unter den wilden Nagetieren wird dazu beitragen, die Krankheit auf Personen der näheren Umgebung zu übertragen. Die widerstandsfähigen Flöhe werden die sterbenden Tiere verlassen und neue Wirte suchen, ein anderes Tier oder Menschen." (ÄRZTE WARNEN VOR DEM ATOMKRIEG)

„Dann wird... zum Erschrecken der Menschheit die furchtbarste Pestseuche auftreten, durch eine vorangegangene Hungersnot." (NOSTRADAMUS)

„Himmlisches Feuer droht vom Westen her,
Vom Süden wird es züngeln zum Osten:
Die Pflanzen sterben in der Mitte ab und können keine Wurzeln schlagen. Das dritte Zeitalter sieht den Krieg;
Geschwüre wird man nach den feurigen Blitzen sehen.
Dem Karbunkel (Atom-)Zeitalter folgt dann schliesslich der Hunger."
(NOSTRADAMUS, XI/27)

„In der Zeit nach dem grossen Atomkrieg würde es dann zu einer unbeschreiblichen Hungersnot kommen", heisst es in einer 1983 veröffentlichten Studie der UNO-Weltgesundheitsorganisation (WHO), „Millionen werden verhungern. Katastrophal wäre auch das Fehlen von Trinkwasser." Diese verzweifelte Lage der Zivilbevölkerung lässt viele Menschen die Eigeninitiative ergreifen: Sie schliessen sich zu Banden zusammen, plündern und morden, im Kampf um das nackte Überleben.

„Das Faustrecht kehrt wieder, Gesetzlosigkeit, Chaos! Hungernde Grossstädter werden zu Räubern an den Bauern! Bewaffnete Banden ziehen durchs Land, Fanatiker, Mörder, Psychopathen, Mob. Es ist ein nie zuvor, ausser vielleicht im Dreissigjährigen Krieg, dagewesenen Schrecken! Und endlich dann die atomar verursachte Giftwolke, die auch hier ein Drittel der Menschheit dahinrafft." (MUTTER STIEGLITZ) (107)

„Nagender Hunger hält reiche Ernte und Kannibalenhorden morden und plündern." (DE LA VEGA) (1 08)

EMELDA sah *„viele Männer und einige Frauen an Bäumen aufgehängt, andere an den Masten der Laternen, an den Mauern der Häuser, an einer Kirche, und sogar an den Türen der Kirchen*". Es herrscht Anarchie. (109)

„(Ich sah), dass hier und da einige Menschen aus Löchern und Bergklippen herauskamen. Einige nahmen sich Gewehre und Munition und was sie hier und da am Boden liegen sahen. Einige von ihnen sagten: Jetzt gibt es keine Polizei und keine Regierung. Wir können tun und lassen, was uns gefällt. Wir nehmen denen, die da kommen, das Essen für uns. Wir nehmen alles, was uns gefällt, ob Frau oder junges Mädchen." (KORKOWSKI) (110)

Der Stern Typhon

Diese „Blutzeit", wie sie die EDDA nennt, wird abgekürzt „um der Gerechten willen", wie es in der Bibel heisst. Stattdessen folgt nach den Aussagen einer ganzen Reihe von Sehern „der zweite Teil der Züchtigung"; der Komet, dessen Schweif bereits drei Monate zuvor die Erde streifte, hat die Sonne umkreist, kommt zurück, rast diesmal direkt auf die Erde zu. Dabei gerät sie vollkommen in den Schweif des Kometen, eine grosse Hitzewelle tritt auf, die Menschen fürchten, bei lebendigem Leibe zu verbrennen. Nach HEPIDANUS ist die Entdeckung dieses Kometen das letzte Signal zur Zeitenwende, doch scheint man ihn auf der Erde weitgehend zu ignorieren, das Kampfgeschehen jedenfalls hält der Gedanke an sein Kommen nicht auf, lediglich führt sein erster Vorbeizug an der Erde zur Wende im Dritten Weltkrieg.

„Das Strafgericht wird aus zwei Teilen bestehen. Den einen Teil verrichten die Menschen mit eigenen Händen: ein Krieg, der so gross wird, dass er fast die Erde

auslöscht, wenn da nicht das gnädige Herz des ewigen Vaters eingreifen würde; und der zweite Teil ist das Strafgericht des Himmels durch die Kugel der Erlösung." (VERONIKA LUEKEN) (111)

Hans J. Andersen, Author von "Polsprung", identifiziert den Kometen, die „Kugel der Erlösung", als den Stern Typhon aus der Mythologie; ein riesiger Komet, der etwa alle 538 Jahre in unser Sonnensystern eindringt, eine Art „grosser Bruder" des Halleyschen Kometen. Plinius erwähnt in seiner „Historia naturalis" diesen „furchtbaren Kometen", der einst von der Bevölkerung Ägyptens und Äthiopiens beobachtet wurde, nennt ihn eine „feurige Kugel", „sehr grimmig anzuschauen". Auch bei anderen antiken Autoren wie Apollodor, Hesiod, Lydus, Servius, Hephaestion und Junctinus ist von Typhon die Rede. Mal beschreibt man ihn als Monstrum mit „hundert Drachenköpfen", mal als „Kugel von blutroter Farbe, von blutiger Röte". Der amerikanische Wissenschaftler und Bestsellerautor Immanuel Velikovsky („Welten im Zusammenstoss") fand in unzähligen Mythen rund um den Globus Beweise für verheerende Naturkatastrophen in der Vorzeit, die nicht selten durch geologische und archäologische Untersuchungen bestätigt werden. Als Typhon vor 4.500 Jahren auftauchte, kam es in einigen Gebieten Vorderasiens zu Flutkatastrophen; bei seinem Durchgang vor 3.200 Jahren verursachte er Brände in Mitteleuropa, Flutkatastrophen im Nordsee- und Mittelmeerraum, vielleicht den Ausbruch des Vulkans Santorin-, und löste damit regelrechte Völkerwanderungen aus. Dabei ist unsicher, ob dieser „Typhon" wirklich ein Komet ist; einige Forscher spekulieren, es könnte sich dabei um einen aus der Bahn geratenen zehnten Planeten unseres Sonnesystems handeln; der „12. Planet" der Sumerer (die Mond und Sonne mitzählten), dessen Existenz der Orientalist Zacharias Sitchin aufgrund alter Keilschrifttexte nachzuweisen versuchte, und dessen Vorbote der Komet Hale Bopp gewesen sein könnte.

Das Auftreten eines solchen Himmelskörpers ist fester Bestandteil der Prophezeiungen vom Weltuntergang. Die Apokalypse des Johannes nennt ihn den „Stern Wermut", JAKOB LORBER „den Feind, den ich aus den weiten Lufträumen der Erde zusenden werde", BERTA DUDDE sah, „dass ein Stern sich aus der Bahn löset und mit Riesengeschwindigkeit auf die Erde zustrebt". Das Auftreten dieses Sternes, der „Kugel der Erlösung", ist auch fester Bestandteil der „marianischen Prophetie":

„Wenn ihr ein grosses Zeichen am Himmel sehen werdet, wird der schreckliche Augenblick voll Angst und Weinen da sein ... Ein Stern wird am Himmel erscheinen ... Ich werde mit diesem Stern zu Euch kommen." (SAN DAMIANO) (112)

Wie zur Bekräftigung solcher Visionen tauchte er immer wieder auf den sogenannten „Wunderfotographien" auf; auf Aufnahmen, die Pilger an einer Erscheinungsstätte gemacht haben, und auf denen man Dinge sieht, die man mit blossen Augen nicht hat sehen können; für die Gläubigen Zeichen des Himmels. Oft wird in Zusammenhang mit seinem Auftreten auch von einem „Himmelszeichen“ gesprochen, einem Kreuz, das den Menschen das Strafgericht ankündigt:

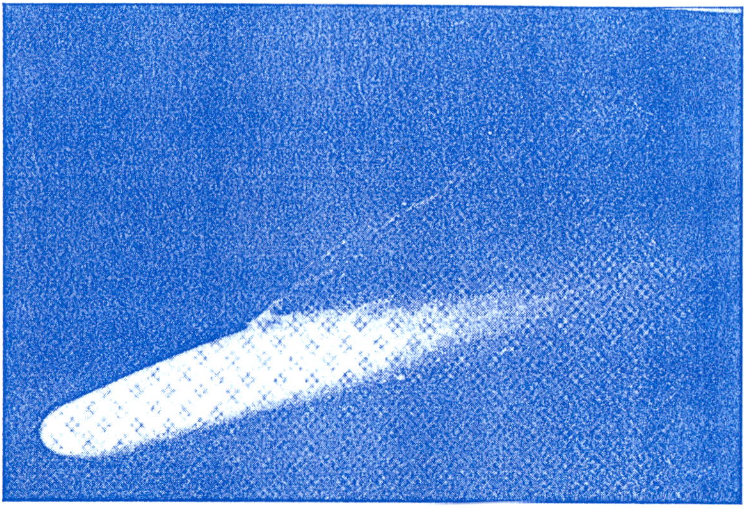

Bild 40: Der Komet

„Bei diesem Geschehen sehe ich ein grosses Kreuz am Himmel stehen und ein Erdbeben wird unter Blitz und Donner sein, dass alles erschrickt und die ganze Welt aufschreie: 'Es gibt einen Gott!'.“ (IRLMAIER) (113)

Auch in SAN DAMIANO wird das „Kreuz am Himmel“ erwähnt. Tatsächlich sind die Planeten des Sonnensystems am 18. August 1999 kreuzförmig angeordnet. Oder soll JEANE DIXONS Beschreibung „alsbald sah ich auch ein Kreuz wie einen Kometen am östlichen Himmel auftauchen“ ein Hinweis sein? Entsteht das Zeichen vielleicht, wenn der Komet die Sonne kreuzt? So jedenfalls interpretiert der Schriftsteller Wolfram Fragner das Himmelszeichen in seinem Zukunftsroman „Kaiser von Europa“:

„Am blutroten Himmel, dort, wo schätzungsweise die Sonne jetzt stehen mochte, bildete sich ein Kreuz, aus Licht gewoben, aber deutlich ein Kreuz, bestehend aus einem senkrechten und einem waagerechten Balken. Es wurde strahlend und gross.“ (114)

Am ausführlichsten beschreibt VERONIKA LUEKEN in ihren Visionen den Kometen. Hier nur einige Ausschnitte aus dem umfangreichen Textmaterial:

„Visionen von der Feuerkugel: Sie dreht sich schnell um sich selbst, sie geht hinter dem Mond vorbei. Der Mond sieht auf einer Seite blau aus, ein Teil von ihm scheint zu schmelzen. Drüben an der rechten Seite des Mondes erscheint sie wieder wie ein

brennender Stern, Funken sprühen weithin wie bei Feuerwerkskerzen. Die Farben sind ein tiefes Rot und Orange. Jetzt, da die Kugel näherkommt, wird es sehr, sehr heiss, Teile des Himmels werden weiss.... Auf Erden erheben sich Wasser, fünfzehn mal so hoch wie normale Wellen.... Gebäude stürzen ein, Treibgut schwimmt vorbei....

Bild 41: Wunderfotos des kommenden Kometen

Da schwebt aus der Atmosphäre eine gewaltige Himmelskugel, gleich einer glühenden Sonne, daher, und sie zieht einen Feuerschweif hinter sich her, wirbelt in grosser Schnelligkeit über den Himmel der Erde zu. Unerträgliche, feuergeschwängerte Hitze überall - Städte stehen in lodernden Flammen, Menschen laufen um ihr Leben, stürzen, viele suchen nach Kerzen, doch die Luft ist schwer und erstickend, Sauerstoff mangelt, auch die Kerzen wollen nicht brennen. Alle Lichter auf der Erde sind verlöschen. Die Kugel speit riesige Wolken heissen Staubes aus, der herabfällt - Hustenkrämpfe. Grosse Steinbrocken beginnen zu fallen, die Menschen rennen in alle Richtungen, aber es gibt keinen sicheren Ort....

Aahh, ich sehe, wie der Himmel ganz leuchtend rot, fast orange... orangerot wird. Und das Licht ist so leuchtend, dass es meinen Augen wehtut. Und ich sehe diese enorme Kugel... und während sie schneller über den Himmel saust, löst sich ein Teil von ihr ab. Und jetzt verschwindet sie hinter der Sonne. Ich sehe diese enorme Kugel, die Sonne -, sie ist ein Feuerball, und die Kugel von der ich rede, ist ein anderer Feuerball. Und ein Teil hat sich vom Ball gelöst, und er fällt auf die Sonne, und, ooohh, es entsteht eine Explosion ... alles ist wie gelähmt. Jetzt sehe ich Leute, die sich an den Stühlen ihrer Häuser festhalten - alles wankt. Es ist, ...es ist, ... als ob sogar die Grundfesten der Häuser zu erbeben begonnen hätten. Und alle haben Angst, viele stürzen auf die Strassen hinaus. Aber andere laufen an die Fenster, um sie zu schliessen, und sie lassen die Rolladen hinunter. Aah, ah! Viele schauen hinaus, ich sehe sie aus den Fenstern schauen. Aber sie gehen nicht hinaus, sie dürfen nicht hinausgehen.... Und jetzt sehe ich dieses Schwarze, den grossen, dicken Rauch ... der Mond ist vollständig bedeckt, ich kann ihn nicht sehen, er gibt kein Licht. Jetzt scheint auch die Sonne Partikel zu sprühen.... Da nun, ein Stück von feurigem Gestein, es ist sehr gross, es fällt... es fällt in das Wasser, Jetzt ist das Wasser mehr Dampf, zischender Dampf, und ich glaube, dass das Stück, das in das Wasser gefallen ist, sehr gross war, denn das Wasser steigt sehr, sehr hoch. (115)

Laut KÄTHE NISSEN werden durch den Kometen Erdbeben ausgelöst, die „sich im Grossbereich der nördlichen Eifel von Düsseldorf bis Nijmwegen und tief nach Belgien hinein“ erstrecken. „Ich habe in meinen Visionen gesehen, wie in diesem Gebiet feuerspeiende Berge ausbrachen und Beben sowie Feuersbrünste die Städte verheerten.“ KORKOWSKI bestätigt, dass im Mittelmeerraum, aber auch in Deutschland „eine ganze Menge Vulkane tätig waren“, und zwar „bis kurz vor Köln, auf beiden Rheinseiten“.

Mit drei Vierzeilern beschreibt NOSTRADAMUS den Kometen. Wenn er ihn den „roten Bruder des Mondes“ nennt, so sahen einige Experten darin einen Hinweis, dass der Stern von der Erde eingefangen zu ihrem Trabanten wird.

„Der Mond verdunkelt sich in tiefste Finsternis.
Sein Bruder zieht vorbei, glutrot wie Eisen.
Der Grosse blieb lange Zeit in der Finsternis versteckt.
Er wird das Schwert in seiner blutigen Wunde tragen.“

„Ihr seht bald und doch zu spät,
wie die grosse Veränderung sich vollzieht.
Extreme Schrecken und Verfolgungen, als ob der Mond
von einem Engel geholt würde. Der Himmel nähert sich Veränderungen."
„Mit einem mächtigen Misston bringt die Posaune die Erde zum Erzittern,
sobald der Schall verklungen ist, erscheint die Prüfung am Himmel.
Ein blutiger Rachen wird im Blut schwimmen.
Das Gesicht der Sonne ist mit Milch und Honig verschmiert."

(NOSTRADAMUS, I/84, I/56, I/57)

„Viele und schreckliche Zeichen werden am Himmel erscheinen, die Sonne wird sich verdunkeln und blutig rot zeigen. Zwei Monde zugleich wird man vier Stunden lang, umgeben von erstaunlichen Dingen, sehen. Mehrere Sterne werden zusammenstossen zum Zeichen der Zerstörung fast aller Menschen. Der natürliche Zug der Luft wird wegen der Pestkrankheiten verändert und verkehrt; Menschen und Tiere werden schnell sterben.... Nie seit Beginn der Welt wird man dergleichen gehört haben." (CÄSARIUS VON HEISTERBACH) (116)

Bild 42: Kometenerscheinung im 16.Jahrhundert

Der Polsprung

Wenn die Seher davon sprechen, dass der „Erdkreis zusammenstürzt', dass sich daraus eine „wunderbare Veränderung" ergeben wird, wie es HOLZHAUSER formulierte, so werden diese Hinweise von einigen Forschern mit dem Phänomen des „Polsprungs" oder einer „Polwende" in Verbindung gebracht. Unter einem Polsprung versteht man die Verschiebung des geographischen Nordpols der Erde um einige Grade, die Polwende um 180 Grad ist die Folge einer magnetischen Umpolung unseres Planeten, der Norden wird zum Süden, die Sonne geht im Westen auf. Im Falle einer gravierenden Erdkatastrophe, wie dem oben erwähnten Vorbeiflug eines riesigen Himmelskörpers und dem Einschlag eines Kometen auf der Erdoberfläche ist mit einer Kopplung von Polwende und -verschiebung zu rechnen.

Geophysiker haben nachgewiesen, dass Polsprünge in der Erdgeschichte keine Seltenheit waren. Die Lava enthält Magnetit, dass sich jeweils nach dem magnetischen Nordpol ausrichtet und damit für die Wissenschaft unbestechlich die Ausrichtung der Erdachse zum Zeitpunkt ihres Erkaltens anzeigt. Einer Tabelle zufolge, die Peter Kaiser („Die Rückkehr der Gletscher") veröffentlichte, wechselten danach die Pole in den letzten 76 Millionen Jahre ganze 171 mal. Die ägyptischen Priester versicherten dem griechischen Geschichtsschreiber Herodot, seit Beginn ihrer Aufzeichnungen sei die Sonne „zweimal aufgegangen, wo sie jetzt untergeht, und zweimal untergegangen, wo sie jetzt aufgeht"; eine Behauptung, die durch altägyptische Inschriften und Grabzeichnungen bestätigt wird. Auch der griechische Philosoph Platon sprach von einer „Änderung im Auf- und Untergang der Sonne und der anderen Gestirne", einer „Wende nach der entgegengesetzten Seite" als Folge der „Umwälzung des Alls." Die Folge einer solchen Umwälzung sei bisher immer die „sittliche und religiöse Erneuerung der Überlebenden" gewesen. Die Polsprungtheorie gibt Antwort auf eine ganze Reihe wissenschaftlicher Fragen. Sie erklärt, warum Europa einst von einer dichten Eisdecke überzogen war, während in Alaska und Nordkanada Mittelmeerklima herrschte, in Nordgrönland die Korallen wucherten. Vor allem löst sie das Rätsel der Mammuts und anderer Tiere, die vor etwa 10.000 Jahren innerhalb von Sekunden erfroren und im ewigen Eis begraben wurden. Als man sie im 19. und 20. Jahrhundert im Norden Sibiriens entdeckte, war ihr Fleisch noch immer geniessbar; in ihren Mäulern und Mägen fand man Lärchen-, Fichten- und Tannennadeln, Nadeln von Bäumen also, die etwa 3.500 Kilometer weiter südlich wachsen. Gegner der Polsprungtheorie erklären diese Funde damit, dass sich die eurasische Kontinentalscholle nordwärts verschoben hätte. Aber die Mammuts lebten noch, als das Eis sie überraschte, einige kauten gerade an den Zweigen bevorzugter Nadelbäume, die Katastrophe muss sich also in wenigen Minuten abgespielt haben. Der deutsche Forscher Otto Muck glaubt, dass auch dafür ein Meteorit verantwortlich gewesen sei; vor der Küste des US-Staates South Carolina fand er reihenweise Einschlagkrater, Indizien dafür, dass dort ein gewaltiger Brocken aus dem All niedergegangen war: Geologen datierten seinen Aufprall auf etwa 8.000 - 10.000 Jahre vor Christi Geburt. Wird der Stern Typhon, von dem die Seher sprechen, ähnliche Verheerungen auslösen?

Die Heilige HILDEGARD VON BINGEN schrieb im 12. Jahrhundert in ihrem prophetischen Werk SCIVIAS („Wisse die Wege"):

„Ich schaute weiter - und siehe, alle Elemente und jegliches Geschöpf" wurden von einer durchdringenden Bewegung erschüttert. Feuer, Luft und Wasser brachen hervor, so dass die Erde wankte. Blitze und Donner krachten, Berge und Wälder stürzten, und alles, was sterblich war, hauchte das Leben aus. Alle Elemente wurden gereinigt, so dass, was immer an ihnen beschmutzt war, verschwand..." (117)

NOSTRADAMUS datiert den Polsprung in seinem Brief an König Heinrich II. auf Oktober (oder meint er den achten Monat, den August?):

„Es wird im Oktober sein, wo man eine grosse Verlagerung beobachten wird,
so dass jedermann glaubt, die Schwerkraft der Erde habe ihre natürliche
Bewegung verloren und die Welt sei in ewige Finsternis geschleudert...
Dann aber werden die himmlischen Sternbilder rückläufig werden und an
den Anfang ihrer Bewegung zurückkehren. Diese Bewegung in der höheren Welt wird die Erde wieder fest und stabil machen."

Nach KORKOWSKI findet der Polsprung an einem 16. August statt. Neben einer ganzen Reihe wichtiger Visionen zum Thema sah KORKOWSKI schon 1947 die drohende Naturkatastrophe, sah schliesslich 1973, wie die Sonne nicht mehr im Osten, sondern in nordwestlicher Richtung aufging; danach müssten sich die Pole nach der Polwende noch um 35 Grad verlagern. Das wiederum trifft mit dem Hinweis DE LA VEGAS zusammen, dass -von Maria Laach in der Eifel aus - der „neue Norden" in Richtung Israel/Harmageddon liegen würde. Kurz und bündig fasste er zusammen: *„Die Erdachse verschiebt sich, und die Sonne ändert ihren Himmelslauf"*.

Nach Meinung von Hans J. Andersen könnte das „Sonnenwunder" von Fatima und anderen Marienerscheinungsstätten ein Hinweis auf die Polsprungkatastrophe sein. Dabei zitiert er gleich zwei Visionäre, die Phänomene an der Sonne gesehen hätten: Eine Dame aus Bayern sah in Zusammenhang mit der Polsprungkatastrophe eine „gewaltige blitzartige Entladung, die von der Sonne ausgehen wird"; ein Herr Z. aus Österreich meinte gar, die Sonne „schien sich zu verdunkeln". (ANDERSEN) Tatsächlich gibt es in den „Marienbotschaften" zahlreiche Hinweise auf diese Phänomene. Enzo Alocci von PORTO STEFANO erklärte am 31.7.1966: *„Die Erde wird erzittern, die Sonne wird sich um sich selbst drehen mit grossen Explosionen. Der Mond wird in Trauer sein"*.

Noch deutlicher ist die Beschreibung von AMSTERDAM (118):

„Während sich ... alles durcheinander dreht, erscheint an der linken Seite ein Kreis und durch ihn hin dreht sich der Globus. Dann kommt plötzlich ein grosser Zeiger und ich höre sagen: 'Der Sonnenzeiger ist gewendet.'"

Bleibt die fast schüchtern klingende Frage des LIEDES DER LINDE: „*Nimmt die Erde plötzlich andern Lauf*'?" (119)

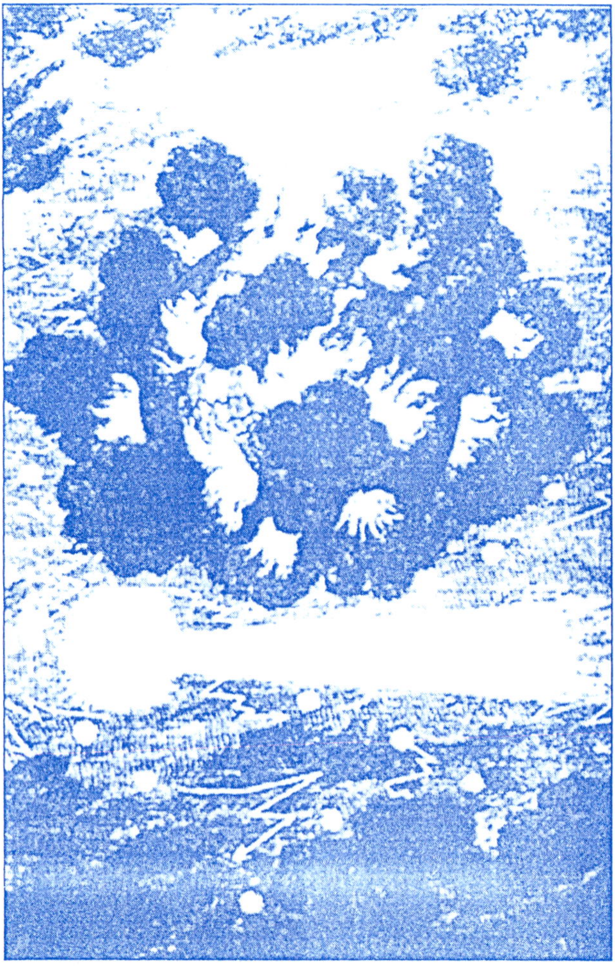

Bild 43: Vision des Weltuntergangs, 18. Jahrh.

Anmerkung:
Wir dürfen heute, in einer Zeit, in der Gabelbiege-„Partys" und Gruppenmeditationen längst die Möglichkeit der Erweckung kollektiver PSI-Kräfte demonstriert haben, fragen, ob das „Sonnenwunder" von Fatima vielleicht der erste Fall einer „kollektiven Vision" war; und ob dann bei entsprechenden Vorbereitungen nicht auch eine „kollektive Zukunftsschau" möglich wäre.

Die drei dunklen Tage

Während des Polsprungs bricht das elektromagnetische Feld der Erde zusammen, es gibt nirgendwo mehr Elektrizität; eine dichte Wolkendecke, angefüllt mit aufgewirbelten atomaren Fall-Out, mit Vulkanasche und Kometenstaub, wie mit zehntausenden kleinen Meteoriten verdunkelt den Himmel; giftige Gase, grösstenteils vom Schweif des Sternes Typhon, Partikel von der Sonnenexplosion und immer wieder Unmengen emporschiessenden Wasserdampfes: Die drei dunklen Tage sind da, drei Tage der Umwälzung des Planeten Erde, drei Tage, in denen die Erde taumelt, die Erdoberfläche ihr Gesicht verändert, aber auch drei Tage, in denen sich die Erde von den Giften reinigt, die ihr der Mensch verabreicht hat. Von den drei dunklen Tagen sprechen dutzende Prophezeiungen. Korrekt beschreiben sie die elektrischen Entladungen in der Atmosphäre, die gewitterartig über zweiundsiebzig Stunden anhalten werden; sprechen sie von dem tödlichen Staub, der Mischung von Fall-Out und giftigen Gasen aus dem Weltall. Tatsächlich gehen „die Teufel um" in diesen Tagen, und noch nie hat die geplagte Menschheit solche Schrecken erlebt. Doch, wie es Hans Baum klipp und klar formuliert: „die Bürger eines jedes Staates der Welt könnten den Polsprung überleben, wenn sie rechtzeitig ... informiert und gewarnt werden würden". (120)

Trotzdem sprechen die Seher davon, dass ein zweites Drittel der Menschheit in diesen Tagen sterben wird. Was man rechtzeitig tun kann - steht in den Prophezeiungen. Wir haben achtzehn der ergiebigsten ausgesucht. Natürlich geben wir zu, dass einige Forderungen und Erklärungen für den rationalen Menschen unserer Tage kaum akzeptabel sein werden. Es bleibt jedem selbst überlassen, wieweit er den prophetischen Rat annimmt.

„Es wird eine DREITÄGIGE Finsternis in der Natur eintreten; während dreier Nächte und zwei Tage wird eine ununterbrochene Nacht sein. Die geweihten Kerzen von Wachs werden allein noch Licht spenden. Eine einzige Kerze wird für drei Tage reichen.

In den Häusern der Gottlosen und der Gotteslästerer werden die Bösen Geister in den abscheulichsten Gestalten erscheinen. Sie werden in den Lüften die schrecklichsten Gotteslästerungen hören lassen. Die Blitze werden in eure Wohnungen eindringen, aber sie werden das Licht der geweihten Kerzen nicht auslöschen, weder der Wind noch der Sturm noch die Erdbeben werden sie auslöschen. Wolken, rot wie Blut, werden am Himmel vorüberziehen; das Krachen des Donners wird die Erde erschüttern, unheilbringende Blitze werden die Strassen durchzucken und dies zu einer Zeit, zu der sie sonst nie vorkommen. Die Erde wird bis in ihre Grundfeste erschüttert werden. Das Meer wird schäumende Wogen über das Festland schleudern..." (JAHENNY) (121)

„Wie ein riesiger Donner grollte die Erde auf... Dann kam eine riesige schwarze Decke oder Wolke tiefschwarze Nacht über die Welt. Ich hörte weiter: 'Eine

furchtbare Finsternis wird die Erde einhüllen ... in dieser Finsternis wird kein Licht brennen ausser dem Licht des Glaubens.... Ein furchtbarer, beissender Stinkgeruch war in meiner Kehle, so dass ich Brechreiz hatte." (MUTTER GRÄF) (122)

„Die Menschen werden durch schrecklichste Meteore in Verwirrung gebracht.... Es wird über die ganze Erde eine dichte Finsternis kommen, die drei Tage und drei Nächte dauern wird. Diese Finsternis wird es ganz unmöglich machen, etwas zu sehen. Ferner wird die Finsternis mit Verpestung der Luft verbunden sein, die zwar nicht ausschliesslich, aber hauptsächlich die Feinde der Religion hinwegrafft. Solange die Finsternis dauert, wird es unmöglich sein, Licht zu machen. Nur geweihte Kerzen werden sich anzünden lassen und Licht spenden. Wer während dieser Finsternis aus Neugierde das Fenster öffnen und hinausschauen oder aus dem Hause gehen wird, wird auf der Stelle tot hinfallen. In diesen drei Tagen sollen die Leute vielmehr in ihren Häusern bleiben, den Rosenkranz beten und Gott um Barmherzigkeit anflehen." (ANNA MARIA TAIGA) (123)

„Winter kommt, drei Tage Finsternis
Blitz und Donner und der Erde Riss,
Bet' daheim, verlasse nicht das Haus!
Auch am Fenster schaue nicht den Graus!

Eine Kerze gibt die ganze Zeit allein
Wofern sie brennen will, dir Schein.
Gift'ger Odem dringt aus Staubesnacht,
Schwarze Seuche, schlimmste Menschenschlacht.

Gleiches allen Erdgebor'nen droht,
Doch die Guten sterben seligen Tod.
Viel Getreue bleiben wunderbar
frei von Atemkrampf und Pestgefahr."
(DAS LIED DER LINDE) (124)

„Aus den Wolken werden Orkane von Feuerströmen sich auf die Erde verbreiten. Sturm und Unwetter, Donnerschläge und Erdbeben werden unaufhörlich einanderfolgen, unaufhörlich wird der Feuerregen niedergehen. Es wird in einer sehr kalten Nacht beginnen. Donner und Erdbeben werden zwei Tage lang die Erde erschüttern. Diese wird beweisen, dass Gott über allem steht. Die auf Mich hoffen, und an Mich glauben, haben nichts zu befürchten, weil ich sie nicht verlassen werde....

Damit ihr euch auf dieses Ereignis vorbereiten könnt, gebe Ich euch folgendes Zeichen: Die Nacht ist sehr kalt, der Wind braust und nach einiger Zeit wird der Donner einsetzen. Dann verschliesst alle Türen und Fenster und sprecht mit niemandem ausserhalb des Hauses. Kniet euch nieder im Geiste vor dem Kreuz und bereut alle eure Sünden. Bittet Gott und Mich um meinen Schutz. Während die Erde bebt schaut nicht hinaus; denn der Zorn Gottes muss mit Furcht und Zittern betrachtet werden. Wer diesem Ratschlag nicht nachkommt, wird augenblicklich zugrundegehen.... In der dritten Nacht wird Erdbeben und Feuer aufhören und am folgenden Tag wird die Sonne wieder scheinen.... Ein Drittel der Menschheit wird umkommen.." (PATER PIO) (125)

„Ich sah mich an einen erhöhten Ort versetzt, von dem ich die Erde überschauen konnte. Zuerst sah ich eine schwarze Wolke die Erde umhüllen; es war eine wirkliche, dichte, materielle Finsternis... dann hörte ich das starke Rollen des Donners, ich sah Blitze zucken, und es schien mir, als fielen feurige Kugeln auf die Erde... hierauf hörte ich das gewaltige Rauschen der Fluten." (HIGGINSON) (126)

„Es wird eine dreitätige Finsternis eintreten. Nicht ein Dämon wird in der Hölle verbleiben; alle werden von dort hervorgehen, und die Luft wird von ihnen verpestet sein. Das wird die letzte Plage sein." (PALMA VON ORIA) (127)

„... in einer dreitägigen Finsternis werden die den Lastern ergebenen Menschen sterben, so dass nur ein Vierter der Menschheit übrigbleiben wird."
(MARIE BAOURDI) (128)

„Die grosse Katastrophe wird natürlich beginnen und übernatürlich enden.... Gott wird selbst eingreifen. Die Erde wird aus ihrer Bahn geworfen und die Sonne wird keinen Schein mehr geben: Finsternis auf dem ganzen Erdball, 72 Stunden lang. In dieser Finsternis wird kein Licht brennen, ausser dem Licht des Glaubens und geweihten Kerzen, das jenen erhalten bleibt, die die Bitte der Gottesmutter treu erfüllt haben. Die wahren Gläubigen werden in dieser Zeit Fenster und Türen schliessen und verhängen und sich um das Kreuz und das Bild der seligsten Jungfrau im Gebet versammeln.... Schauet nicht hinaus, und seid nicht neugierig, was draussen vorgeht, sonst müsst ihr sterben." (STOCKERT) (129)

„Finsternis von drei Tagen und Nächten. Beginn mit einem furchtbaren Donnerschlag und Erdbeben. Man kann weder essen noch schlafen, sondern nur beten. Nur geweihte Kerzen brennen. Blitze dringen in die Häuser, grässliche Flüche von Teufeln sind zu hören. Erdbeben, Donner, Meeresrauschen. Wer neugierig zum Fenster hinausschaut, wird vom Tode getroffen. Man verehre das kostbare Blut Jesu und rufe Maria an. Die Teufel holen die Gottlosen bei lebendigem Leibe. Vergebens flehen diese um Verlängerung ihres Lebens. Es herrscht die Pest, grosse schwarze Flecken am Arm sieht man. Schwefeldämpfe erfüllen alles, als wenn die ganze Hölle los wäre." (KUGELBEER) (130)

„Wolken mit Feuerschein werden schliesslich am Himmel erscheinen und ein Feuersturm wird auf die ganze Erde losschlagen. Die schreckliche, in der ganzen Geschichte der Menschheit nie vorgesehene Geissel wird siebzig Stunden dauern. Die Gottlosen werden zu Staub gemacht werden...." (ELENA AIELLO) (131)

„Plötzlich kamen von rechts und links Feuerbälle, welche die Erde trafen und einen grossen Brand verursachten. Die Erde schien danach wie zerstückelt. Wo die Explosionen waren, zeigten sich nachher Wüsten. Andere Teile der Erde ... bebten und stürzten ein. Dann kam eine dichte Finsternis." (KERIZOEN) (132)

„Sohn, während der 'Drei Finsteren Tage' werden die Verfolger der Kirche vernichtet werden. Himmel und Erde werden sich einander nähern und Feuer wird auf der ganzen Erde wüten. Sie wird mit Leichen bedeckt sein,... es wird eine grosse Drangsal aller sein.... Die Luft wird - giftgeladen tödliche Vernichtung verbreiten. Es wird weltweit gänzliche Finsternis herrschen. Nur ein Viertel der Menschheit wird überleben." (PORTO STEFANO) (133)

„Anblick der herannahenden Himmelskugel - Gebäude, die einstürzen - Stimmen, die verzweifelt schreien - grosse, sengende Hitze - Feuerblitze. Es scheint die Erde stillzustehen, sich nicht mehr zu drehen -Lichter erlöschen - Leute laufen im Dunkel ziellos hin und her -Panik überall. In einem Haus brennt eine Kerze, Menschen klammern sich wie Tiere an den Hauseingang, um hineinzukommen. Ein anderes Haus hat bretterverschlagene Fenster, auch darin brennt eine Kerze, aber keine Tür lässt öffnen. Glühender Feuerstaub und Steinbrocken beginnen auf die Leute in den Strassen zu fallen. Schreie um Barmherzigkeit werden laut - Blut fliesst auf allen Strassen. Veronika zählt an die fünfzig Leichen, die draussen liegen. Unter einer Versenkung ist ein Mann zu sehen, der ein Kreuz aus dem Spalt hervorhält, eine Stimme kreischt gellend.- 'Drei Tage, drei Tage'.

Dunkelheit der Atmosphäre - Hütet euch vor dem Sonnenaufgang. Schaut nicht auf zum Himmel - das Blitzen. Schliesst eure Fenster. Zieht eure Vorhänge vor. Bleibt drinnen, wagt euch nicht ausserhalb eurer Tore, ihr werdet nicht zurückkehren. Betet. Werft euch auf euren Fussboden nieder, betet mit ausgebreiteten Armen, und fleht euren Gott, den Vater, um Barmherzigkeit an. Versucht nicht, eure Tiere in eure Häuser zu nehmen, denn die Tiere jener, die guten Geistes sind, werden behütet werden.... Haltet in euren Heimen geweihte Kerzen, Wasser, Decken, Nahrung bereit. Amen, Ich sage euch, wie der Tag der Nacht folgt, wird eine grosse Finsternis über die Menschheit kommen." (VERONIKA LUEKEN) (134)

„Finster wird es werden an einem Tag unterm Krieg, dann bricht ein Hagelschlag aus mit Blitz und Donner und ein Erdbeben schüttelt die Erde. Dann geh nicht hinaus aus dem Haus! Die Lichter brennen nicht, ausser Kerzenlicht, der Strom hört auf. Wer den Staub einschnauft, kriegt einen Krampf und stirbt. Mach die Fenster nicht auf, häng sie mit schwarzem Papier zu. Alle offenen Wasser werden giftig und alle offenen Speisen, die nicht in verschlossenen Dosen sind. Auch keine Speisen in Gläsern, die halten es nicht ab. Draussen geht der Staubtod um, es sterben sehr viele Menschen. Nach 72 Stunden ist alles vorbei. Aber noch einmal sage ich es: Geh nicht hinaus, schau nicht beim Fenster hinaus, lass die geweihte Kerze oder den

Wachsstock brennen. Und betet. Über Nacht sterben mehr Menschen als in den zwei Weltkriegen.

Kauft ein paar verlötete Blechdosen mit Reis und Hülsenflüchten. Brot und Mehl hält sich, Feuchtes verdirbt, wie Fleisch, ausser in blechernen Konservendosen. Wasser aus der Leitung ist geniessbar, nicht aber Milch. Recht viel Hunger werden die Leute so nicht haben, während der Katastrophe und Finsternis. Macht während der 72 Stunden kein Fenster auf Die Flüsse werden so wenig Wasser haben, dass man leicht durchgehen kann. Das Vieh fällt um, das Gras wird gelb und dürr, die toten Menschen werden ganz gelb und schwarz. Der Wind treibt die Todeswolken nach Osten ab." (IRLMAIER) (135)

„Die grosse Erschütterung und die 3 finsteren Tage. Die Erdachse verschiebt sich, und die Sonne ändert ihren Himmelslauf. Riesige Wasser bedrohen die Küste, im Innern aber herrscht tödliche Dürre. Neue Wüsten entstehen und auch die alten Wüsten wachsen weiter... Vulkane tun im Boden sich auf und Asche bedeckt das zerschundene Land. Und blutigrot schaut böse der Mond, und die Gestirne halten ihren Schein zurück." (DE LA VEGA) (136)

Das goldene Zeitalter

„Es war dunkle Nacht ... Blitze zerstören alles, was noch vom Krieg übrig war. Die Erde bewegte sich, wie das Meer im Sturm.... (Dann sah ich), dass es weiter hinten immer heller wurde. Die Erde dampfte, als ob sie warm wäre, und die Sonne kam nach einiger Zeit langsam durch. Es waren nirgends Bäume oder Ruinen von Häusern zu sehen. Man sah nur frische Erde. Es war, als hätte man die Erde von unten nach oben geholt. Als die Sonne wieder klar am Horizont schien und die Dämpfe sich verzogen hatten, sah ich plötzlich, wie hier und da einige Menschen zum Vorschein kamen. Man fragte sich, wie man sich gerettet hätte, und sie fingen an zu arbeiten. Die Erde grünte wieder und hier und da zwitscherte sogar ein Vogel. Selbst einige Tiere kamen zum Vorschein. „ (KORKOWSKI) (137)

Der Polsprung, die drei dunklen Tage, haben die Erde gereinigt. Die Überlebenden - etwa ein Drittel der Menschheit - fühlen sich geläutert, wenden sich wieder der Religion zu. Ein Neues Zeitalter beginnt, ein spirituelles Zeitalter, das „Sonnenzeitalter", wie es in der abendländischen Mystik genannt wird.

„Ein Kreuz erscheint am Himmel. Das ist das Ende der Finsternis. Die Erde ist ein Leichenfeld wie eine Wüste. Die Menschen kommen ganz erschrocken aus den Häusern. Die Leichen werden auf Wagen gesammelt und in Massengräbern beerdigt. Es fahren weder Eisenbahn, noch Schiffe, noch Autos in der ersten Zeit. Die Fabriken liegen still, denn es gibt keine Leute zur Bedienung der Maschinen. Das rasende Tempo früherer Zeit hat aufgehört.

Die übrig gebliebenen Menschen sind wie Heilige ... nur Gotteslob und Heiligenlieder sind zu hören. Die Erde ist ein Paradies ... es wird nun in 8 Tagen mehr gebetet als früher in einem Jahr. Beim Hören der Glocken lässt man die Arbeit liegen und eilt in die Kirche. Die herrenlosen Güter werden neu verteilt. In einer Völkerwanderung werden die Menschen dorthin geschickt, wo sie nötig sind. Die Berggemeinden werden als Almen benützt. Die Menschen ziehen in die Täler und Ebenen hinab, wo die Arbeit leichter ist.“ (KUGELBEER) (138)

„Nun erhellt die Sonne alles wieder mit neuer Schönheit und es wird nach diesem Siege mit den Auserwählten ein Hirte und eine Herde werden ... Zwei Drittel der Menschheit wird von der Erde genommen sein. Gott wird bei den Menschen als liebender und sorgender Vater sein. Es wird nun eine fruchtbare Friedenszeit sein....“ (STOCKERT) (139)

Bild 44: Allegorische Darstellung der Wiederkunft Christi nach den „Aposteln der letzten Zeit“

„ Das Klima hat sich (durch den Polsprung) geändert, es ist alles wärmer geworden, auch bei uns, und Südfrüchte wachsen wie in Italien. Wenn alles vorbei ist, da ist ein Teil der Bewohner dahin und die Leute sind wieder gottesfürchtig... Friede wird dann sein und eine gute Zeit...

Wenn's herbsteln tut, sammeln sich die Völker wieder. Zuerst ist noch eine Hungersnot, aber dann kommen so viel Lebensmittel herein, dass wieder alle satt werden. Die landlosen Leute ziehen jetzt dahin, wo eine Wüste entstanden ist, und jeder kann siedeln, wo er will, und so viel anbauen, als er bewirtschaften kann." (IRLMAIER) (140)

„Nimmt die Erde plötzlich andern Lauf,
Steigt ein neuer Hoffnungsstern herauf?
Alles ist verloren!'Hier's noch klingt,
Alles ist gerettet', Wien schon singt."
(LIED DER LINDE) (141)

„Wer das grosse Abräumen übersteht, wird zum wildfremden Menschen, der ihm begegnet, sagen: Bruder, wo hast du dich versteckt gehabt? - Schwester, wo hast du dich verborgen gehalten? Wenn man auf den Bergen steht, wird man im ganzen Wald kein Licht mehr sehen. Wenn man herüber der Donau noch eine Kuh findet, der soll man eine goldene Glocke anhängen. Der Hirte wird seinen Stecken in den Boden stossen und sagen: Hier ist ein Dorf gestanden...

Wenn die Leut g'reitert sind, dann kommt wieder eine gute Zeit. Das 'Gelobt sei Jesus Christus!' wird wieder der Gruss sein. Es werden grosse Glaubensprediger aufstehen, und heilige Männer werden Wunder tun. Die Leute haben wieder den Glauben, und es wird eine lange Friedenszeit kommen. Wer noch lebt, kriegt ein Haus geschenkt, und Grund soviel ermag. Je mehr Hände einer hat, desto mehr wird er gelten. Es werden kurze Sommer kommen, Winter und Sommer wird man nicht mehr auseinander kennen. Da auch jenseits der Donau alles wüst und öd geworden ist, werden die Waldleut dort angesiedelt... Zwiesel und andere Waldorte veröden ... obwohl jetzt auch im Wald ein schönes Hausen geworden wäre, denn alles Schlimme ist vorbei, alles Böse überstanden." (MÜHLHIASL) (142)

Einige Seher deuten an, dass nach dem III. Weltkrieg in Europa die Monarchien wiederhergestellt werden, und dass an ihrer Spitze ein Kaiser steht, ein Mann, der sich schon in den Kämpfen der Widerstandsheere gegen die Rote Armee profilieren konnte. Von den einen wird er „der grosse Monarch" genannt, von NOSTRADAMUS „der grosse CHYREN, der Führer der Welt". Er soll „die ganze Kirche erneuern", nachdem ihn der Papst im Dom zu Köln zum Kaiser gekrönt hat, wird den Wiederaufbau organisieren.

Zu diesem Zeitpunkt wird die Erde ihr Gesicht verändert haben. Wie IRLMAIER und MÜHLHIASL andeuten, wird Deutschland dank einer Polverschiebung in eine wärmere, also äquatornähere Region gerückt, während man im Schwarzmeerraum so KORKOWSKI, „genau das Klima von Mexiko" haben wird. Danach müsste der neue Südpol im Beringmeer liegen, wie ANDERSEN bereits in „Polsprung" (G. Reichel Verlag) annahm. Die alten Metropolen werden im Lauf der Jahre teilweise wieder aufgebaut. Edgar CAYCE sah sich einmal in Trance in das Jahr 2100 versetzt, in einer Art Metallzeppelin über dem amerikanischen Kontinent. Mit an Bord waren

Gelehrte mit langen Bärten, Glatzen und dicken Brillen. Edgar CAYCE schildert die Szene:

„Wir kommen zu einer riesengrossen Stadt. Die Häuser sind fast alle gänzlich aus Glas. Ich frage, wie die Stadt heisst. Und sie sagen: Das ist das neue New York. Die alte Stadt ist zerstört worden. Man hat sie wieder aufgebaut." (143)

Anschaulich beschreibt Edward KORKOWSKI die Veränderungen und das Entstehen des Neuen Zeitalters. Wir wollen zum Abschluss aus seiner Vision vom Europa des 21. Jahrhunderts zitieren:

„Ein Jahrhundert der Gewalt jeder Art, des Krieges und der Naturkatastrophen ist nun zuende. Als die Staubwolken sich entfernt hatten, sah ich von den Grossstädten nur noch Ruinen. Dann sah ich unter mir, wie dort Häuser gebaut wurden, und in wenigen Augenblicken kam eine grosse Stadt zum Vorschein. Die Stimme sagte: 'Es sind fast hundert Jahre vergangen. Da die Erde aber noch unruhig ist, also oft bebt, baut man nur kleine Häuser. Das ist aber die Hauptstadt von Alteuropa. Hier sind die Regierungsvertreter aller europäischen Völker. Nicht einmal ein Drittel der Menschheit hat die Kämpfe und Katastrophen der Vergangenheit überlebt. Die Symptome der verbrecherischen Vergangenheit - Korruption, Unterdrückung,

Ausbeutung, Verfolgung, Folterungen, usw. - haben hier keinen Platz mehr... Alle christlichen Konfessionen haben sich in einer Kirche vereinigt....

Die irdische Menschheit wird zu einer kosmischen Menschheit werden. Teils durch die Entdeckungen im (aufgetauchten) Neuland, teils durch die sichtbaren Ereignisse über der Erde, aber hauptsächlich durch die offizielle Kontaktaufnahme der hoch und friedlich entwickelten kosmischen Nachbarn.... Sieh dir jetzt die Hauptstadt des neuen Europa und der vereinigten Menschheit an.'

Nun schwebte ich in Richtung Osten, d.h. neuer Osten, früher war es Nordwest, fast Westen. Ich konnte sehen, dass zwischen England und dem alten europäischen Festland kein Wasser mehr vorhanden war, nur ein tiefes Tal war sichtbar... Richtung Island waren viele neue Inseln entstanden. Dann bewegte ich mich über dem Neuland an Holland, Belgien, Frankreich und Portugal vorbei, weiter tief in den jetzigen Atlantik hinein, wo viel neues Land aufgetaucht war. Die Vegetation war in voller Blüte. Es wuchsen dort u.a. Orchideen und Palmen, denn das Klima ist tropisch geworden.... Endlich hat die Menschheit den wahren Weg des Lebens erkannt und betätigt sich nur noch schöpferisch. Somit hat sie einen Weg grenzenloser Entwicklung vor sich, ohne nennenswerte Niederlagen."
(KORKOWSKI) (144)

Bild 45: Europa im 3. Jahrtausend nach Edward Korkowski

Wo kann man überleben?

Wenn wir die Prophetie als Warnung verstehen, müssen wir versuchen, ihre Schilderungen zu konkretisieren. Sicher haben Sie bereits bei den zitierten Aussagen verglichen, ob Ihr Wohnort betroffen sein könnte. Die folgende Betrachtung soll Ihnen dabei helfen.

Bisher konnten wir natürlich nicht die 96 Weissagungstexte, auf denen die vorstehende Darstellung basiert, in voller Länge wiedergeben. Es ging hauptsächlich um die Ereignisse, wobei wir schon auf konkrete Ortsangaben Wert legten. Generell sei soviel gesagt: Betroffen von den Kämpfen und Ausschreitungen der Roten Armee ist, wer in der Nähe einer Autobahn oder Bundesstrasse in West-Ost-Richtung wohnt; die Bewohner des Gebietes um Ulm (genauer: Des Grossraums zwischen Nürnberg, Augsburg und Basel), südlich von Köln sowie des Ruhrgebietes müssen damit rechnen, spätestens bei den vier Vernichtungsschlachten betroffen zu werden; Küstenbewohner, grob gesehen im Gebiet nördlich einer Linie von Brüssel bis zur Insel Rügen, müssen mit Flutkatastrophen rechnen.

Die Grossstädte: Hamburg - fällt der Sturmflut zum Opfer (lt. JOHANSSON); Berlin - ist „von Flammen umgeben" (EMELDA), *„Um Berlin lag eine rote Schlinge"* (EMMERICH). Hannover - Kämpfe zu Beginn der Roten *Invasion „ein Trümmerhaufen ... alles kaputt"* (FELDPOSTBRIEFE); Köln - *„eine fürchterliche Verheerung"* (SPIELBÄHN), *„nur ein Viertel der Stadt bliebt unversehrt"* (ANTONIUS), darunter der Kölner Dom, in dem der Papst nach Ende des Krieges eine Messe feiert; Frankfurt - wird ebenso wie Mainz und Wiesbaden nuklear zerstört; den Münchnern - *„wird nicht viel geschehen, nur ein wenig unruhig wird's sein"* (IRLMAIER).

Paris - endet als Flammenmeer, Rom als Trümmerhaufen, London versinkt im Meer; Genf wird zerstört, möglicherweise nuklear; „Die Zeit der Plünderungen" und der Durchzug der Roten Armee „wird Monaco zerstören" (NOSTRADAMUS). Ansonsten scheinen von den Mittelmeerländern Spanien und Portugal am sichersten; lediglich die Inseln und Küsten werden möglicherweise überflutet, der Süden Spaniens zumindest zeitweise von den Lybiern besetzt.

Allgemein gilt, dass *„viele andere Grossstädte in Trümmer umgewandelt werden. Alle Grossstädte und Metropolen, besonders die Hauptstädte, werden sehr schwer und schrecklich heimgesucht werden"* (ONKERZELE).

„Auf dem Wiener Stephanplatz wächst Dill", heisst es im LIED DER LINDE, wahrscheinlich wird der Ostteil Österreichs bis Linz durch den *„gelben Vorhang"* verseucht werden, *„bis zu Donau und Inn"* (FELDPOSTBRIEFE). Lediglich *„zwischen Landeck und Innsbruck"* erwartet ONIT eine Schlacht, dass *„im Verlauf des kommenden Krieges das ganze Gebiet östlich von Linz (nördlich der Donau) eine einzige Wüste werden wird"*, glaubt IRLMAIER. *„Bis Regensburg steht keine Brücke*

mehr über die Donau, südlich vom blauen Wasser kommen sie nicht." (IRLMAIER nach Schönhammer, S. 63).

DER BAUER AUS DEM WALDVIERTEL sprach von *einer „Panzerschlacht vom Raum Wien-Krems in Richtung Schrems-Gmünd"*. Verschont bleiben die Schweiz mit Ausnahme des Nordwestens (Basel, Jura) und Südwestens (Genf), der äusserste Westen Österreichs ebenso wie Südbayern.

„Wer südlich und westlich der Donau lebt, braucht keine Angst zu haben. Von K aus fliegen die Feuerzungen weit nach Nordwesten, Westen und Süden. Nur einmal geht eine Zunge zu kurz, und dann brennt eine kleine Stadt nördlich vom Saurüssel ab (Saurüssel: Die Landschaft zwischen Inn und Salzach, die nach Berchtesgaden hin eine rüsselffirmige Einbuchtung hat). Die Bevölkerung zwischen Watzmann und Wendelstein bleiben verschont. „ (IRLMAIER) (145)

„(Russland fällt ein) im Süden bis Chiemgau ... bis zu Donau und Inn wird alles dem Erdboden gleichgemacht. " (FELDPOSTBRIEFE) (146)

„Die sicherste Gegend vor der Atombombe und den Erdkatastrophen in Europa ist das Alpengebiet, hauptsächlich das Watzmanngebiet, zum Teil der Wilde Kaiser und das Hintere Karwendel bei Hinterries, sowie evtl. das Gebiet um das Tuxer Joch." (ONIT) (147)

„Südlich der Donau gibt es vereinzelte atomare Explosionen, hinter der Grenze am unteren Inn fürchterliche Zerstörungen, ebenso am Oberlauf der Donau.... Die Hauptgefahr für das Gebiet, das ungefähr von den Städten Altötting, Pfaffenhofen und Weilheim begrenzt wird ... besteht in den Zerstörungen, die Terrorismus, Plünderung, Brandstiftung, Mord- undTotschlag anrichten." (MUTTER STIEGLITZ) (148)

„Die Stadt Landau an der Isar leidet schwer durch eine verirrte Bombe.... Über Altötting hält die Gottesmutter schützend ihre Hand."
(IRLMAIER) (149)

Während laut MÜHLHIASL die Städte Straubing und Rabenstein vernichtet werden, empfahl er als Versteck für Ostbayern „die Wälder im Perlachtal und am Buchaberg, für Englmar die Käsplatte, für Bodenmais die Bergwerke, für den waldlosen Gäuboden die Weizenmandln". Sichere Verstecke seien auch der Fuchenriegel und der Falkenstein: „Die Leute bleiben soweit verschont, als die schwarzen Bäche gehen und bis zur verkehrten Kirch (von Freyung)". Ausserdem empfahl er das Dreieck Mühldorf-Altötting-Landorf als Zuflucht. Der Bayerische Wald wird unter den Folgen des „Gelben Vorhangs", insbesondere dem nuklearen Fall-Out, zu leiden haben.

Das „Rheintal wird verheert werden, mehr von der Luft aus" (IRLMAIER), durch Luftangriffe. „Die Rheinlande werden zerstört, mehr durch Flugzeuge als durch Heere", weiss auch KUGELBEER. Zu schweren Kämpfen kommt es laut KNOPP

VON EHRENBERG bei Koblenz und Linz: „Die Linzer werden viel leiden und viele alles verlassen und im Gebüsch wohnen, müssen aber dabei noch Gott danken. Aber bei Unkel wird das Blut in Strömen fliessen.“ Wahrscheinlich handelt es sich hier um einen Angriff gegen die Rote Restarmee auf dem Rückzug. So heisst es auch in der PROPHETISCHEN SAGE über Koblenz: „Wehe! Wehe! Wo Rhein und Mosel zusammenfliessen, wird gegen die Türken und Baschkiren (Russen) eine Schlacht geschlagen werden, so blutig, dass der Rhein bis auf 25 Stunden wegs rot gefärbt sein wird.“ Weitere Kämpfe sollen bei Siegburg und Siegen stattfinden (ANTONIUS). „Die ganze Gegend zwischen Ems, Lippe und Ruhr, vom Rhein bis an die Weser, wird der Schauplatz eines blutigen Kampfes werden, und fast keine Stadt, kein Dorf wird von den Schrecknissen des Krieges verschont bleiben“, fasst Silver die Sagen um die Schlacht am Birkenbaum zusammen, auf die wir bereits eingegangen sind. „Paderborn, Soest, Unna, Hamm, Dortmund, Rittberg, Minden, Münster, ..., Lippstadt, Erwitte, Salzkotten, ... (und) Iserlohn“ sind hauptsächlich betroffen. Das Ruhrgebiet wird verwüstet, „ebenso wird Münster“ wohl schon zu Beginn des Krieges „mitgenommen“, wie es bei KUGELBEER heisst; und auch Anna Katherina EMMERICH sah das Blutvergiessen „in Münster auf dem Domplatz“.

„Grösstes Elend“ wird es, so jedenfalls laut Leonie van den Dijck aus ONKERZELDE, auch in Flandern geben; mit Ausnahme von Brügge: „Dort wird es immer ruhig zugehen“.

Leider unklar ist, wo die Atombomben der letzten Phase des Krieges niedergehen werden; Seher wie MUTTER STIEGLITZ und DE LA VEGA sprechen zwar von zahlreichen „Lichtblitzen“; bis jetzt aber sind die Ziele noch nicht genau lokalisiert worden. Lediglich für England prophezeite KÄTHE NIESSEN Atombombenangriffe auf London, Manchester und Liverpool. Möglicherweise rühren einige Lichtblitze nicht von Atombombenexplosionen her, sondern vom Beschuss eines tätigen Kernkraftwerkes, wodurch vergleichbare Verheerungen entstehen können.

Weitaus sicherer ist es in anderen Teilen der Welt. AUSTRALIEN und NEUSEELAND werden höchstwahrscheinlich nicht in das Kampfgeschehen mit einbezogen, dafür aber von Flüchtlingsströmen überflutet. Viele südost-asiatische Staaten werden verschont bleiben, aber aufgrund des Zusammenbruches der Weltwirtschaft von inneren Unruhen und Bürgerkriegen erschüttert. Allerdings: Auch für Indien sehen manche Propheten einen Krieg voraus, möglicherweise kommt es in Südamerika zu Revolutionen und Schlägen der Amerikaner gegen sowjetische Stützpunkte. Unklar ist die Rolle Chinas im III. Weltkrieg. Während aus einigen Prophezeiungen hervorgeht, dass es sich mit den Russen verbünden wird, sind sich andere Seher sicher, dass es den Westen im Kampf gegen den Osten unterstützt. Das allerdings hätte zur Folge, dass China aus den Kämpfen als einzige überlebende Grossmacht hervorginge; und tatsächlich zur „Gelben Gefahr“ avancieren könnte. Was die Überlebenschancen in Europa angeht, so ist zumindest ONIT pessimistisch: „Ich gebe in Europa keiner Million mehr das Leben“;

SPIELBÄHN und MÜHLHIASL beschreiben überdeutlich, dass grosse Teile Deutschlands wie ausgestorben sein werden; und trotzdem sei es möglich, sämtliche Katastrophen unbeschadet zu überstehen.

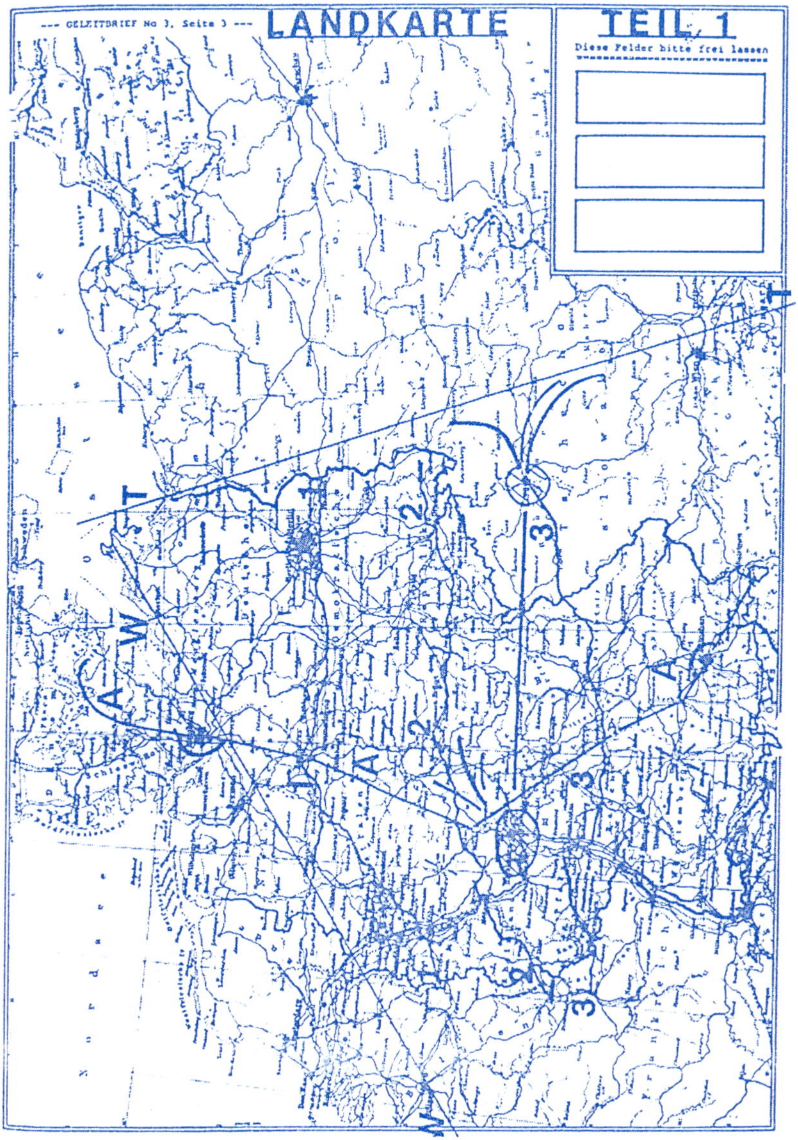

Bild 46: Schauplätze des 3. Weltkriegs nach den Schauungen des Paters Garcilaso de la Vega

Bild 47: Einmarschrouten und Kriegsschauplätze in Deutschland und Europa

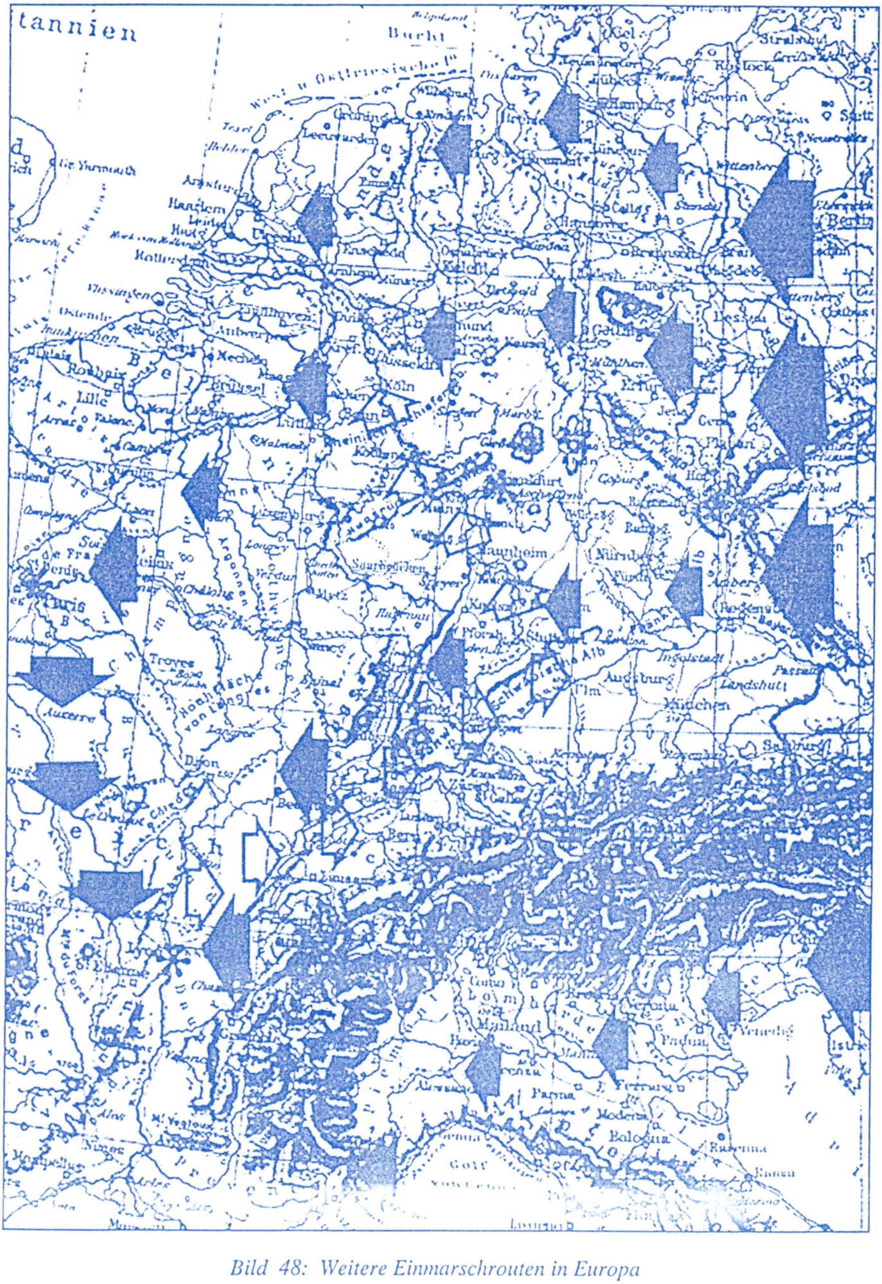

Bild 48: Weitere Einmarschrouten in Europa

Chronologie der prophezeiten Ereignisse

In dieser Zeittafel haben wir versucht, die prophezeiten Ereignisse chronologisch zu ordnen. Sie soll als Orientierungshilfe dienen, in dem sie die Vorzeichen, die Meilensteine auf dem Weg zum Krieg, aufzeigt. Sollten die alten Propheten recht haben, so sagt sie Ihnen, wann Sie die Vorbreitungsmassnahmen treffen sollen:

Die Vorkriegszeit:

- Abfall vom kath. Glauben (Nostradamus, Fatima, zahlr. Seher)
- Mauerfall und Wiedervereinigung (Nostradamus - eingetroffen: 1989/90)
- Golfkrieg (Nostradamus - eingetr. 1991)
- Bürgerkrieg auf dem Balkan (Nostradamus, Irlmaier u.a. - ab 1991)
- Ende der Sowjetunion (Nostradamus - eingetr. 1991)
- Zunehmende Naturkatastrophen (Lorber u.a. - 90er Jahre)
- Welt-Wirtschaftskrise (Nostradamus u.a. - ab 1997)
- Machtergreifung der Sozialisten in ganz Europa (Nostradamus - ab 1998)

Das Jahr vor dem Krieg:

- Kometenregen
- Soziale Unruhen in Europa (ab Juli/Aug.)
- Eskalation des Balkankrieges
- Konflikt Türkei-Syrien (Nostradamus, Lueken, Johansson, M.Stieglitz - Okt.)
- Krieg um Israel (Ezechiel, Offb. Joh., Nostradamus)
- Russen besetzen Jugoslawien und Türkei (Nostradamus, Irlmaier, Johansson - Dez.)

Das Kriegsjahr:

Jan. Extrem milder Winter
Feb.
März Der Papst (Johannes Paul II.?) flieht aus Rom (Nostradamus, Onit u.a., Fatima)
Apr. US-Präsident reist nach Jugoslawien und fällt dort einem Attentat zum Opfer (Nostradamus, Irlmaier u.a.) -
Atombombe auf Syrien (Lueken, de la Vega) - Russisch-Islamisches Bündnis (Nostradamus, Johansson, Mutter Stieglitz, Ezechiel)

Mai	Einmarsch der Russen in drei Tagen (Irlmaier, Feldpostbr., Mühlhiasl u.v.a.) Der „gelbe“ ABC-Vorhang fällt; Atombomben auf Prag und Frankfurt (Irlmaier, Sybille v.Prag, Blinder Jüngling u.a.) USA werden vom Westen her angegriffen (Irlmaier, Johansson, Lueken u.a.)
Juni	Skandinavischer Krieg (Johansson)
Juli	Belagerung Englands (Nostradamus); Schlacht um Israel (Harmageddon - Ezechiel, Offb. Johannes, Nostradamus); Typhon streift Erde (Lueken u.a.)
Aug.	Wende des Krieges; die Armee der Invasoren wird in drei Schlachten geschlagen und zurückgedrängt (Nostradamus, Feldpostbr., M. Stieglitz u.v.a.) 15. 8. Schlacht am Birkenbaum (Mönch von Werl u.v.a.)
Sept.	Der atomare Schlagabtausch (Nostradamus, M.Stieglitz, Onit , Johansson u.v.a.)
Okt.	Polsprung, drei finstere Tage, Reinigung der Erde (P.Pio, Lied der Linde, Irlmaier, Lueken u.v.a.)
Nov.	Rückkehr des Papstes, Beginn des „Goldenen Zeitalters“ (Korkowski, Irlmaier, Kugelbeer, Mühlhiasl u.v.a.)
Dez.	

Zur Frage der Datierung

Echte Prophetie verzichtet auf exakte Zeitangaben; und die Erfahrung zeigt, wie selten „Weltuntergangsterminen“ zu trauen ist. Trotzdem deutet einiges darauf hin, dass die Jahre 1999/2000, 2005/6 und 2010/11 zumindest die Gefahr einer Weltkrise mit sich bringen. Sehr viel leichter hingegen lässt sich der chronologische Ablauf des III. Weltgeschehens rekonstruieren.

Das Vorjahr ist geprägt von schweren Wirtschaftskrisen, Inflation und dem drohenden Staatsbankrott. Im März und April kommt es zu den ersten Unruhen in Frankreich und Italien, die sich bis zum Sommer auf das ganze Land ausbreiten; England und andere europäische Staaten folgen. Wenn NOSTRADAMUS zur Datierung die „Olympischen Spiele“ anführt, kämen nur noch 2000, 2004 und 2008 in Frage; in genau diesen Jahren finden im Herbst Präsidentschaftswahlen in den USA statt. Anfang Dezember marschiert Russland in Jugoslawien ein, erobert im Laufe des Monats die Türkei. Wer vor dem Weltkrieg in einen anderen Teil der Erde fliehen will: Jetzt ist es höchste Zeit dazu. Ende März/Anfang April flieht der Papst (Johannes Paul II.?) aus Rom, erst 200 Tage später, Anfang November, kehrt er zurück, ein Hinweis darauf, wie lange das „Strafgericht“ dauern wird. „Nach Ostern“ wird der US-Präsident von zwei (moslemischen?) Attentätern auf dem Balkan erschossen, nachdem ein Friedensvertrag schon fast den drohenden Konflikt verhindert hätte. Ehe der Westen sich vom Schock des Präsidentenmordes erholt hat, und nach einem Vergeltungsschlag auf Syrien (das Herkunftsland der Terroristen?) kommt es zum russisch-arabischen Bündnis, marschiert Russland in Mitteleuropa ein; wahrscheinlich, wie NATO-Strategen annehmen, an einem Sonntagmorgen;

jedenfalls sitzen viele Deutsche nichtsahnend in der Kneipe, wie IRLMAIER und MÜHLHIASL andeuteten. Während dem Krieg ein ungewöhnlich milder Winter und ein schönes Frühjahr vorausgingen, ist das Wetter an diesem Tag schlecht. „Auf den Gipfeln der Berge liegt Schnee. Es ist trüb und regnerisch und Schnee durcheinander. Herunter ist es aper (feucht).“ (IRLMAIER) „Es war an einem trüben Tag, die Strassen waren feucht, Nebel lag über der Landschaft.“ (ERNA BRANDT) Es ist Ende April/Anfang Mai, denn „mit Kirschblüten ... kommen die Soldaten“ (JASPER). Nach drei Tagen haben die Russen den Rhein erreicht, nach zehn Tagen den Atlantik.

Mitte Mai -„wenn die Kirschen blühen“ (BLINDER JÜNGLING) fällt der „gelbe Vorhang“ aus Giftgas und Neutronenbomben; etwa zur gleichen Zeit werden Frankfurt, Mainz und Wiesbaden atomar bombardiert. Ende Mai greifen Russen und Mongolen von Westen her die USA an, während Russland bis Ende Juni in Skandinavien Krieg führt danach versucht, England zu erobern. Im Sternbild des Löwen“ (23.7. bis 23.8.) beginnt die Wende des Krieges, die Armee der Invasoren wird in einer Reihe von Schlachten, zuerst in Lyon, dann bei Ulm, Köln, und zuletzt nach lokalen Prophezeiungen um Maria Himmelfahrt, also um den 15. August - am Birkenbaum in Westfalen vernichtend geschlagen. Demnach müsste man den atomaren Schlagabtausch auf Ende August/Anfang September datieren, Europa wird Mitte September verwüstet, bis schliesslich der Stern Typhon (drei Monate nach seinem ersten Vorbeiflug Mitte Juli, also Mitte Oktober) die Erde streift, den Polsprung auslöst. NOSTRADAMUS datierte den Polsprung auf Oktober, IRLMAIER wusste, dass alles vorbei ist, „wenn's herbsteln tut“ und nach der OFFENBARUNG JOHANNIS dauert der III. Weltkrieg fünf Monate, also von April/Mai bis September/Oktober.

Nicht verschwiegen werden soll, wie relativ eine solche Rekonstruktion des zeitlichen Ablaufs ist. Von MUTTER STIEGLITZ stammt eine andere Zeitangabe. Nach ihrer Darstellung beginnt der Krieg erst Anfang Juli, bis Ende August wären die Panzerarmeen in Mittelfrankreich besiegt; den Atomaren Schlagabtausch allerdings datiert auch sie auf September. Bis Weihnachten jedenfalls werden die letzten eingezogenen Soldaten wieder bei ihren Familien sein.

Wenn der III. Weltkrieg stattfindet, dann in unserer nächsten Zukunft. Dem 1931 geborenen Edward KORKOWSKI wurde offenbart, „dass der Krieg mit der Katastrophe noch in deiner Lebenszeit geschieht“, der BAUER AUS DEM WALDVIERTEL sah sich selbst in das Kriegsgeschehen verwickelt, der Verfasser der FELDPOSTBRIEFE meinte, seine Söhne würden das „Dritte Weltgeschehen“ noch erleben, der Hinweis des MÜHLHIASL, „eure Kindeskinder werden's schon glauben müssen“, weist in unsere Zeit.

Anhang

VEREINIGUNG
EUROP. BÜRGERINITIATIVEN

zum Schutz der Menschenwürde

Aktion Vorsorge

Von dem Tag und der Stunde aber weiß niemand ... Denn wie es in den Tagen Noahs war, so wird auch sein das Kommen des Menschensohnes. Darum wachet!" (Matth. 24)

Selig ist, der da liest und die da hören die Worte der Weissagung und behalten, was darin geschrieben ist; denn die Zeit ist nahe. Wer Ohren hat, der höre, was der Geist den Gemeinden sagt. (Off. 1/3)

Auch heute werden die Gläubigen wie zur Zeit Noahs rechtzeitig vor dem kommenden Strafgericht Gottes gewarnt und zu den erforderlichen Schutzmaßnahmen aufgefordert, zum Gespött und Hohn der Mitwelt. Zwar braucht sich der echte Christ nicht unnötig Sorgen und um das „morgen" zu machen, doch darf er nicht verantwortungs- und tatenlos die Hände in den Schoß legen und jede Vorsorge unterlassen, wenn die Gefahr erkannt ist. Denn die Vorsorge betrifft weniger ihn selbst als vielmehr seine ihm anvertrauten Mitmenschen.

Or et labora' ist unser Leitspruch. Zuerst beten, dann aber anpacken und Vorsorge treffen, soweit es uns möglich ist. Der Hohn, ja Haß der Welt wird künftig unsere Begleitmusik sein. Das soll uns nicht verdrießen. Der HERR und wir sind immer absolute Mehrheit!

Die Weissagungen der Heiligen Schrift erfüllen sich zusehends. Die wenigen verantwortungsbewußten und sachkundigen Gläubigen in Politik, Wissenschaft, Wirtschaft und Kirche stimmen darin überein, daß einschneidende Ereignisse bevorstehen, die nicht nur große Not über die Menschen dieser Erde bringen werden, sondern auch nach den Worten der Schrift und der heutigen Gegeberiheiten mit ungeheuren Menschenverlusten verbunden sein werden. Es ist darum unsere Pflicht, in Erkenntnis dieser Tatsachen von uns aus Vorsorge zu treffen, daß für den grundlegend christlichen Wiederaufbau nach den Ereignissen gläubige Menschen zur Verfügung stehen, die entsprechend zubereitet sind. Denn die Lauen und Verleugner werden keine Vorsorge treffen wollen. Ob wir in der Vorsorge das Richtige und genau Zutreffende tun werden, müssen wir dem HERRN überlassen, der uns unser Wissen und den Antrieb zu dieser Aktion gab. Wir wollen unser Bestes tun.

A. VORSORGE DURCH GEBET

Satan ist losgelassen, darum schützt euch, eure Familie und Mitmenschen durch die Herbeirufung des HEILIGEN GEISTES in Gottesdienst, Andacht, Gebet, Buße und Sühne. Warnt eure Verwandten, Freunde, Bekannten, Nachbarn, Arbeitskameraden und wen ihr nur erreichen könnt, vor dem teuflischen Zeitgeist und haltet euch im Glauben zusammen ohne Unterschied der Konfession. Entscheidend ist allein der Wille, sich bedingungslos dem HERRN zueigen zu geben. Ein jeder bete, wie er es gelernt hat und für echt empfindet. Seid aufgeschlossen aber auch für die Gebete der anderen, die es ehrlich meinen. Als Protestant habe ich erkannt, daß wir gerade heute in der Zeit der schwindenden Moral und der Entwürdigung der Frau nicht auf die Hilfe Marias verzichten können.

Haltet auch andere zum Gebet und Besuch des Gottesdienstes an. Haltet selbst zuhause Andachten und gemeinsame Gebetsstunden mit der ganzen Familie und wen ihr nur immer erreichen könnt. Laßt nicht nach, wenn ihr Undank oder Anfeindung erntet, sondern seid unbeirrt. Es kommt sehr bald die Stunde, wo man euch brauchen wird. Rahmt euren Tagesablauf mit Gebet ein und vergeßt auch tagsüber nicht für alle Gaben zu danken; seid ein Vorbild, aber hütet euch vor Frömmelei.

Gebet der Frau aller Völker'

HERR JESUS CHRISTUS, Sohn des VATERS, sende jetzt Deinen Geist über die Erde.
Laß den HEILIGEN GEIST wohnen in den Herzen aller Völker,
damit sie bewahrt bleiben mögen vor Verfall, Unheil und Krieg.
Möge die Frau aller Völker, die einst Maria war, unsere Fürsprecherin sein. Amen.
(Wörtlich verkündet am 11. 2.195 in Amsterdam)

B. GEISTIGE VORSORGE

Bewahrt eure Familie und auch eure Mitmenschen vor Versuchungen aller Art durch Abwehr des Zeitgeistes auf allen Fronten. Ein Christ ist auch verantwortlich für seine "Nächsten", darum gebt ein offenes Bekenntnis zu Zucht und Moral und setzt euch auch praktisch für andere ein.

a) Meidet die Massenmedien
(Fernsehen, Radio, Kino, Theater, Zeitschriften, Literatur usw.), wenn sie religiöse Dinge verhöhnen, sexuelle Themen behandeln und entsprechende Bilder zeigen und wenn sie die Gewalttat verniedlichen und den Fortschritt preisen. Diese Medien stellen sich immer unverhohlener in den Dienst Satans, darum haltet sie vor allem auch von Kindern fern.

b) Duldet nicht schweigend die Sünde,
sondern äußert offen Mißfallen über alle unzüchtigen Darstellungen bei Kinos, Geschäften, Zeitschriften und Werbungen. Damit macht ihr euren Nächsten Mut zu gleichem Bekenntnis und stärkt den Widerstand gegen das Böse.

c) Seid auf der Hut vor dem Zeitgeist,
denn hinter der Maske des Fortschritts und des Modernen werden euch Verhaltensweisen aufgezwungen, die eines Christen unwürdig sind und Gott mißfallen. Redet den Leuten nicht nach dem Mund, sondern bekennt und nennt die Sünde beim Namen. Bekämpft die böse Tat mit allen legalen Mitteln, aber betet für den Täter um Einsicht; er ist ein Verführter und braucht Hilfe.

d) Übt Zucht und Ordnung
und seid mäßig im Genuß aller Dinge. Bekämpft die Sucht; sie besteht überall da, wo man Dinge nicht freiwillig lassen kann. Bekämpft den Alkohol, das Rauchen, übermäßiges Essen und Trinken und zweifelhafte Vergnügungen in Familie und Umkreis. Seid anderen ein Vorbild und übt euch und eure Familie im Opfer und der Einschränkung, denn es stehen harte Zeiten bevor.

e) Verbindet euch mit Gleichgesinnten,
ermuntert euch untereinander und macht euch Mut zum Durchhalten. Überwindet die Schranken der christlichen Konfessionen und bildet eine echte Gemeinde. Laßt keinen Pessimismus aufkommen, sondern überzeugt eure Umgebung davon, daß der HERR die Seinen bewahren und retten wird. Begegnet allen Weltuntergangsparolen, denn die Erde wird bestehen bleiben; wohl aber werden alle, die jetzt die Warnungen in den Wind schlagen und sich nicht christlich bemühen, dem Unheil ausgeliefert sein.

C. PRAKTISCHE VORSORGE

Nur wenige Länder haben einen zivilen Katastrophenschutz: dieser erstreckt sich jedoch meist nur auf Feuer, Wasser oder konventionelle Waffen. Meist sind Schutzvorschriften gegen Atomexplosion, kosmische Einwirkungen oder Erdbeben nicht vorhanden. Und dennoch kann man sich auch gegen diese Gefahren weitgehend schützen.

Sofortige Vorsorge

Diese Maßnahmen sollen sofort getroffen werden. Sie gelten generell für jeden Katastrophenfall und ermöglichen im Ernstfall ein sofortiges Handeln.

1. Häusliche Versorgungsleitungen

Absperrhähne für Gas-, Wasser- und sonstige Leitungen sowie elektrische Hauptsicherungen freilegen, kenntlich machen und Zugang stets freihalten.

2. Außenöffnungen

Fenster, Türen, Lüftungen, Kamine, Lichtschächte und auch Wohnungstüren nach Treppenhäusern mit selbstklebenden Tesamoll-Streifen (1 cm Breite) im Falz abdichten. Für Herdentlüfter und sonstige Lüftungsgitter passendes Abdeckpapier nebst Klebestreifen vorbereiten. Für Außenfenster und -türen lichtundurchlässiges, kräftiges Abdeckpapier passend herrichten, soweit Rollläden o. ä. fehlen. Sandsäcke für Kellerfenster vorbereiten. Lüftung für einen geschützten Kellerraum einrichten und mit Universalfilter gegen Gas- und Radio-Atome versehen (Fa. Graetz-Raytronik in 0-5990 Altena, Postfach 57).

3. Vorräte

Verschließbare, transportable Behälter für Frischwasser (Camping-Behälter) für 2-Wochenration bereitstellen. Eßvorräte in Blechdosen, Schraubgläsern oder luftdichten Plastikbeuteln lagern. Keine Gläser (gehen bei Druckunterschieden auf und verderben). Bei Säuglingen Thermosflaschen für Babynahrung bereithalten. Campingkocher für Hartspiritus mit Brennstoffvorrat, Wachskerzen, Streichhölzer, Taschenlampen mit Ersatzbatterie, Verbandszeug (Brandbinden, Augensalbe, Schmerz- und Beruhigungstabletten etc.), Kofferradio mit Ersatzbatterie.

4. Sonstiges

Verschließbare Eimer (Farbeimer) als Stubenabort mit Torfmull und Geruchsvernichter, Trockenfeuerlöscher, Werkzeug (Hammer, Zange, Stemmeisen, Brechstange, Hacke, Beil, Schaufel usw.), Holzleisten mit Folie zum Verschließen zerstörter Fenster, Schutzbrillen, Handschuhe, Atemgerät (Sporttaucher) mit Sauerstoff-Flasche, evtl. Strahlenmeßgerät. Schlafgelegenheit im Keller herrichten, sowie warme Decken und Kleidung. Bereitstellung von Tragetaschen für Vorräte, Decken und Kleidung sowie wichtige Papiere (Liste anfertigen). Hochwertige Lebensmittel-Komprimate, 6 bis 8 Jahre haltbar, bei Universal-GmbH, 35 Kassel, Postfach 103727; Luft-Regeneratoren bei Ozon-GmbH, 7901 Laichingen 1, Postfach 1342; Schutzausrüstungen bei Electron-FM-101, 405 Mönchengladbach 1, Postfach 1244; sowie bei Syro-Depot-VN, 6109 Mühltal.

5. Verhalten Im Ernstfall

Folgende Katastrophenmöglichkeiten sind gegeben:

1. Kosmische Einwirkung:
   - Umpolung der Erde
   - Staub-Gas-Einbruch mit Meteoriten
2. Atomexplosion
3. Erdbeben

Welche dieser Katastrophen eintreten und in welcher Zeitfolge sie ablaufen werden, ist belanglos, wenn die Schutzvorkehrungen und auch die Verhaltungsmaßregeln alle Möglichkeiten einschließen. So sollen hier alle Möglichkeiten behandelt werden, damit im Bedarfsfall eine rasche Orientierung möglich ist.

Allgemeine Verhaltensregeln

Stets Ruhe bewahren, bei Aufenthalt in geschlossenem Raum möglichst wenig sprechen und bewegen, viel ruhen, nicht rauchen und Alkohol trinken, offenes Licht und Kocher sparsamst verwenden wegen Sauerstoffverbrauch, keine Blumen im Raum lassen, Panikmacher sofort isolieren und Beruhigungsmittel geben. Gemeinsam leise beten.

1. KOSMISCHE EINWIRKUNG

a) Umpolung der Erde (Polsprung)

Eine seit längerem zu beobachtende, zunehmende Schwächung des erdmagnetischen Feldes durch Sonnenenergien (Fatima!) kann plötzlich durch konzentrierte natürliche Energie (kosmischer Blitz) oder eine auf der Erde ausgelöste nukleare Explosion zu einer Umpolung des gesamten Erdmagnetismus und damit zu einer Polwende um 180 Grad führen. Durch Verschiebung der Erdkruste auf der feuerflüssigen Unterlage ist eine zusätzliche Polverschiebung bis zu 30 Grad anzunehmen. Es werden also Nord- und Südpol vertauscht und Europa bis zu 30 Grad näher an den Äquator heranrücken, wodurch es subtropisches Klima erhalten kann. Derartige Polverschiebungen sollen mehrfach im Leben der Erde vorgekommen sein, wie sie auch im Alten Testament beschrieben werden. Dauer des Polsprunges ist etwa 3 Tage.

Verhalten:
Geschlossene Räume aufsuchen, Außenöffnungen verdunkeln und verschließen. Personen gleichmäßig auf Räume verteilen (Atemluft). Vorräte auffüllen und in Wohnung bleiben. Abwarten bis Schlingerbewegung der Erde aufhört. Bei Häusern mit leichter Bauweise Keller aufsuchen.

b) Staub-Gas-Einbruch mit Meteoritenfall

Bekanntlich ziehen durch den Weltraum dunkle (nicht selbstleuchtende) Staubwolken, in derem Kern Meteoriten bis zu gewaltiger Größe vorhanden sind. Diese Staubwolken enthalten u. a. Zyan-Gas von großer Giftigkeit. Wenn die Erde in eine derartige Wolke eintritt, kündigt sich dieses durch eine merkbare und zunehmende Eintrübung des Tageslichtes an, so daß mit einer rechtzeitigen Warnung zu rechnen ist. Zwischen beginnender Eintrübung und wirksamer Einhüllung vergehen mehrere Stunden.

Verhalten:
Wohnung oder geschlossene Räume aufsuchen, Fenster und Türen abdunkeln (Läden schließen) und abdichten, Lüftungen abdichten, Versorgungsleitungen absperren, Wasserbehälter füllen, Vorräte, Decken und Kleidung bereitlegen und Keller aufsuchen, wenn Meteoritenfall einsetzt. Am Ende des 2. Tages Aufhören des Meteoritenfalls. Jetzt kann wieder Wohnung aufgesucht werden, nicht ins Freie gehen. Zimmer mit zerstörten Fenstern nicht betreten. Volles Tageslicht abwarten. Luftbedarf durch Sauerstoff aus Flasche ergänzen, keine Fenster öffnen, bis Leben im Freien beobachtet werden kann.

2. ATOMEXPLOSION

Diese hat 3 Gefahrenmomente: a) der Hitzeblitz zu Beginn, der sofortige schwere Verbrennungen der Haut, Augen und ungeschützten Körperteile hervorruft und durch Strahlungsentzündung auch hinter Glasfenstern Textilien u. *ä.* in Brand setzen kann; b) die Druckwelle, die der Detonation mit einer Schnelligkeit von 1 km in 3 Sekunden folgt und c) die radioaktive Strahlung, die längere **Zeit** anhält, jedoch zunehmend schwächer wird. Je weiter entfernt die Explosion stattfindet, desto geringer sind die Gefahrenmomente.

Verhalten:
Wenn eine Warnung erfolgt oder mit Bombenabwurf zu rechnen ist, sofort Fenster und Türen von Außen abdunkeln und verschließen (im Hitzeblitz verbrennt zwar der Außenschutz, verhindert aber die Entzündung in den Räumen). Versorgungsleitungen absperren und mit Vorräten, Decken und Kleidung Keller aufsuchen, Radio einschalten und Warnmeldungen abhören. Bei Aufenthalt im Freien nicht in den Feuerball sehen, Jacke o. ä. über den Kopf ziehen, Hände verbergen, Schatten aufsuchen, dabei tiefe Erdmulden bevorzugen, nicht hinter leichten Bauwerken verstecken (Einsturzgefahr). So rasch als möglich geschützten Raum aufsuchen, Taschentuch vor den Mund halten (radioaktiver Staub), vor dem Schutzraum Außenkleider ablegen (strahlenstaubverseucht), Gesicht und unbedeckte Körperteile mit Seife abwaschen oder feucht abreiben. Schutzraum erst nach Entwarnung verlassen. Strahlungsabnehme nach 2 Tagen auf 1/100, nach 14 Tagen auf 1/1000. Im Bedarfsfall Strahlungsmessungen durchführen.

3. ERDBEBEN
Ankündigung meist durch leichteres Vorhaben. Sofort ins Freie eilen, dabei Vorräte, Decken und Kleider mitnehmen. Hohe Bauwerke und solche mit leichter Bauweise wegen Einsturzgefahr meiden. Erfolgt das Beben jedoch während eines kosmischen Staub-Gas-Einbruchs, muß der Keller aufgesucht werden.

Verhalten:
Sofort Versorgungsleitungen absperren. Vorräte, Decken, Kleidung und Verbandszeug (Taschenlampe) mitnehmen. Keine offenen Flammen wegen Explosionsgefahr gebrochener Gasleitungen. Radio einschalten und Warnmeldungen beachten. im Notfall Wohnungen nur einzeln aufsuchen.

D. MASSNAHMEN NACH DEM EREIGNIS

Nach Entwarnung, Beruhigung des Geschehens oder Rückkehr des Tageslichtes vorsichtig durch geschlossene Fenster nach Leben in der Außenwelt Ausschau halten. Im Bedarfsfall Strahlungsmessungen vornehmen. Vorsicht bei gelblichen Staubablagerungen nach Atomexplosion, Staub nicht berühren, mit Wasser und Bürste entfernen, dazu Handschuhe anziehen, Treppen und Gehsteige mit Wasser säubern, nachdem die Versorgungsleitungen vorsichtig eingeschaltet wurden. Auf Gasgeruch achten und vorerst keine offene Flamme entzünden. Schuhe und Außenkleidung nach Aufenthalt im Freien vor der Wehnungstür lassen. Räume und Keller erst lüften, wenn Gelbstaub entfernt ist.

Jetzt ist es Zeit, sich um die öffentliche Licht-, Gas- und Wasserversorgung zu bemühen. Daher empfiehlt es sich, schon bei der ersten Vorsorge sich über die Lage der öffentlichen Versorgungsorte, die Wohnung des Bedienungspersonals usw. zu informieren und mit den maßgeblichen Personen einen Katastrophenplan mit Einsatz von Hilfskräften im Bedarfsfall aufzustellen. Bei Gebäudezerstörungen sind vor allem Lebensmittelgeschäfte, Bäckereien, Metzgereien und andere lebenswichtige Versorgungseinrichtungen vor Plünderungen etc. zu schützen. Nehmen Sie daher noch heute diesbezügliche Verbindung mit geeigneten Personen der Ortsverwaltung, der Polizei, der Feuerwehr und etwa vorhandener Bundeswehr zwecks geeigneter Vorsorge auf. Geben Sie auch den Anstoß zur Erstellung von Katastrophenschutzplänen unter Hinweis auf vorstehende Unterlagen.

Die wichtigste Maßnahme aber nach der Katastrophe ist der Dank an den HERRN für die wunderbare Bewahrung und Errettung. Neben Gottesdienst und Gebet kann dieser Dank am besten durch aktive Mitarbeit am Aufbau einer alle umfassenden Gemeinschaft der Christen, an der Beseitigung der liberalen Gesetze, die zur Zerstörung der christlichen Moral führten, und an der Errichtung einer Regierung, deren Fundament und Richtschnur die göttlichen Zehn Gebote sind, unter Beweis gestellt werden. Was zu einer derartigen Zusammenarbeit dann erforderlich ist und wie diese Zusammenarbeit auch auf die anderen Landesteile ausgebreitet und mit dortigen Gemeinschaften Verbindung aufgenommen werden kann, möge sich jeder jetzt schon überlegen.

Schutz- und Selbsthilfe gegen die Wirkung von ABC-Kampfmitteln, Verhalten bei Luftangriffen

Bundesamt für Zivilschutz

ABC 5210
September 1979

TASCHENKARTE
Schutz und Selbsthilfe gegen die Wirkung von ABC-Kampfmitteln
Verhalten bei Luftangriffen

Sirenensignale im Verteidigungsfall

Luftalarm (Warnung bei Luftangriffen)	Heulton von einer Minute Dauer
ABC-Alarm (Warnung bei Einsatz von ABC-Kampfmitteln)	2 x unterbrochener Heulton von 1 Minute Dauer. nach einer Pause von 30 Sekunden nochmals 2 x unterbrochener Heulton von 1 Minute Dauer.
Entwarnung (Beendigung der Gefahr nach Luft- bzw. ABC-Alarm)	anhaltender Dauerton von 1 Minute.

Über den Rundfunk
erfolgen nähere Informationen zu den ausgelösten Maßnahmen.

Inhaber von Warnstellen
werden vom Warndienst durch Warnstellendurchsagen über
- Luft- und ABC-Lage
- Warnlage und
- Daten für die ABC-Auswertung

zusätzlich informiert.

Einheiten/Einrichtungen des Katastrophenschutzes
können auf dem Führungsweg durch A- bzw. C-Warnung vorgewarnt werden.

Diese Taschenkarte ist bei Übungen und im Einsatz mitzuführen.

1

Vorbeugende Maßnahmen
- Sorgfältige tägliche Körperpflege
- Persönliche ABC-Schutzausstattung immer einsatz- und griffbereit halten; täglich überprüfen; kleinste Mängel sofort abstellen
- Offene Verpflegung im geschlossenen Behälter oder Kochgeschirr aufbewahren
- Feld- oder Plastikflasche ständig gefüllt halten, möglichst mit abgekochter Flüssigkeit
- Immer nach einer Deckung umschauen; nicht mit entblößtem Oberkörper arbeiten
- Nicht benötigtes Gerät in Deckung geschützt ablegen
- Ständig auf Anzeichen für den Einsatz von ABC-Kampfmitteln achten

Warnung und Alarm

Wahrnehmungen	Schutzmaßnahmen
– A- oder C-Warnung	**A-Warnung** – Dosisleistungsmesser in kurzen Abständen einschalten und ablesen **C-Warnung** – ABC-Schutzmaske an Trageschnur umhängen **A- und C-Warnung** – Hautverletzungen mit Wundschutzverband ABC-Selbsthilfe bedecken – Bekleidung abdichten, Handschuhe anziehen – Verpflegung, Trinkwasservorräte, Gerät und Fahrzeuge schützen – **Auftrag weiter durchführen** Weitere nach der Lage erforderliche Schutzmaßnahmen befiehlt der örtliche Führer
– ABC-Alarm (Sirenensignal)	– ABC-Schutzmaske aufsetzen Den Weisungen des örtlichen Führers folgen
– ABC-Alarm (örtlich ausgelöst durch den verantwortlichen Führer oder durch jeden Helfer bei C-Gefahr)	– Atem anhalten, Augen schließen – ABC-Schutzmaske aufsetzen – Deckung aufsuchen – ABC-Selbsthilfesatz benutzen – Bekleidung abdichten Den Weisungen des örtlichen Führers folgen

2

– Luftalarm	Sofern kein Einsatzauftrag dem entgegensteht: – **Im Freien** den nächsten Schutzraum oder die nächste Deckung aufsuchen, z. B. Keller, Graben o. ä., Fahrzeug anhalten, in Deckung gehen – **Im Gebäude** sofort Schutzraum, wenn nicht vorhanden Keller (Kellermittelgang) aufsuchen, möglichst in Nähe des Treppenhauses; im Türrahmen einer starken Zwischenwand oder in einer Ecke aufhalten, weg von allen Fensteröffnungen Den Weisungen des örtlichen Führers folgen.

Atomsprengkörper

Wahrnehmungen	Schutzmaßnahmen
Bei überraschender Atomdetonation (Lichtblitz)	– **Im Freien** Sofort Deckung nehmen, dabei Gesicht am Boden, Hände unter den Körper, Augen schließen – **Im Fahrzeug** anhalten, auf den Sitz ducken oder flach auf den Fahrzeugboden werfen – **In Ortschaften** Deckung nehmen hinter massiven Hauswänden, Betonwänden, Erdaufwürfen oder sonstigen Deckungen – **Im Gebäude** auf den Boden, in eine Zimmerecke der Fensterwand oder unter festen Tisch werfen. Weg von jeder Fensteröffnung
Nach Atomdetonation	– Sekunden zählen bis zum Eintreffen des Detonationsknalls; **90 Sekunden in Deckung** bleiben – Danach **Auftrag weiter ausführen,** Verletzten oder Verschütteten **helfen,** Panik bekämpfen
Sofort	**Beobachtungsmeldung** 1. Eigenen Standort 2. Richtung zur Detonation 3. Detonationszeit 4. Knallzeit in Sekunden

3

Bei guter Sicht: **nach 5 Minuten**	5. Detonationsart (Luft-Boden-Unbekannt) 6. Breite der Detonationswolke (in Strich oder Grad), wenn Doppelfernrohr mit Strichplatte, Marschkompaß oder anderes geeignetes Gerät zur Verfügung steht
nach 10 Minuten	7. Höhe der Detonationswolke (Wolkenunter- und/oder Wolkenobergrenze in Strich oder Grad)
Bei schlechter Sicht oder Nacht:	Leuchtzeit in Sekunden (dabei nicht in den Feuerball sehen.)
Bei radioaktivem Fallout	– **Kontamination** durch radioaktive Stoffe **vermeiden** bzw. so schnell wie möglich entfernen (Dekontamination) – **Inkorporation** radioaktiver Stoffe **ausschließen** – **Strahlenbelastung** so **gering** wie möglich halten

Biologische Kampfmittel

Wahrnehmung	Schutzmaßnahmen
– Einsatz wie bei chemischen Kampfstoffen	– wie bei chemischen Kampfstoffen
– **Vermehrtes Auftreten gleichartiger Symptome und Erkrankungen an Mensch u. Tier** – Biologische Kampfmittel können über – Atem- und Speiseweg, durch – Wunden – Berührung oder – Überträger Schaden hervorrufen	Folgende Regeln sind zusätzlich zu beachten: – sich den evtl. angeordneten Schutzimpfungen unterziehen – nur freigegebene Verpflegung essen – nur freigegebene Flüssigkeiten aus gut gereinigten Trinkgefäßen trinken – Körper (vor allem Hände, Unterleib und Behaarung), Ausstattung, Unterkunft und Fahrzeuge sauberhalten – angeordnete Desinfektionsmaßnahmen sorgfältig durchführen – Verdacht erregende Beobachtungen oder Krankheitserscheinungen melden – unnötigen Kontakt mit verdächtigem Material vermeiden Den Weisungen des örtlichen Führers folgen

4

Chemische Kampfstoffe und Reizstoffe

Wahrnehmung	Schutzmaßnahmen
Nach C-Warnung oder bei Verdacht auf Einsatz chemischer Kampfstoffe: – Wolken durch Absprühen aus Tieffliegern, Wolken verschwinden schnell – Rauch- oder Nebelwolken an Detonationsstellen von Bomben, Raketen, Granaten und Minen oder aus niederschwebenden Behältern (Aerosolgeneratoren) – Ölige Tröpfchen, rauhreifähnliche Beläge – Ortsfremder Geruch – Reizung von Augen, Nase oder Rachen, Erstickungsgefühl, Hautbrennen – Übelkeit, Kopfschmerz, Schwindelgefühl, Trugwahrnehmungen – Auffinden toter Menschen und Tiere (insbesondere Vögel) ohne sichtbare Verletzungen – Farbveränderungen an Pflanzen	ATEM ANHALTEN AUGEN SCHLIESSEN ABC-SCHUTZMASKE AUFSETZEN ABC-ALARM AUSLÖSEN – Bekleidung abdichten, Handschuhe anziehen, Schuhe schützen – Schutz vor Kampfstoffeinwirkung suchen; ggf. Einsatzort quer zur Windrichtung verlassen – Berührung mit Kampfstoff vermeiden – Mit Kampfstoff in seßhafter Form vergiftetes Gebiet sofort verlassen, wenn kein Berührungsschutz gegeben ist. Den Weisungen des örtlichen Führers folgen. Merke: Mit Kampfstoffen in seßhafter Form vergiftetes Gebiet darf nur in ABC-Schutzbekleidung betreten werden

noch chemische Kampfstoffe

Wahrnehmungen	Schutzmaßnahmen
Bei aufeinanderfolgenden oder gleichzeitig auftretenden Erscheinungen wie: – Sehstörungen durch Pupillenverengung – Nasenlaufen und Speichelfluß – Brustbeklemmung mit Atemnot und schleimigem Krampfhusten – Übelkeit, Erbrechen mit – Magen- und Darmkrämpfen – Muskelschwäche – Muskelzittern – Muskel- oder Gliederzucken	Achtung! Verdacht auf Vergiftung durch Nervenkampfstoffe zusätzlich: – Selbstinjektion von Atropin durch die Bekleidung in den Oberschenkel Bei starken Symptomen: Injektion wiederholen – sofort sanitätsdienstliche Versorgung und ärztliche Behandlung anstreben

Beobachtungsmeldung

1. Eigener Standort
2. Angegriffenes Gebiet oder Richtung zum vermuteten oder erkannten Angriffsort
3. Angriffsbeginn und -ende
4. Einsatzmittel

Selbsthilfe und gegenseitige Hilfe bei Vergiftung durch chemische Kampfstoffe

Bei Kampfstoffspritzern	Schutzmaßnahmen
– auf der Haut	– **Alle** unbedeckten Hautstellen sofort stark mit **Hautentgiftungspuder einpudern** – Eine Minute einwirken lassen, dabei erkennbare Kampfstoffspritzer mit Tupfer abtupfen und erneut einpudern – Entgiftungspuder **gründlich entfernen** (Tupfer) – **Entgiftung wiederholen** – wenn möglich mit **Schmierseife und Wasser** gründlich nachwaschen **Vorsicht:** Kein Entgiftungspuder in Augen, Nase, Mund und offene Verletzungen!
– im Auge	**Augen** sofort mit viel Flüssigkeit (Feldflascheninhalt) **ausspülen.** Gegenseitig helfen!
– Auf Bekleidung u. am Schuhwerk	– Kampfstoffspritzer evtl. durch **Herausschneiden** entfernen – **Bekleidung und Schuhe wechseln** **Merke:** Jeder behelfsmäßigen Entgiftung von chemischen Kampfstoffen muß so schnell wie möglich eine Ganzkörperentgiftung (Duschen und Waschen auf einer Dekontaminationsstelle) folgen: Bekleidung ablegen - Duschen - Körper mit Schmierseife einreiben - Duschen - saubere Bekleidung anziehen.
– Bei beschädigter ABC-Schutzmaske	– Gewinde des Schraubfilters vorsichtig in den Mund nehmen (auf äußere Vergiftung achten!) – Schraubfilter festhalten – Direkt durch Schraubfilter ein- und ausatmen
– Ohne ABC-Schutzmaske oder bei beschädigtem Schraubfilter	– Flach atmen, nicht laufen – Anstrengungen vermeiden – **Tuch** - möglichst feucht - zusammengedruckt fest vor **Mund** und **Nase** halten – Sofort kampfstofffreien Raum aufsuchen

Brandstoffe

Bei Angriff	Schutzmaßnahmen
im Freien	– Brennenden Bereich verlassen, dabei brennende Oberbekleidung abwerfen – Brennende Bekleidung durch Herumwälzen ablöschen, mit Decken, Planen, Mänteln Feuer ersticken oder mit Wasser löschen – An Brandwunden festklebende Stoffteile nicht abreißen, sondern aus der Bekleidung herausschneiden – Brandstoffspritzer auf der Haut abkratzen oder fest abdecken – Brandwunden mit kaltem Wasser kühlen, evtl. mit Verbandpäckchen bedecken
im Fahrzeug	– Aus dem brennenden Bereich hinausfahren – Feuerlöscher einsetzen oder brennende Teile abdecken (Feuer ersticken)
im Gebäude	– Brand beobachten, Entstehungsbrände löschen – Brennendes Gebäude sobald wie möglich verlassen

Luftangriffe

Zeitpunkt	Verhalten
Bei überraschendem Luftangriff	– wie bei Luftalarm
nach Luftangriff	– **Schutzraum oder Deckung erst auf Befehl verlassen oder wenn entwarnt ist** – Bei Verschüttung **Klopfzeichen** geben – **Lage Hilfloser** und **Verschütteter** angeben – Brände löschen – Kopflose Hast vermeiden, Panik bekämpfen; nicht treiben lassen, sondern **handeln** – auch geringfügige Verletzungen verbinden!

Vorsorgepaket: Empfehlungen

Für Vorsorgemaßnahmen läßt sich kein allgemein gültiger Terminplan aufstellen. Jeder muß für sich entscheiden, ob und zu welchem Zeitpunkt er welche Maßnahmen durchführen will. Allerdings ist dabei einzukalkulieren, daß es im Ernstfall, gleich ob Naturkatastrophe oder Krieg, zu spät sein kann, sich noch mit Vorräten, Arbeitsgerät u.a.m. einzudecken. Viele werden dann nämlich in letzter Minute versuchen, das jahrelang Versäumte nachzuholen; dann kann es Versorgungs-Engpässe geben.

Darum sind in der folgenden Liste noch einmal alle im Text genannten Dinge aufgezählt, die rechtzeitig beschafft und organisiert werden sollten. Man kann abhaken. was schon vorhanden ist und ankreuzen, was noch erledigt werden muß.

Energie und Beleuchtung

	vor-handen:	be-schaffen:
Kerzen	○	○
Streichhölzer	○	○
Taschenlampe	○	○
Kochplatte, Spirituskocher, Trockenspiritus	○	○
Kanonenöfchen	○	○
Kohlen, Briketts, Holz	○	○
Rundfunkgerät	○	○
Reservebatterien	○	○

Lebensmittel und Trinkwasser

	vor-handen:	be-schaffen:
Dauerbrot in Dosen, Knäckebrot, Zwieback	○	○
Kaffee, Tee	○	○
Haferflocken, Marmelade, Honig	○	○
Zucker, Salz, Gewürze	○	○
Kondensmilch in Dosen, Milchpulver	○	○
Speiseöl, Pflanzenfett, Schmalz	○	○
Fleischkonserven, Fisch-Vollkonserven	○	○
Babynahrung, Diät- oder Krankenverpflegung	○	○
Trinkwasser, Mineralwasser, Säfte	○	○
Fertiggericht- u. Suppenkonserven, Obst- u. Gemüsekonserven	○	○

Hygiene- und Hausapotheke

	vor-handen:	be-schaffen:
Seife, Waschmittel	○	○
Zahnbürste, Zahnpasta	○	○
Einweg-Geschirr und -Besteck	○	○
Einweg-Handschuhe	○	○
Haushaltspapier	○	○
Toilettenpapier	○	○
Müllbeutel	○	○
Camping-Trocken-Klo, Ersatzbeutel, Torfmull	○	○
Sägemehl oder Chlorkalk	○	○
Desinfizierungsmittel, Schmierseife	○	○
DIN-Verbandkasten	○	○
Fieberthermometer	○	○
Wunddesinfektionsmittel	○	○
Wundgel	○	○
Kamille-Extrakt zum Gurgeln und für Spülungen	○	○
Beruhigungsmittel	○	○
Vorbeugende Mittel gegen gripp. Infekte	○	○
Schmerzlindernde Tabletten	○	○
Tabletten gegen Halsschmerzen	○	○
Medikamente, die vom Arzt verordnet sind	○	○

Hygiene- und Hausapotheke

	vor-handen:	be-schaffen:
Wärmeflasche (Gummi)	◯	◯
Augenklappe	◯	◯
Kalziumtabletten	◯	◯
Vitamintabletten	◯	◯
Kohletabletten	◯	◯
Abführmittel	◯	◯

Notgepäck und Dokumentensicherung

	vor-handen:	be-schaffen:
Wolldecke oder Schlafsack, Unterwäsche, Strümpfe	◯	◯
Gummistiefel, derbes Schuhwerk	◯	◯
Eßgeschirr, Eßbesteck, Thermos-Feldflasche mit Trinkbecher	◯	◯
Behelfsmäßige Schutzkleidung	◯	◯
Verbandpäckchen, Heftpflaster	◯	◯
Dosenöffner und Taschenmesser	◯	◯
Mullbinde, Dreiecktuch, elastische Binden	◯	◯
strapazierfähige warme Kleidung	◯	◯
Kopfbedeckung, Schutzhelm	◯	◯
Schutzmaske oder behelfsmäßiger Atemschutz	◯	◯
Arbeitshandschuhe	◯	◯
Dokumentenmappe	◯	◯

Selbstschutz im Haus

	vor-handen:	be-schaffen:
Behelfsmäßig hergerichteter Kellerraum	◯	◯
Behälter für Löschwasser	◯	◯
Keller und Dachboden entrümpeln	◯	◯
Einstellspritze	◯	◯
Wassereimer	◯	◯
Einreißhaken	◯	◯
Löschdecke (notfalls Wolldecke)	◯	◯
Rettungsleine	◯	◯
Garten- oder Autowaschschlauch	◯	◯
Feuerlöscher	◯	◯
Halblange Schaufel	◯	◯
Spaten (Camping- oder Klappspaten)	◯	◯
Spitzhacke	◯	◯
Brechstange	◯	◯
Bügelsäge, Fuchsschwanz, Stichsäge	◯	◯
Beil	◯	◯
Fäustel	◯	◯
Spitz- und Flachsteinmeißel	◯	◯
Kneif- oder Beißzange	◯	◯
Bergetuch	◯	◯
Rettungsleiter	◯	◯
Verdunkelungsmaterial	◯	◯

Wichtige Rufnummern

Der Hausschutzraum

	vor-handen:	be-schaffen:
Liege- und Sitzmöglichkeiten	◯	◯
Wolldecken	◯	◯
Waschgelegenheit	◯	◯
Verschließbarer Behälter für verstrahlte Bekleidung	◯	◯
Verschließbarer Abfalleimer	◯	◯
Notabort	◯	◯
Spielzeug für Kinder, Unterhaltungsspiele, Lektüre	◯	◯

Die Selbstschutzausbildung

	teilge-nommen:	ange-meldet:
Selbstschutz-Grundlehrgang	◯	◯
Selbstschutz-Ergänzungslehrgang „ABC-Schutz"	◯	◯
Selbstschutz-Ergänzungslehrgang „Wohnstätten"	◯	◯
Selbstschutz-Ergänzungslehrgang „Landwirtschaft"	◯	◯
Erste-Hilfe-Grundlehrgang durch die Hilfsorganisationen	◯	◯

Hausarzt ____________________

Notarzt ____________________

Unfall-Notruf ____________________

Unfall-Krankenhaus ____________________

Krankentransport ____________________

Polizei ____________________

Feuerwehr ____________________

Apotheken-Bereitschaftsdienst ____________________

____

Taxi-Ruf ____________________

Abdruck mit freundlicher Genehmigung des Bundesamtes für Zivilschutz, Bonn

Bibliographische Skizzen

ASDENTE, Rosa Kolumba (gest. 1847), Nonne in Taggia bei Ventimiglia/Monte Carlo

ANDERSEN, Hans J., Polsprungforscher, sammelte Visionen der künftigen Katastrophen

AIELLO, Elena (1895-1961), stigmatisierte Ordensschwester aus Consenza bei Tarent in Süditalien

ANTONIUS, Einsiedler, lebte um 1800 im Bistum Köln

AMSTERDAM, regelmäßige Marienerscheinungen und 56 Botschaften der "Frau aller Völker" seit 1945

ANONYMER MÖNCH aus dem 17. Jh., von Emmerich ("Die Zukunft derWelt" zitiert)

BAOURD1, Marie (gest. 1878), Karmeliterin zu Pau in Frankreich

BAUER AUS DEM WALDVIERTEL, (geb. 1938), schilderte W.J. Bekh ("Das dritte Weltgeschehen") seine Visionen

BECHER, Barbara, Ordensschwester aus Losheim im Saarland

Gräfin BELIANTE, Franziska Maria, Prinzessin von Savoyen, schilderte ihre Zukunftsschau 1923 brieflich

BIRKENBAUM, Sammelbegriff für lokale westfälische Legenden um die endzeitliche "Schlacht am Birkenbaum" bei Dortmund-Unna, wie sie Prof. Dr. Friedrich zur Bonsen 1940 veröffentlichte, die älteste gedruckte Sammlung dieser Sagen erschien 1701 in Köln

BLINDER JÜNGLING (14. Jh.), ein tschechischer Hirtenjunge mit prophetischer Gabe, der 1356 Kaiser Karl IV. in Prag vorgeführt wurde

DON BOSCO (1815-1888), HI., seit dem 9. Lebensjahr visionär begabt, gründete nach seiner Priesterweihe 1923 den Orden der Salesianer

BRANDT, Ema (geh. 1909), Kauffrau aus Rottenburg am Neckar, Traumvisionen

BUCHELA (geh. 1900), bürgerlich Margarethe Goussanthier, Zigeunerin aus dem Rheinland „Phythia von Bonn" und populäre Hellseherin, verstorben

CÄSARIUS von Heisterbach (1180-1240), auch Johann von Vatiguerro, Zisterzienserprior und bedeutender hochmittelalterlicher Autor

CAYCE, Edgar, (1877-1945), Amerikas "schlafender Prophet" und Wunderheiler von Virginia Beach

CLAESSON, Birker, Pfarrer von Oerebro in Schweden, hatte 1950 eine Vision, die im Januar 1951 von der schwedischen Tageszeitung "Blekinge Läns Tidning" veröffentlicht wurde

San DAMIANO, Ort in Norditalien, an den "Mamma Rosa", bürgerlich Rosa Buzzini Quarttrini (1909-1981) von 1964 an bis zu ihrem Tod Marienerscheinungen hatte

DANIEL, genauer "Die siebente Vision DANIELS", ist die Niederschrift einer frühchristlichen Prophezeiung aus dem 8. Jh., die von der armenischen Kirche überliefert wurde

DIXON, Jeane (geb. 1915), Amerikas bekannteste Hellseherin; sagte u.a. die Ermordung J.F. Kennedys voraus

DUDDE, Berta (gest. 1968), deutsche Mystikerin in der Tradition LORBERS

EDDA, germanische Sagensammlung, enthält die VOLOSPA, der Seherin Worte von RAGNARÖK, der Götterdämmerung

EISENBERG, Marienerscheinungsort von 1956 bis 1971, bekannt durch das "Rasenkreuz"; die Seherin ist die Bäuerin Aloisia Lex

EMELDA, belgische Seherin

EMMERICH, Anna Katharina (1774-1824), Augustinernonne, geb. in Flamske bei Coesfeld, Westfalen, nach Ansicht des Dichters Clemens von Brentano die vielleicht größte allegorische Seherin seit dem Altertum

EPPINGER, Elisabeth Alphonsa (1814-1867), Oberin aus dem Elsaß

FATIMA, Dorf in Portugal bekannt durch eine Reihe von Marienerscheinungen und das "Sonnenwunder" im Jahre 1917 wie die geheimnisvolle "dritte Botschaft von FATIMA", die die Gottesmutter drei Hirtenkindern übermittelte

FELDPOSTBRIEFE, Sammelbegriff für zwei 1914 verfaßte Briefe des bayrischen Schreiners Andreas Rill aus dem Quartier seiner Kompanie bei Colmar, in denen er seiner Familie über die prophetischen Aussagen eines französischen Zivilisten berichtet

FRANZISKANER vom Berge Sinai, eigentl. Ludovico Rocco (1748-1840), besuchte die heiligen Stätten und starb auf dem Sinai

GARABANDAL, Ort in den Pyrenäen. Hier erschien die Gottesmutter den Kindern Conchita, Maria Dolores, Jacintha und Maria Cruz von 1961-65

GIEBEL, Josef, Hellseher aus dem bergischen Land

Mutter GRAF (1906-1964), bürgerl. Maria Graf-Sutter, Familienmutter aus dem Schweizer Kanton Appenzell

GOODMAN, Jeffrey, amerikan. Geologe, der mit Medien arbeitete

HEPIDANUS von St. Gallen (1010-1088), Mönch des Schweizer Klosters, dessen Visionen sein Mitbruder Frater Bartholomäus aufzeichnete

HESEKIEL oder Ezechiel, biblischer Prophet aus der Zeit der babylonischen Gefangenschaft (586-538 v. Chr.)

HIGGINSON, Theresa Helena (gest. 1905), stigmatisierte englische Lehrerin

HILARION, Mönch aus dem Kloster vom Berge Jasna Gora, dem polnischen Nationalheiligtum bei Tschenstochau, 17. Jh.

HILDEGARD von Bingen (1098-1179), hl., rheinische Äbtissin, gilt als bedeutendste Frauengestalt des Hochmittelalters

HOLZHAUSER, Bartholomäus (1613-1658), süddeutscher Pfarrer, Dekan in Österreich, Begründer der Weltpriestergemeinschaft

HOPI, Indianerstamm im Südwesten der USA, erhielt der Legende zufolge seine Prophezeiungen vom "Großen Geist“

INDIANERPROPHEZEIUNG der Stämme aus dem Nordosten der USA vom "Baumsterben" als erstes Vorzeichen für das Ende der Welt

IRLMAIER, Alois (1894-1959), Brunnenbauer, Wünschelrutengänger und Seher aus Freilassing, Bayern

JAHENNY, Julie(1850-1941), seit 1873 stigrnatisierte Französin, über 50 Jahre ans Bett gefesselt, eine Zeit, die sie angeblich "ohne Speise und Schlaf“ verbrachte

JASPER (1764-1833), bürgerlich Wessel Dietrich Eilert, Kleinbauer aus Deininghausen in Westfalen, der später auf dem Gut Plettenberg bei Dortmund lebte. Im Volksmund als "der alte Jasper" Patriarch der "Spökenkieker"

JUNGE VON ELSEN, einäugiger Bauerssohn aus dem Dorf Elsen bei Paderborn; seine Prophezeiungen wurden erstmals 1848 veröffentlicht

KAPUZINER aus Düsseldorf, Mönch um 1850

KERIZINEN, Reihe von Marienerscheinungen in der Bretagne; Seherin ist Jeanne Louise

KNOPP, Johann Peter (1714-1794), Rheinischer Seher aus Ehrenberg

KORKOWSKI, Edward (geb. 1931), Chemiearbeiter in Pullach bei Köln, seit seiner Kindheit visionär veranlagt

KUGELBEER, Franz, Bauer aus Lochau am Bodensee, 1922 Zukunftsvisionen im Traum- wie im Wachzustand

LACTANIUS (4. Jh. n. Chr.), der "christliche Cicero" und Rhetoriklehrer Konstantins des Großen, erstellte 315 eine Zusammenfassung der frühchristlichen Prophezeiungen

LATASTE, Maria (1822-1847), Laienschwester

LENORMAND, Marianne (1772-1843), berühmte französische Wahrsagerin

LIED DER LINDE, um 1850 im Stamm einer Linde in Staffelstein/Bayern gefundene Weissagung in Versform

JAKOB LORBER (1800-1864), steiermärkischer Musiklehrer, der nach eigenen Aussagen durch die "innere Stimme" Durchgaben Christi empfing und als "Schreibknecht Gottes" in 24jähriger Fron auf 10.000 Druckseiten notierte

LUJEKEN, Veronika (geb. 1928), Hausfrau aus Bayside, New York; seit 1973 regelmäßige Marienerscheinungen, heute im Flushing Meadow-Park der Weltstadt New York

MAINZER PROPHEZEIUNG um 1800

MALACHIAS (1070-1148), Bischof von Armagh in England, lebte zeitweise im Kloster des Hl. Bernhard von Clairvaux. Ihm wird die 1585 erstmals gedruckte "Päpsteweissagung" zugeschrieben

MARIENTHALER KLOSTERBUCH von 1749, enthält Weissagungen

MARPINGEN, Erscheinungsort im Saarland. 1876 erschien hier die Gottesmutter drei Kindern

MEDUGORJE, Erscheinungsort in der Herzegowina, Jugoslawien seit 1981

MÖNCH VON MARIA LAACH, Propehzeiung aus dem Eifelkloster, 16. Jh.

MÜHLHIASL (1753-1825 (?), mit bürgerlichem Namen Mathias Lang, bis 1801 Klostermüller von Windberg, bayr. Wald, danach wahrscheinlich Hirte; andere Autoren setzen ihn auch mit dem "Mühlarzt" Mathias Pregl (1750-1825) gleich

Schwester NATIVITAS (1731-1798), bürgerl. Johanna Royer, Clarissin im Konvent zu Fougeres in der Bretagne/Frankreich

Pater NECTOU (1710-1772), stand einem Jesuitenhaus in Belgien vor

NEUES TESTAMENT enthält Prophezeiungen Jesu Christi vom "Ende der Tage“

NIESSEN, Käthe (geb. 1909), Krefelder Hellseherin

NOSTRADAMUS, eigentlich Michel de Notre Dame (1503-1566), Arzt, Astrologe, "Universalgenie" und "größter Seher aller Zeiten“ aus Salon in Südfrankreich; hinterließ zwölf "Centurien" (Hundertschaften) prophetischer Vierzeiler nebst weiteren Versen und prophet. Texten

OFFENBARUNG JOHANNIS oder Apokalypse, selbständiger Text des NEUEN TESTAMENTES, eine Vision des Jüngsten Gerichtes, die dem Apostel Johannes zugeschrieben wird und um 95/96 n. Chr. auf der Insel Patmos entstand

ONIT, Pseudonym eines jüdischen Magiers und Kabbalisten, den Marcus VARENA zitiert

ONKERZELE, belgisches Dorf, in dem Maria von 1933 bis 1945 der stigmatisierten Arbeiterin Leonie van den Dijck erschien

PALMA von Oria (1825-1872), auch Palma Addolorata Matarelli, stigmatisierte aus Oria in Italien. Seit 1865 nahm sie den Berichten zufolge keine feste oder flüssige Nahrung mehr zu sich

PAPST PIUS X., der von 1903-1914 sein Hirtenamt wahrnahm, hatte prophetische Visionen

Pater PIO (1887-1968), eigentlich Francesco Forgione, stigmatisierter "Wundermönch" aus dem Kapuzinerkloster San Giovanni Rotondo in Süditalien; neben Voraussagen werden ihm auch Levitationen, Bilokation und Wunderheilungen zugeschrieben

PFARRER AUS BADEN hatte 1923 nach der hl. Messe eine Vision

RABBINER, Israel Abu Chatzira, Jekutiel Juda Halberstamm und Mordechai Sharabi hatten 1979 in der selben Nacht den Traum, daß der Einfall von Gog und Magog in Gestalt der Sowjetunion und ihrer Verbündeten und die Ankunft des Messias bevorstünden

LA SALETTE, Erscheinung der "weinenden Madonna" in Südfrankreich 1846, die beiden Hirtenkinder Maximin und Melanie bekamen die "große Botschaft von La Salette" übermittelt

SCHLINKERT, Peter (1730-1800), Seiler aus Meschede in Westfalen

Abbe SOUFFRAND, Vision im Jahre 1828

SPIELBERND oder Spielbähn (1689-1783), bürgerl. Bernhard Rembort, war Sohn eines armen Leinenwebers in Eschmar an der Sieg, Botengänger für die Klöster Siegburg und Heisterbach; Fiedler (Geigenspieler) auf Festen; Seine Prophezeiungen wurden 1829 erstmals veröffentlicht

Porto STEFANO, Marienerscheinungen des stigmatisierten Hafenarbeiters Enzo Alocci (44) in Süditalien

Mutter STIEGLITZ, Ema (gest. 1975), Ordensfrau aus Augsburg

STOCKERT, Josef (1897-1975), Münchner Handwerker, hatte 1947 zu Ostern Visionen

STORMBERGER (1745 (?)-1850) Waldprophet aus dem bayrischen Wald, Aschenbrenner und Waldhirte zu Rabenstein bei Zwiesel; in der mündlichen Volksüberlieferung oft mit dem MÜHLHIASL gleichgesetzt

SYBILLE VON PRAG (1568-1658), Tochter eines böhmischen Grafen, bereiste mit einem Zigeunertrupp große Teile Europas

TAIGI, Anna Maria (1789-1837), seliggesprochene Familienmutter und Tertiarin des Trinitarierordens in Rom

Frater TERNI, genauer Giorgio Maria de Terni, Kapuzinermönch aus Todi, Perugia/Italien

LA TALAUDIERE, Maris erscheint seit 1981 Blandine Piegay (14)

UGHA MONGULALA, brasilianischer Indianerstamm mit jahrtausende alten Überlieferungen

de la VEGA, Garcilaso, geboren in Baldio /Buenos Aires, Argentinien, lebte in Peru, Spanien und England. Erscheinungen und Offenbarungen bei Maria Laach in der Eifel

VIANNEY, Jean-Baptiste Marie (1786-1859), heiliggesprochener Pfarrer von Ars in Südfrankreich

VISHNU PURANA, 6000-jährige heilige Schrift aus Indien, die unsere Zeit treffend als "Kali Yuga", als finsteres Zeitalter charakterisiert und beschreibt

WALRAFF, Helena (1755-1801), Bauerstochter aus Brüggen bei Köln

WERL, Mönch von, Franziskanerbruder, der mit Erlaubnis seines Ordens 1701 seine Visionen in Köln veröffentlichte

WUDY, Sepp (gest. 1915), Bauernknecht aus dem bayr. Frischwinkel

Städteregister

Quellenverzeichnis

1 Buschenreiter, A.: euer Untergang, S. 80
2 Lady of the Roses, S.53
3 Buschenreiter, A: Euer Untergang, S. 52
4 zitiert nach: Fontbrune, Nostradamus, S. 335
5 Bayside, Bd. 2, S. 104
6 1. Thess. 5, 2-3
7 Bayside, Bd. 1, S. 132
8 Stocker, Reinigung, S. 92
9 Ellerhorst, Schicksal, S. 123
10 Wagner, La Salette, S. 34
11 Friedl, Prophezeiungen, S. 63
12 Bayside, Bd. 2, S. 104
13 Roses, S. 57
14 Stocker, Weltkrieg, S. 29
15 Lady of the Roses, S. 44
16 Varena, Prophezeiungen, S. 186
17 zitiert nach: Lady of the Roses, S. 1 15
18 Ellerhorst, Schicksal, S. 149
19 zitiert nach: Lady of the Roses, S. 1 13
20 Schönhammer, PSI, S. 63
21 Stocker, Weltkrieg, S. 28; Bekh, Hellseher, S. 149
22 Bender, Kriegsprophezeiungen, in: ZfP 1-2/80, S. 8
23 Backmund, Hellseher, S. 24
24 Bekh, Weltgeschehen, S. 1 1 lf
25 dito, S. 145
26 Varena, Prophezeiungen, S. 186
27 Backmund, Hellseher, S. 41
28 Stockert, Voraussagen, S. 25
29 Backmund, Hellseher, S.24
30 Hübscher, Weissagung, S. 61
31 Schönhammer, PSI, S. 63
32 Ellerhorst, Schicksal, S. 121
33 Hübscher, Weissagung, S. 196
34 Wagner, La Salette, S. 34
35 dito, S. 33
36 Stocker, Weltkrieg, S. 29
37 Hübscher, Weissagung, S. 195
38 dito
39 dito
40 Varena, Prophezeiungen, S. 186
41 Hübscher, Weissagung, S. 196
42 dito, S. 196
43 zitiert nach: Lady of the Roses, S. 115
44 Wagner, La Salette, S. 37
45 Stocker, Weltkrieg, S. 42
46 Voldben, Nostradamus, S. 254f
47 Bekh, Weltgeschehen, S. 113f
48 Bekh, Hellseher, S. 150
49 Stocker, Reinigung, S. 33
50 Bekh, Weltgeschehen, S. 75
51 Schönhammer, PSI, S. 67
52 Stocker, Weltkrieg, S. 22
53 Varena, Prophezeiungen, S. 169ff
54 „Wie es bei uns wäre", in: STERN, 49/83
55 Varena, Prophezeiungen, S. 95
56 Stocker, Weltkrieg, S.30
57 Bekh, Weltgeschehen, S. 1 1 1
58 Backmund, Hellseher, S. 42
59 zitiert nach: "Roses" v. 26.3.83
60 Schönhammer, PSI, S. 83ff
61 Menges, Weltkrieg, S. 47f
62 Backmund, Hellseher, S. 41
63 Bender, Kriegsprophezeiungen, in: ZfP 1-2/80, S. 5,8
64 Bekh, Weltgeschehen, S. 112
65 Bender, Kriegsprophezeiungen II,
in: ZfP 3-4/80, S. 136
66 Ellerhorst, Schicksal, S. 69
67 Hübscher, Weissagung, S. 59, Stokker, Reinigung, S. 88
68 Ellerhorst, Schicksal, S. 146
69 Stocker, Reinigung, S. 92
70 dito, S. 83f
71 Putzien, Nostradamus, S. 321f
72 dito, S. 319f
73 zur Bonsen, Birkenbaum, S. 33ff
74 Bekh, Weltgeschehen, S. 1 1 1
75 Buschenreiter, Euer Untergang, S. 144
76 Varena, Prophezeiungen, S. 188
77 Menges, Weltkrieg, S. 59f
78 dito, S. 61
79 zitiert nach: "Roses" v. 26.3.83
80 Stocker, Weltkrieg, S. 30
81 Bekh, Weltgeschehen, S. 128f
82 Lady of the Roses, S. 46f
83 Bekh, Weltgeschehen, S. 1 1 1
84 Stocker, Weltkrieg, S. 30
85 Noorbergen, Dixon, S. 77
86 Ellerhorst, Schicksal, S. 106
87 Bender, Kriegsprophezeiungen, in: ZfP 1-2/80, S. 8

88 Varena, Prophezeiungen, S. 188
89 Menges, Weltkrieg, S. 67
90 Korkowski, Dimensionen, S. 21f
91 Ellerhorst, Schicksal, S. 148
92 Stocker, Reinigung, S. 25
93 Stocker, Weltkrieg, S. 29
94 Bekh, Weltgeschehen, S. 1 1 1
95 dito, S. 145
96 Stockert, Voraussagen, S. 26
97 Bekh, Weltgeschehen, S. 63
98 Ellerhorst, Schicksal, S. 148
99 Allgeier, Morgen, S. 81ff
100 Bekh, Weltgeschehen, S. 114
101 Hübscher, Weissagung, S. 68
102 dito, S. 65
103 Korkowski, Dimensionen, S. 152
104 Menges, Weltkrieg, S. 69
105 "Kriege sind Strafen..." (Flugblatt)
106 Medizin und Atomkrieg, S. 43f
107 Bekh, Weltgeschehen, S. 114
108 "Kriege sind Strafen-" (Flugblatt)
109 Menges, Weltkrieg, S. 69
110 Korkowski, Dimensionen, S. 22
111 Lady of the Roses, S. 49
112 Vodben, Nostradamus, S. 244
113 Stocker, Weltkrieg, S. 27
114 zitiert nach: Andersen, Polwende, S. 89f
115 Bayside, Bd. 11, S. 24f-, S. 36
116 Stocker, Reinigung, S. 114
117 Andersen, Polsprung, S. 5ff-, Andersen, Polwende, S. 16ff
118 Künzli, Frau aller Völker, S. 411
119 Schönhammer, PSI, S. 139
120 Baum, Die endzeitliche Polsprung-katastrophe, S. 10
121 Stocker, Weltkrieg, S. 97
122 dito, S. 120f
123 Bessieres, Anna Maria Taigi, S. 219
124 Schönhammer, PSI, S. 126
125 Menges, Weltkrieg, S. 83f
126 Stocker, Reinigung, S. 34
127 dito, S. 53
128 dito, S. 84
129 Stockert, Voraussagen, S. 27f
130 Ellerhorst, Schicksal, S. 149
131 Voldben, Nostradamus, S. 161
132 Baumgartlinger, Eisenberg, S. 87
133 Meyer, Königin, S. 37
134 Baysiede, Bd. 2, S. 21; Bd. 1, S. 129
135 Bekh, Hellseher, S. 151f
136 "Kriege sind Strafen" (Flugblatt)
137 Korkowski, Dimensionen, S. 23
138 Ellerhorst, Schicksal, S. 150
139 Stockert, Voraussagen, S. 28
140 Stocker, Weltkrieg, S. 31
141 Schönhammer, PSI, S. 139
142 Hübscher, Weissagung, S. 66f
143 Allgeier, Morgen, S. 83
144 Korkowski, Dimensionen, S. 160ff
145 Bekh, Weltgeschehen, S. 63
146 Bender, Kriegsprophezeiungen, in: ZfP 1-2/80, S. 8
147 Varena, Prophezeiungen, S. 188
148 Bekh, Weitgeschehen, S. 123
149 Hübscher, Weissagung, S. 68

Literaturverzeichnis

Andersen, H. J. „Polsprung“, G. Reichel Verlag, Weilersbach
Andreas P., Was morgen wahr sein kann, Düsseldorf 1981
Allgeier, K. Morgen soll es Wahrheit werden, München 1981
dito, die großen Prophezeiungen des Nostradamus in moderner Deutung, München 1982
P. Backmund, N. Hellseher schauen in die Zukunft, Grafenau, 1972
Baumgartner, K. Das geheimnisvolle Kreuz von Eisenberg, ried o. J.
Bekh, W. J. Bayerische Hellseher, Pfaffenhofen, 1976
dito, Das dritte Weltgeschehen, Pfaffenhofen 1981
Berndt Stephan, Prophezeiungen zur Zukunft Europas, 2. Aufl. 1998, G. Reichel Verlag
Bender, H. Kriegsprohezeiungen in: Zeitschrift für Parapsychologie, Freiburg 1/2 und 3/4 1981
Berliner Ärzteinitiative (Hrsg.) Medizin und Atomkrieg - hilflos?
dito, Ärzte warnen vor dem Atomkrieg, Berlin 1982
P. Bssieres zur, Die Schlacht am Birkenbaum, Essen 1940
Brugger, K. Die Chronik von Akakor, Düsseldorf 1976
Buchela, Ich aber sage euch, München 1981
Buschenreiter, A. Unser Ende ist eurer Untergang, Düsseldorf 1983
Cavelti, C. (Hrsg) Leonie van den Dijck, Eschenz 1982
Centurio, N. A. Die großen Weissagungen des Nostradamus, München 1981
Cheetham, E. The Prophecies of Nostradamus, London 1981
Däniken, E. v. Erscheinungen, Düsseldorf 1974
Eggenstein, K. Der Prophet Jakob Lorber, Bietigheim, 1979
P. Ellerhorst, Prophezeiungen über das Schicksal Europas, München 1972
Friedl, P. Prophezeiungen aus dem bayrisch-böhmischen Raum, Rosenheim 1979
Fontbrune, J. Ch. de, Nostradamus, Historiker und Prophet, Wien 1982
Fontbrüne, Max de, Was Nostradamus wirklich sagte, München 1981
GAL-Fraktion, Hamburg (Hrsg.), Der Tag „X“ hat schon begonnen, Hamburg 1983
Guha, A.A. Ende, Königstein 1983
Hagenau, G. Verkünder und Verführer, Düsseldorf 1976
Hamburger Ärzteinitiative (Hrsg.) Die Überlebenden werden die Toten beneiden, Köln 1982
Hesemann, M. Findet der Weltuntergang statt? Kiel 1984
Höchst, J. M. Die Große Botschaft von La Salette, Stein am Rehein, 1983
Hoffmann, H. Die Wahrheit über die Botschaft von Fatima, Bietigheim 1983
Hübscher, A. Die große Weissagung, München 1952
Koch, P. (Hrsg.) Wahnsinn Rüstung, Hamburg 1981
Korkowski, E. Kampf der Dimensionen, Pulheim 1982
Künzli, J. F. Die Erscheinung in Marienfried, Jestetten 1982
dito, Die Botschaft der Frau aller Völker, Jestetten 1977
Ljubic, M. Erscheinungen der Gottesmutter in Medugorie, Jestetten, 1982
Lueken, V. Our Lady of the Roses, Mary, help of mothers, Lensing 1981
dito, Roses from Heaven, Orange 1982
Malgo, W. Der beschleunigte Aufmarsch Rußlands nach Israel, Pfäffikon 1980
dito, Was sagt die Bibel über das Ende der Welt, Pfäffikon, 1983
Mayer, B. Königin des Weltalls, Olten o. J.
Menges, J. H. Der kommende Weltkrieg, Bad Harzburg 1977
Neue HanauerZeitung (Hrg.) Warum ausgerechnet Hessen?, Hanua 1983
Niessen, K. Enthüllungen einer Hellseherin, Genf 1974
Ortner, R. Die Berge werden erbeben, Stein am Rehin 1982

Philbert, B. Christliche Prophetie und Neklearenergie, Stein am Rhein, 1982
Putzien, R. Nostradamus, Weissagungen über den Atomkrieg, München, 1982
Reju, D. Das dritte Geheimnis von Fatima, Bergisch-Gladbach, 1984
Robinson, L. W. Rückschau und Prophezeiungen, Freiburg 1978
Roberts, H. (Hrsg.) The Complete Prophecies of Nostradamus, New York, 1947/69
Schönhammer, A. PSI und der Dritte Weltkrieg, Bietigheim 1978
Schultes, K. (Hrsg.) Rufe aus Bayside, Bd 1 - 3, Salzburg 1980/82
dito, Schatzkästlein, Altötting, 1983
Silver, J. Prophezeiungen bis zur Schwelle des III. Jahrtausends, Genf 1974
Speckbacher, F. Garabandal, Wien 1979
Stocker, J. Der Dritte Weltkrieg und was danach kommt, Wien 1978
dito, Reinigung der Erde, Wien 1980
Stockert, Voraussagungen-Prophetien, Münschen (Selbstverlag) 1971
Swoboda, H. Propheten und Prognosen, München 1979
Varena, M. Gesammelte Prophezeiungen, Freiburg 1959
Volben, A. Nostradamus - Die gropen Weissagungen über die Zukunft der Menschheit, München 1977/82
Wagner, K. Erscheinung der weinenden Mutter Gottes in La Salette, Wien 1921

Bildquellen:

Archiv Magazin 2000/Verlag M. Hesemann
Archiv Hellmuth Hofmann, Scandicci/Italien
Archiv Anny Baguhn, Hamburg
Verlag K. Schultes, Altötting
Archiv Manfred Saier, Waldkirch

Danksagung:

Der Verfasser dankt allen, die zu diesem Buch ihren Teil beigetragen haben, insbesondere

Hans J. Andersen, Autor, Thomas Bennewitz, Autor, Hellmuth Hoffmann, Publizist, Mary Help of Mothers Shrine, New York, Manfred Saier und vielen anderen sowie der Vereinigung europäischer Bürgerinitiativen zum Schutze der Menschenwürde und dem Bundesamt für Zivilschutz für die freundliche Genehmigung zum Abdruck von Anhang 2.3. und 4.

Prophezeiungen zur Zukunft Europas

Eine Analyse von über 250 Quellen

von Stephan Berndt
2. Auflage 1998, 288 S.,
mit vielen Grafiken und Tabellen,
14,5 x 21 cm,

ISBN 3-926388-40-4 DM 29,80

Das Standardwerk zu Voraussagen für die unmittelbare Zukunft, basierend auf einer gründlichen Untersuchung von über 250 seherischen und prophetischen Quellen.

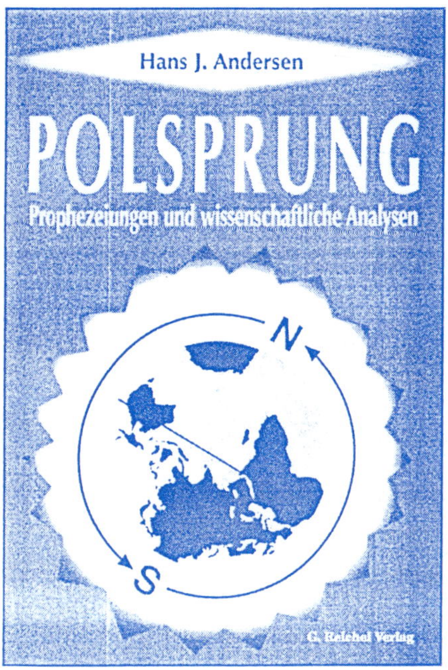

Polsprung

Prophezeiungen und wissenschaftliche Analysen

von Hans J. Andersen
2. Auflage 1998, 240 Seiten, 14,5 x 21 cm,
Mit 32 Abbildungen

ISBN 3-926388-43-9 DM 29,80

Prophezeiungen und Wissenschaftler sagen Polsprünge, Polwenden und Sintfluten aufgrund kosmischer Einflüsse für die nächsten Jahre voraus. Gewaltige Umwälzungen werden die Umlaufbahn und das Gesicht der Erde drastisch verändern.
Das Buch enthält neueste Forschungsergebnisse sowie Prophezeiungen auch des „heutigen" Nostradamus. Er sagt u.a. die „Geburt" eines neuen Planeten aus der Sonne voraus.

G. Reichel Verlag, Reifenberg 85, D-91365 Weilersbach, Tel. 09194-8900, Fax 09194-4262

Der Kurs zum Selbst

In Wahrheit und Liebe von Babaji

von Roger G. Lanphear; übersetzt aus dem Amerikanischen
14,5 x 21 cm, 168 Seiten
ISBN 3-926388-35-8 DM 26,00

Wiederkehr der Engel

Ein meditatives Praxisbuch für Deinen Lichtkörper

Wolfgang Nothvogel
120 Seiten, 14,5 x 21 cm, mit farbigen Abbildungen
ISBN 3-926388-42-0 DM 29,00

Götter der Sterne

Bibel, Mythen und kosmische Besucher

von Lars A. Fischinger
1. Auflage 1997, 384 S., 14,5 x 21 cm,
ISBN 3-926388-41-2 DM 39,00

Baba Blues

Intensivtraining zum ErfolgReich Glücklich werden

Ein Kursbuch für den „Oelmann-Prozess“

von Ingeborg Oelmann
200 Seiten, 14,5 x 21 cm
ISBN 3-926388-36-6 DM 29,00

Entschlüssele Deine Träume

Verstehe die Botschaften Deiner Seele

von Stephan Schumann
Febr. 1999, 168 Seiten, 14,5 x 21 cm,
ISBN 3-926388-48-X EUR 13,30 DM 26,00

G. Reichel Verlag, Reifenberg 85, D-91365 Weilersbach, Tel. 09194-8900, Fax 09194-4262

Der Weg des Tänzers
Selbsterfahrung durch Bewegung
Bernhard Wosien

Maria Gabriele Wosien (Hrsg.)
zahlr. Abb., 17 x 24 cm, 135 Seiten
ISBN 3-926388-29-3 DM 26,00

Erkenntnisse aus Atlantis
Wandlung durch neue Energiemuster, Kristall-Heilung

von Dr. Frank Alper, übersetzt aus dem Amerikanischen
14,5 x 21 cm, 392 Seiten, zahlr. Abbild.
ISBN 3-926388-19-6 DM 36,00

Das Universelle Gesetz für das Wassermann Zeitalter

von Dr. Frank Alper, übersetzt aus dem Amerikanischen
14,5x21cm, 136 Seiten
ISBN 3-926388-21-8 DM 24,80

Mein Freund aus der Unendlichkeit
Begegnungen mit einer kosmischen Intelligenz

von Astrid Rodin
14,5 x 21 cm, 120 Seiten
ISBN 3-926388-34-X DM 21,00

Der Armstrong Report
Außerirdische und UFO´s -
Sie brauchen uns, wir sie nicht!

von Virgil Armstrong, übersetzt aus dem Amerikanischen
14,5 x 21 cm, 144 Seiten
ISBN 3-926388-24-2 DM 26,00

G. Reichel Verlag, Reifenberg 85, D-91365 Weilersbach, Tel. 09194-8900, Fax 09194-4262

Das Abenteuer einer Transformation

12 Jahre bei Babaji

von Gora Devi
Übersetzung aus dem Italienischen, 216 Seiten
zahlreiche Fotos, 14,5 x 21 cm
ISBN 3-926388-28-5 DM 32.-

BABAJI spricht:

Prophezeiungen und Lehren

Orginalreden Babajis, übersetzt aus dem Englischen
190 Seiten, 6 Fotos, 11,5 x 18,5 cm
ISBN 3-926388-03-X DM 16,80

Babaji - Am Quell der Wahrheit in Haidakhan Vishwa Mahadham

von Shdema Goodmann
Übersetzung aus dem Amerikanischen
144 Seiten, 7 Fotos
11,5 x 18,5 cm, ISBN 3-926388-08-0 DM 16,80

Unergründlich tief wie das Meer: Babaji - 108 Begegnungen

Gertraud Reichel (Hrsg.)
130 Seiten, 11,5 x 18,5 cm
ISBN 3-926388-22-6 DM 18,00
auch in Englisch erhältlich

BABAJI - Pforte zum Licht

Ein Erlebnisbericht

von Gertraud Reichel, 3. Auflage 1995
168 Seiten, 9 Fotos, 14,5 x 21 cm
ISBN 3-926388-12-9 DM 19,80
Auch in Englisch und in Japanisch erschienen, Näheres auf Anfrage.

G. Reichel Verlag, Reifenberg 85, D-91365 Weilersbach, Tel. 09194-8900, Fax 09194-4262

Leben aus dem Sein
Ein Buch über Babaji

von Radhe Shyam
Übersetzung aus dem Amerikanischen
368 Seiten, 14 Fotos, 15 x 21 cm,
ISBN 3-926388-17-X DM 32,00

Ich bin Du - BABAJI
Botschaften des Meisters vom Himalaya

Maria Gabriele Wosien (Hrsg.)
Zusammengestellt aus Babajis Orginalreden
118 Seiten, 11 Fotos, 11,5 x 18,5 cm
ISBN 3-926388-23-4 DM 16,80

Das Buch des Lebens

v. Radha-Magdalena Bambeck
120 Seiten, 11 x 15,5 cm, ISBN 3-926388-13-7
Leineneinband DM 19,80, Taschenbuch DM 9,80

Babaji-Von Herz zu Herz

Gertraud Reichel (Hrsg.)
230 Seiten, 15x21 cm
ISBN 3-926388-20-X DM 24,80

BABADSCHI
Botschaft vom Himalaya

von Maria-Gabriele Wosien, 5. Auflage, mit zahlr. Abbildungen, erweitert um das Kapitel „Der Weise Vasishta", 135 S., 11,5 x 18,5 cm, ISBN 3-926388-00-5 DM 19,80
auch in Englisch, Italienisch, Französisch, Bulgarisch und Tschechisch erschienen

---

G. Reichel Verlag, Reifenberg 85, D-91365 Weilersbach, Tel. 09194-8900, Fax 09194-4262

Die Wächter II
UFOs und Nahtoderfahrungen

von Raymond E. Fowler, übersetzt aus dem Amerikanischen
viele Abbildungen, 400 Seiten
14,5 x 21 cm, ISBN 3-926388-33-1 DM 36,00

Die Allagash Entführungen
Unwiderlegbare Beweise für das Eingreifen von Außerirdischen

von Raymond E. Fowler, Vorwort von Budd Hopkins,
übersetzt aus dem Amerikanischen, 32 Bilder, 372 Seiten
14,5 x 21 cm, ISBN 3-926388-30-7 DM 36,00

Der Fall Andreasson
Dokumentierte Untersuchung von der Entführung einer Frau an Bord eines Ufos

von Raymond E. Fowler, Vorwort von Allen Hynek
übersetzt aus dem Amerikanischen, 53 Bilder, 280 Seiten
14,5 x 21 cm, ISBN 3-926388-31-5 DM 36,00

Sternensaat
Das galaktische Erbe der Menschheit

von Lyssa Royal & Keith Priest,
übersetzt aus dem Amerikanischen, 120 Seiten, 14,5 x 21 cm
ISBN 3-926388-27-7 DM 26,00

Besucher von Innen

von Lyssa Royal u. Keith Priest
übersetzt aus dem Amerikanischen, 200 Seiten, 15 x 22,5 cm
ISBN 3-926388-26-9 DM 32,00

G. Reichel Verlag, Reifenberg 85, D-91365 Weilersbach, Tel. 09194-8900, Fax 09194-4262